이슬람 연구 시리즈 17

# 기독교와 이슬람

Christianity and Islam

소윤정 지음

기독교문서선교회

**기독교문서선교회(Christian Literature Center: 약칭 CLC)**는 1941년 영국 콜체스터에서 켄 아담스에 의해 시작되었으며 국제 본부는 미국의 필라델피아에 있습니다.

**국제 CLC는** 59개 나라에서 180개의 본부를 두고, 약 650여 명의 선교사들이 이동도서차량 40대를 이용하여 문서 보급에 힘쓰고 있으며 이메일 주문을 통해 130여 국으로 책을 공급하고 있습니다.

**한국 CLC는** 청교도적 복음주의 신학과 신앙서적을 출판하는 문서선교 기관으로서, 한 영혼이라도 구원되길 소망하면서 주님이 오시는 그날까지 최선을 다할 것입니다.

# Christianity and Islam

*Written by*
Youn Jung So

Korean Edition
Copyright © 2017 by Christian Literature Center
Seoul, Korea

## 추천사 1

정흥호 박사
아세아연합신학대학교(ACTS) 대학원장

"남을 알고 자신을 알면 위태롭게 되지 않는다"(知彼知己 百戰不殆, 지피지기 백전불태)라는 병법이 있습니다. 이는 전략에 있어서 가장 기본이 되는 것인데, 이슬람을 대하는 우리 기독교인들의 태도가 이래야 하지 않을까 싶습니다. 소윤정 박사님의 책은 바로 이점을 잘 알게해 주는 변증적인 글입니다. 특히 성경관과 관련하여 왜 이슬람이 꾸란과 다른지, 그들과 대화를 나눌 때 어떤 점에서 문제가 있는지를 명확하게 논증하고 있습니다.

작금의 시대적 상황을 볼 때 이슬람의 이해는 매우 중요하며, 이는 단지 학자들의 논쟁으로 끝날 것이 아니라 목회자뿐만 아니라 평신도들에게까지도 이슬람에 대한 바른 이해가 필요한 시점입니다. 이런 면에서 이 책은 좋은 가이드 북이 될 것이며 학문적으로도 이슬람에 대한 이해를 돕고 어떻게 변증할 수 있는지를 잘 보여주는 책으로 적극 추천하는 바입니다.

## 추천사 2

**이재훈** 목사
온누리교회 담임

    포스트 모던 시대의 종교다원주의 사회에서 복음증거는 어느 때 보다도 신중한 사고와 논리적 설득이 요구되는 과업입니다. 이런 측면에서 소윤정 박사님이 선교학의 사명을 선교변증이라고 역설한 것은 매우 시의적절하다고 여겨집니다. 무지 위에서 고함치는 무서운 반대보다 식탁 위에서 차분히 대화로 설득하는 자세가 훨씬 더 불신자들에게 효과적이기 때문입니다.

    이슬람이 기독교와 무엇이 다른지를 반론과 응답이라는 형태로 차분히 설명해가는 이 책을 통해서 우리는 진리에 대한 확신과 자신감을 가지고 보다 여유 있는 마음으로 이슬람에 대한 진실을 깨달아갈 수 있을 것입니다. 이슬람의 도전 앞에 서있는 한국의 모든 목회자와 선교지도자들은 이 책을 반드시 읽어야 하며 또한 관심있는 성도들도 함께 읽음으로서 선교변증으로 무장된 한국교회가 되기를 소망하여 이 책을 추천합니다.

/ 저자 서문 /

**소윤정** 박사
아세아연합신학대학교(ACTS) 선교대학원 교수

지난달 요르단 암만을 방문할 기회가 있었습니다. 2013년 여름 방문 이후 이번 방문은 3년 6개월만의 방문이었습니다. 그곳에서 암만에 정착한 시리아 난민 여성들을 만나 교제할 기회가 있었습니다. 암만 도시에서 만났던 젊은 요르단 여성들도 우리 일행을 보고 한국인이라고 반갑게 다가와 사진찍기를 청하여서 한류열풍을 실감할 수 있었는데, 한류열풍은 요르단 암만에 정착 중인 시리아 난민 여성들의 여심도 사로잡았습니다. 그것은 한국화장품이었습니다. 시리아 난민 여성들을 위하여 봉사를 하던 중 난민여성들의 피부가 심하게 상해있는 것을 발견하였습니다. 그래서 방문한 일행들이 난민들이 사용하고 있는 화장품을 살펴보게 되었습니다. 시리아 난민 여성들은 아주 자랑스럽게 한국화장품이라고 내어놓았는데 일행들이 살펴보니 제조사와 판매처가 아주 생소한 제품들이었습니다.

그래서 필자는 처음 그 제품들이 한국의 시중에서 판매되는 저가 화장품인 줄만 알았습니다. 그런데 다른 여성 선교사님의 이야기를 듣게 된 방문일행은 놀라움을 감출 수가 없었습니다. 최근 한류열풍을 틈타 중국의 조선족들이 한국화장품인 것처럼 모조품을 판매하고 있다는 것입니다. 처음 요르단에 나온 제품들은 언뜻 보기에도 외관상 상품표기에 한국어 철자법이 틀리는 경우도 있어 한눈에 표가 났지만 최근 요르단 시장에 나오는 물품들은 철자법도 완전하다는 것입니다.

물론 중국의 조선족들이 생산하는 물품들이 모두 문제가 있다고 판단할 수는 없겠지만, 분명한 것은 한국화장품이 아니면서 한국화장품이라고 속여서 판매가 이루어진다는 것이고, 소비자인 시리아 난민들은 한국 여성들의 피부를 동경하며 한국제품이라고 믿고 사용한다는 것입니다. 그리고 이번 방문에서 발견한 경우들은 화장품 성분 분석이 필요해 보일만큼 피부가 손상되어 보였고, 여성들이 눈에 사용하는 '아이라이너'의 경우에 성분이 의심스러울 정도로 지워지지가 않았습니다. 그래서 방문한 일행들은 시리아 난민 여성들에게 그 제품이 사실 한국에서 만든 제품이 아니라고 설명했습니다.

그런 설명에도 불구하고 이미 저렴한 모조품에 길들여진 시리아 난민 여성들의 여심은 도무지 변화의 조짐이 보이지 않았습니다. 더군다나 한국 여성들인 방문일행이 시장 조사를 해 보니 요르단에는 한국에서 구하기 어려운 천연재료들로 피부에도 좋은 오일, 비누 그리고 한국화장품이 아니어도 좋은 제품들이 많이 보였습니다. 그럼에도 불구하고 시리아 난민 여성들의 여심은 한류열풍으로 인하여 판단력이 흐려져서 진실을 부인하고 허탄한 것에 마음을 빼앗긴 채 소중한 것들을 잃고 있는 안타까운 현실을 보게 되었습니다.

한국교회는 그간 교계의 내적인 문제들로 씨름하고, 교단과 교파 간 교리문제로 논쟁하기도 하고, 개교회 중심적인 발상으로 편협한 입장에서 거시적 하나님 나라를 추구하기보다 교회의 양적인 성장을 추구해왔다고 하여도 과언이 아닙니다. 작금의 교계 현실을 볼 때 한국사회에서 기독교의 인지도가 하락하고 있는 이유도 교회가 하나님 나라의 본질보다 형식과 조직에 매여 예수 그리스도를 바로 보여주지 못했기 때문이라는 것입니다. 이는 초대교회 공동체의 본질과 비교해 볼 때 예수 그리스도의 몸 된 교회인 우리가 우리의 본질이 무엇인지 다시 한 번 규명하고 복음으로 회복되어야할 필요를 말해줍니다. 개혁이 필요할 때입니다.

그렇다면 한국교회는 어떠한 개혁을 필요로 하는 것일까요?

그것은 초대교회 공동체가 그러했듯이 철저히 선교 중심적 즉, 복음증거를 최우선으로 하는 공동체로 거듭나야 하는 것입니다. 초대교회 성도 각 개인이 그러했듯이 특별한 몇몇이 선교적 사명으로 나아가는 것이 아니라 모든 성도들이 각자의 삶의 현장에서 선교사적 삶을 살아나가야 한다는 것입니다. 이것이야말로 예수를 바로 보여주는 삶이 될 것입니다. 또한 이러한 예수를 바로 보여주는 삶이야말로 가장 강력한 선교변증이 될 것입니다. 때를 얻든지 못 얻든지 하나님의 잃어버린 양을 위해 영혼을 사랑하는 마음으로 각자의 일터에서 그리고 삶의 현장에서 복음을 전하는 사람이야 말로 진정한 선교사적 삶을 구현하는 성도가 될 것입니다.

　이슬람권 선교도 마찬가지입니다. 어느 누구 특별한 사명을 받고 아랍 지역으로 나가는 것만이 선교가 아닙니다. 선교의 기회들은 도처에 있습니다. 글로벌 시대를 맞아 전 세계가 일일생활권이 되었고 이로 인하여 이주민들이 급속히 늘어가고 있으며 미디어의 발달은 지적재산의 공유마저 상상을 초월할 만큼 빠르고 쉬워졌습니다. 이러한 세대의 변화를 맞아 이슬람도 미디어와 이주민을 통하여 활발히 이슬람 교리를 확산시키며 기독교 교리에 대한 반박도 서슴지 않고 있는 현실입니다. 이미 그들의 문서 자료와 미디어 자료들이 한국 청년들의 손에 들려져서 복음의 진리에 대한 의구심을 불러일으키고 있는 것입니다.

　거룩한 하나님의 나라를 세상에서 대신하는 교회에 출석하는 것을 구시대적 발상으로 여기며, 성경의 가르침을 동화 속의 이야기로 가치 하락시키며, 포스트모던 시대를 빙자하여 동성애의 합법화 등 유행을 쫓아 진리를 저버리는 시대가 될 것입니다. 이러한 시대적 요청에 교회는 신실하게 하나님의 방법으로 복음을 증거 해야 할 것인데 이를 위하여 선교변증은 최우선적 방편이라는 것입니다.

　우리는 믿고 있는 복음이 무어라 하는지, 복음의 진리에 대항하는 반론자들이 무어라 하는지, 반론자들의 의견에 진리로 답하는 것은 복음의 확신이 있어야 하며 하나님의 지혜와 용기가 필요한 것입니다. 지금이 바로 그 지혜와 용기가 필요한 때입니다. 앞서 언급한 시리아 난민 여성들의 모조품에 대한 맹신처럼 이슬람의 교리에 현혹되어 마음을 빼앗기고 판단력이 흐려진 영혼이라 하여도 하나님의 사랑으로 끝까지 변론하고 삶으로 예수 그리스도의 말씀을 살아나갈 때 성경의 복음이 살아있는 복음이 되어 생명을 살리는 것입니다.

필자는 이러한 선교변증적 필요에 조금이나마 부응하고자 Call of Hope[1]에서 출판한 『진리로의 초대』(True Guidance)를 중심으로 성경 각 구절에 대한 반론과 그에 대한 응답을 제시하였습니다. 지면상 모든 내용의 구절들을 다 하지 못하고 구약의 모세오경과 신약의 복음서와 서신서를 중심으로 다루었습니다. 이에 더 많은 내용을 보기 원한다면 『진리로의 초대』와 홈페이지를 방문하여 볼 것을 권하는 바입니다.

끝으로 이 책을 통하여 한국교회에 이슬람에 대한 바른 이해가 확산되어지고 무엇보다 거짓에 현혹되어 진리를 부정하는 젊은이들이 복음으로 회복되어지는데 조금이나마 힘이 되었으면 합니다. 그리고 이 책을 위하여 추천사를 써주신 정홍호 박사님과 이재훈 목사님에게 감사드리며, "이슬람 연구 시리즈 17"로 이 책의 출판을 기꺼이 허락하여 준 한국기독교문서선교회(CLC)에 감사드립니다. 또한 출판을 위하여 자료정리에 도움을 준 ACTS 아랍문화연구원 최영조 형제와 전지숙 자매에게도 감사의 말을 전하는 바입니다.

---

[1] Call of Hope는 이슬람권을 대상으로 130년 이상 사역해 온 선교단체로 특별히 문서선교와 미디어선교를 통하여 역사적으로 수많은 무슬림들을 예수께로 인도한 유럽의 선교기관이다. 출판된 많은 도서들을 통해서도 알 수 있지만 기독교로 개종한 이슬람 교리 학자, 이슬람학 박사 등도 저자로서 다수 활동하고 있으며 학술적인 면에서 성경 중심적으로 복음적인 선교전략을 최우선으로 하는 기관이다. Call of Hope 는 전략적으로 http://www.light-of-life.com과 http://www.call-of-hope.com, 두개의 홈페이지를 운영하고 있으며 이슬람권 선교 특성상 보안을 위하여 자세한 기관소개를 생략하고 있다. 한국의 경우는 2000년 Call of Hope의 사역자가 ACTS를 방문하여 강의한바 있으며 그 이후 몇 차례 내방하였다.

예루살렘 통곡의 벽

## 목차

추천사 1_정흥호 박사 | 아세아연합신학대학교(ACTS) 대학원장     *005*

추천사 2_이재훈 목사 | 온누리교회 담임     *006*

저자 서문     *007*

### 제1장 변증적 대화의 필요성     *015*
    1. 한국의 이슬람     *015*
    2. 선교변증의 시대적 요청     *037*

### 제2장 성경과 꾸란     *050*
    1. 구약 진리로의 초대     *050*
    2. 신약 진리로의 초대     *083*

### 제3장 성경과 꾸란의 인물     *198*
    1. 아브라함과 "이브라힘"     *198*
    2. 예수와 "이싸"     *216*
    3. "선지자 무함마드"     *246*

화보     *276*

참고문헌     *282*

/ 제1장 /

# 변증적 대화의 필요성

## 1. 한국의 이슬람

    2013년 12월 '법무부 출입국 · 외국인정책본부'의 통계에 의하면 OIC(Organization of Islamic Conference: 이슬람이 국교이거나 주요 종교인 국가들의 연합체) 57개국 출신자 128,698명[1]이 한국에 체류 중인 것으로 집계되었다. 여기에 2005년과 2009년 '한국이슬람교 중앙회'가 발표한 자료에 의하면 2005년에는 3만 5천 명으로 집계되었던 한국인 무슬림들이 수 년 사이에 배가 증가되어 2009년 7만 명[2]으로 집계되었으며, 한국인 여성 중 무슬림들과 결혼한 경우가 2013년 12

---

[1] 법무부 출입국 · 외국인정책본부 홈페이지 http://www.immigration.go.kr/HP/COM/bbs_003/ListShowData.do?strNbodCd=noti0096&strWrtNo=121&strAnsNo=A&strOrgGbnCd=104000&strRtnURL=IMM_6050&strAllOrgYn=N&strThisPage=1&strFilePath=imm/ 2014년 9월 25일.

[2] Ibid.

월 기준 1638³명에 달하고 있다. 특별히 1638명 중 45.8%인 750명의 한국 여성들이 파키스탄 남성 무슬림과 가장 많이 결혼한 것으로 집계되었다.⁴ 통상 결혼 후 이슬람교의 율법에 의하여 남편의 종교인 이슬람교로 개종하는 것을 감안하면, 결혼으로 인하여 무슬림이 된 한국 여성 1638명을 포함한 약 20만 명의 무슬림들이 한국에 살고 있다.

그리고 통계청이 2012년 3월 15일 발표한 '2011 한국의 사회지표'에 따르면 대한민국의 총 인구는 4977만 9000명⁵으로 2010년에 비해 0.75% 증가했다고 한다. 20년 전인 1990년(4286만 9000명)에 비하여 700만 명 가까이 늘어난 수치이다.

여기서 통계청 자료를 보면 우리나라 인구는 숫자의 증가뿐 아니라 구성원도 다양해지기 시작했음을 알 수 있다. 단순 관광이나 단기체류 외국인이 아닌 장기체류 등록외국인이 2011년 100만 명에 육박하여 98만 2461명으로 집계되었다. 10년 전 장기체류 등록외국인의 절반(104,847명)을 차지했던 산업연수는 2011년 현재 3133명으로 전체 외국인의 0.3%에 불과하고 이에 반해 비전문취업과 유학생 그

---

3  법무부 출입국·외국인정책본부 홈페이지 http://www.immigration.go.kr/HP/COM/bbs_003/ListShowData.do?strNbodCd=noti0096&strWrtNo=121&strAnsNo=A&strOrgGbnCd=104000&strRtnURL=IMM_6050&strAllOrgYn=N&strThisPage=1&strFilePath=imm/ 2014년 9월 30일.

4  Ibid.

5  통계청 홈페이지 http://kostat.go.kr/portal/korea/kor_ki/1/1/index.action?bmode=read&cd=S001001. 2012년 5월 25일.

리고 영주거주권[永住居住權] 자가 급격히 증가한 것을 알 수 있다.[6] 이에 따라 다문화 시대를 맞은 한국은 무슬림과의 국제결혼이 더욱 증가할 것으로 예측된다.

특별히 무슬림들과의 결혼에서 우리가 기억해야할 것은 이슬람경전 꾸란에 명시된 무슬림들의 합법적인 결혼은 무슬림 남성과 무슬림 여성 간의 결혼과 그 밖의 경우 무슬림 남성들만이 이슬람에서 '성서의 백성들'이라고 정의되는 기독교인과 유대교인들과의 결혼이 가능하다는 것이다.[7] 이와 같은 이슬람 경전 '꾸란'의 결혼지침은 결과적으로 한국교회의 여성전도와 부흥, 그리고 교육의 시급성이 요청된다.

실제적으로 연구자의 자료조사에 의하면 한국이슬람교 중앙회가 주관하고 있는 한국이슬람센터에서는 특히 한국 여성들을 대상으로한 적극적인 포교활동이 이루어지고 있었다. 이는 특히 2011년~2016년 2학기 아세아연합신학대학교 학부학생들을 대상으로 개설

---

[6] 법무부 출입국 · 외국인정책 통계 월보 http://hinso.kr/owner/entry/1C%7C5979125033.jpg%7Cwidth=%22450%22%20height=%22194%22%20alt=%22%EC%82%AC%EC%9A%A9%EC%9E%90%20%EC%82%BD%EC%9E%85%20%EC%9D%B4%EB%AF%B8%EC%A7%80%22%7C. 2012년 5월 25일.

[7] 꾸란 수라 5:5 (각주 5-2) "이슬람에서는 성서의 백성들, 즉 기독교인 및 유대인들과의 사회적 일상거래는 물론 결혼까지도 허용된다. 한편 무슬림 여성은 무슬림이 아닌 남성과는 결혼하지 않는다. 무슬림의 여성이 무슬림이 아닌 남성과 결혼함으로써 무슬림 여성의 윤리가 파괴되기 때문이다." - 본문에서 인용한 꾸란은 『성꾸란 의미의 한국어 번역』(파하드 국왕 꾸란 출판청, 1999)이다. 본 한국어 꾸란의 첫 페이지에는 파하드 왕 꾸란 출판청 총감독이며 이슬람, 이슬람기금, 선교부 장관인 압둘라 이븐 압둘무흐신 투르키가 서문을 적고 있다. 그의 서문에 따르면, "메디나 소재 파하드 국왕 성 꾸란 출판청은 한국어를 사용하는 독자들에게 최영길 박사가 번역한 한국어판을 드립니다."라고 적고 있다. 그러므로 『성꾸란 의미의 한국어 번역』은 명지대 최영길 교수의 번역이다.

된 '이슬람선교의 이해' 교과목 과제발표와 동대학의 대학원 학생들을 대상으로 개설된 '이슬람 여성' 교과목 과제발표를 통하여 증명된 바 있다. 또한 2008년 2학기 한세대학교 학부생들을 대상으로한 '무슬림 선교론' 수강 학생들의 발표를 통하여서도 입증된바 있다.

그러므로 이러한 시대적 요청에 부응하여 한국이슬람교 중앙회를 중심으로 "한국인을 위한 이슬람"과 "이슬람의 진리"(Da'wah to Islam for Korean)라는 '유튜브'(You Tube) 동영상 계정을 만들어 공개적으로 이슬람 교육을 시행하고 있는 이슬람 "다와"(Dawah)[8] 활동의 실태를 분석해야 한다. 그리고 한국교회의 입장에서 특별히 무슬림들에게 집중적인 포교대상으로 지목되고 있는 한국 여성들과 젊은이들을 향한 이슬람 포교활동에 대한 대처방안을 연구할 필요가 있다.

박동신은 '유튜브'에 abdurrashidpark의 이름으로 '이슬람의 진리'라는 채널과 islamforkorean의 이름으로 '한국인을 위한 이슬람' 계정을 개설하고 다음과 같이 말하면서 적극적으로 이슬람 알리기에 앞장서고 있다.

> 한국인들이 이슬람에 대하여 잘 모르고 있는데 한국인들에게 이슬람에 대해 바로 알리고자, 책으로 딱딱하게 다가가는 것보다 시대적 흐름에 맞추어 동영상으로 이슬람의 진리를 소개하고자 한다.[9]

---

8 이슬람 포교를 위한 이슬람의 선교활동을 "다와"(Dawah)라고 한다.
9 http://www.youtube.com/watch?v=W95yXabznNA, 2014년 10월 9일.

또한 박동신은 다음과 같이 말하면서 기독교인들이 이슬람에 대하여 잘못이해하고 동영상을 만들어 공유하고 있다며 불편한 심정을 토로하고 있다.

> 서점에 가면 무슬림이 아닌 기독교인들, 선교사나 목사님들이 무슬림이 아니면서 이슬람에 대하여 쓴 서적들을 많이 볼 수 있는데 이슬람교가 아니기 때문에 잘못된 정보나 선입관으로 글을 쓰고 있다. 그래서 안타까운 마음에 인터넷 상에서라도 제대로 정보를 주고자 '이슬람의 진리' 채널을 만들게 되었다.[10]

사실 박동신이 언급하고 있는 동영상은 2009년 한국세계선교협의회와 「국민일보」, 사랑의교회가 공동 기획하여 사랑의교회가 배급한 "이슬람이 오고 있다"라는 제목의 DVD이다. 이 영상자료에 등장하여 한국교회에 메시지를 주고 있는 인물들은 모두 이슬람 전문가로 해외 각 처소에서 이미 정평이 나 있는 이슬람 전문가들이다.

뿐만 아니라 이들 중에는 MBB(Muslim Background Believer)들도 상당수이며, 영상자료의 내용은 정확한 이슬람의 꾸란과 가르침에 근거한 것으로 객관적인 사실에 입각하여 제작되었다. 그럼에도 불구하고 오히려 이슬람에 관한 정식 교육을 받은 일이 없고 2010년 이슬람교로 개종한 박동신[11]이 다년간 이슬람권에서 살고 있고 전문교

---

10　Ibid.

11　http://www.kbs.co.kr/1tv/sisa/wedplan/vod/vod.html KBS 1TV 수요기획 "이슬람 최대 축제 라마단"(방송일시 2010년 9월 29일)에서 박동신 스스로가 2010년 개종하였다고 밝힌 바 있다. 박동신은 현재 이슬람 지도자가 되기 위하여 사우디아라비아에서 유학 중이다.

육을 받은, 그리고 무슬림이었던 이들의 메시지를 잘못된 것이라고 폄하하는 것은 참으로 유감 스럽다.

심지어는 "이슬람은 기독교와 같은 하나님을 믿는 종교인데 기독교인들은 이슬람을 다른 신을 믿는 종교라고 한다."[12]고 전제하면서 신학적 배경이 없는 박동신은 이와 같은 '유튜브' 방송을 통해 특히 한국의 젊은이들에게 여과 없이 영향을 끼치고 있다. 실제로 이 동영상 하단의 동영상 통계표시에 의하면 2011년 12월 22일 녹화된 이후 1,404명이 동영상을 시청하였으며 이들 중 여성은 18세-24세, 남성은 25세-34세가 시청한 것으로 통계결과가 집계되어있다.[13]

이러한 현상은 디지털 시대를 살고 있는 현대 기독교인들에게 영상매체를 이용한 기독교 선교전략 수립의 시급성과 영상을 통한 타종교의 기독교 왜곡과 혼합주의적 현상에 대한 대응전략 수립의 시급성을 깨닫게 한다. 또한 인터넷 사회를 살고 있는 현시대에 문명을 활용한 기독교 선교전략의 역동적 변화의 필요성을 고취시키고 있다.

박동신은 그의 채널에서 다음과 같이 말하면서 크리스첸 청년들에게 공감대를 형성하고자 노력하고 있다.

> 기독교 집안에서 태어났으며 미션스쿨을 나왔고, 부모님도 기독교인이고 내가 목사가 되기를 원하셨고, 나도 선교하고 싶어서 목사가 되려고 했다. 그래서 진리를 찾기 위해서 여러 교파를 다니고 목사님들과 상담

---

[12] http://www.youtube.com/watch?v=W95yXabznNA, 2014년 10월 9일.
[13] Ibid.

을 했고 결국은 진리를 찾아 이슬람으로 개종을 했다.[14]

그리고 본인이 그동안 성경을 열심히 연구한바 앞으로 본 채널을 통하여 기독교와 이슬람을 비교하여 정확한 지식을 나누겠다고 결의하고 있다.[15] 여기서 그가 어떤 교단교회에서 신앙생활 했는지 정확히 언급하고 있지 않지만 한국교회의 책임이 무겁게 느껴진다. 교회 교육의 부족함으로 살아계신 기독교 삼위일체 성부, 성자, 성령 하나님을 믿는 신앙고백이 없는 박동신과 같은 청년들은 이처럼 하나님을 왜곡하고 기독교 진리를 오해하여 자신도 구원에 이르지 못할뿐더러 많은 젊은이들을 잘못된 길로 인도하는 거짓 증거자가 되기 때문이다. 그가 받았다는 기독교교육의 진실이 무엇인지 다시 한 번 한국교회교육의 현실을 되돌아보게 한다.

그리고 박동신은 "이슬람을 믿는 것은 행복하게 살기 위한 길"이라고 강조하면서 기독교의 하나님이나 이슬람의 알라가 같은 "하나님"이라고 거듭 강조하고 이슬람에 대한 개론적 교육을 하고 있다.[16] 또한 기독교 신앙생활과 비교하여 설명을 하고 있는 것이 특이사항인데 "교회는 헌금을 요구하지만 우리는 돈을 달라는 것도 아니고 단

---

14  Ibid.

15  Ibid.

16  http://www.youtube.com/watch?v=SXM1gOaoOkk. 2012년 6월 6일. 전세계 무슬림 인구가 17억이라고 밝히고 있는 박동신은 아프리카 중동을 비롯하여 유럽과 미국, 심지어 일본과 중국까지도 공산주의의 배경에서도 이슬람교도들이 있는데 한국만 이슬람을 모른다고 안타까워하면서 '이슬람'의 '살람' 이 평화이므로 이슬람교는 "행복의 종교"라고 거듭 강조하고 있다. 또한 기독교는 'Christ'에서 그 이름이 파생되었으므로 "예수의 종교"이지만 이슬람교는 "무함마드의 종교"가 아니고 "행복의 종교"라는 것이다.

지 봉사 하는 것이다."라고 계속적으로 기독교를 의식하는 발언을 하면서 한국 여성들에게 이슬람을 홍보하고 교육하고 있다. 특별히 삼위일체라는 개념은 성경에도 나오지 않고 정치적으로 로마에서 만든 개념이며, 니케아 종교회의가 사람들의 필요에 의해서 정치적으로 삼위일체를 규정하였다고 정통 기독교 신앙과 신학에 정면도전을 하고 있다. 뿐만 아니라 기독교는 사람을 괴롭게 하는 종교로 회비를 내라는 둥, 등록을 하라는 둥 여러 가지로 귀찮게 하지만 이슬람은 등록카드를 적지 않아도 되고 요구하는 것이 전혀 없기 때문에 행복한 종교라고 홍보하고 있다.[17]

그러나 세계 모든 종교가 같은 하나님을 믿는다느니 하는 박동신의 신관은 엄밀히 말하면 꾸란의 신관과 전혀 무관한 신관임을 알 수 있다.

> 성서의 백성들이여 너희 종교의 한계를 넘지 말며 하나님에 대한 진실 외에는 말하지 말라 실로 예수그리스도는 마리아의 아들이자 하나님의 선지자로서 마리아에게 말씀이 있었으니 이는 주님의 영혼이었노라 하나님과 선지자들을 믿되 삼위일체설을 말하지 말라 너희에게 복이 되리라 실로 하나님은 단 한분이시니 그분에게는 아들이 있을 수 없노라 천지의 삼라만상이 그분의 것이니 보호자는 하나님만으로 충분하니라(수라 4:171).

---

17   Ibid.

여기에 명시된 꾸란 구절은 기독교의 하나님과 이슬람의 하나님이 결코 같지 않음을 정확히 말해주는 근거이다.

또한 "박해가 사라지고 **종교가 온전히 알라의 것이 될 때까지 성전(聖戰)하라**"(수라 8:39)는 꾸란 구절이 말해 주듯이 이슬람교는 타종교를 인정하는 종교가 아니고 타종교를 '성전'의 대상으로 간주하여 이슬람화를 목적으로 '성전'하라고 가르친다.

그럼에도 불구하고 "하나님은 한분인데 다 같은 하나님을 믿는 것이고 방법이 다를 뿐이며 기독교의 삼위일체는 힌두교에서 온 것이고 본래 유대교에서는 없던 개념이다."라고 모인 여성들에게 이슬람의 알라를 소개하고 있다. 그리고 구약의 유일신 '여호와'의 개념을 강조하면서 이슬람교는 기독교가 혼란시킨 유일신 신개념을 다시 구약으로 되돌리는 것이라고 설명하고 있다.

연이어서 박동신은 이슬람의 신앙에서 중요한 것은 '천사'를 믿는 신앙이고 '예언자'를 믿는 신앙이라고 설명하고 있다. 박동신은 항상 우리 주변에 있는 '천사'를 인정해야 한다고 하면서 정작 꾸란에서 '천사'를 '성령'이라고 소개 하고 있음에 대하여서는 전혀 언급하지 않았다.[18] 그리고 기독교는 무함마드를 부정하고 폄하하지만 이슬람교에서는 "예언자, 선지자이신 예수"를 한 번도 부정하거나 폄하하지

---

18 "일러 가로되 성령¹⁾이 주님으로부터 진리의 말씀을 전하였으니 이로하여 믿는 자를 강하게 하라. 그것이 무슬림의 길이요 복음이라"(수라 16:102) (각주 102, 1) "루흐 알 꾸드쓰"는 성령이란 뜻으로 모든 선지자에게 창조주의 말씀을 전한 가브리엘 천사를 가르킨다. 최영길,「성 꾸란 의미의 한국어 번역」, 494. 이외에도 성령을 가브리엘 천사라고 설명하고 있는 꾸란은 수라 26:193, 70:4, 78:38, 97:4, 19:17 이다. 꾸란의 "가브리엘" 천사와 "성령"에 관하여서는 소윤정,『꾸란과 성령』(서울: CLC, 2009) 내용 참고.

않는다고 하면서 이슬람교가 중용을 지키는 포용적인 종교인 것처럼 위장하고 있다. 심지어 예수도 무슬림이고 예수가 지키려고 했던 것도 이슬람의 율법이라고 하면서[19] 예수 그리스도의 복음의 메시지를 훼손하고 한국 여성들을 신앙적 혼란에 빠뜨리고 있다.

박동신은 '유튜브' 계정, "islamforkoren"에서 본인의 '유튜브' 채널을 소개하는 영상과 더불어 현재까지 네 개의 동영상을 게재하였다.

① "이슬람에서 믿는 하나님은 누구인가요? 알라신?"
② "무함마드는 어떤 사람이었나요? 마호메트?"
③ "이슬람과 무슬림은 어떻게 다르나요?"
④ "무슬림들이 정말 예수를 미워해요?"

그런데 여기서 주목할 필요가 있는 점은 한국이슬람교 중앙회는 정식 이슬람 공부를 마친 사람들이 있음에도 불구하고 왜 박동신과 같이 개종한지 얼마 안 된 한국 청년에게 이와 같이 이슬람 포교를 위한 강의를 하게 허락 하였는가 이다. 현재 박동신은 그의 SNS "Facebook"에서도 밝히고 있듯이 사우디아라비아의 메디나에서 이슬람 공부를 시작한 것으로 알려지고 있다.

박동신과 달리 한국에 이슬람 포교를 목적으로 시리아에서 선교사로 온 전주중앙성원 이맘 '학압두'는 이슬람 법학자이며 한국의 이슬람 포교를 위하여 다양한 이슬람 도서를 발간하였다. 또한 그는

---

19   26 http://www.youtube.com/watch?v=SXM1gOaoOkk, 2012년 6월 6일.

최근 유창한 한국어 실력으로 이슬람 교리를 강의하고 있다. '유튜브'에 게시되어있는 SBS 실속 TV시선집중[20], 김진권의 '시선집중'이라는 TV프로그램, "전주이슬람 성원을 가다" 영상에서 사회자는 이슬람의 일부다처제에 관하여 학압두 박사에게 질문하였다.

이때 학압두 박사는 이슬람교에서 일부다처제가 발원한 것이 아니고 구약성경에서 발원한 것이라며 철저히 여성을 보호하기 위하여 이혼하지 않게 하고 부인을 4명까지 둔다고 설명하고 있다. 학압두 이맘은 아브라함도 부인이 3명이었고, 야곱은 부인이 4명이었다고 설명하면서 3남 4녀를 둔 학압두 이맘에게 사회자가 왜 아이들을 그렇게 많이 낳느냐고 질문하자 이슬람에서는 낙태가 금지되어 있다고 설명하고 있다.[21] 실제로 '파트와'(FATAWA)[22]에 의하면 이슬람에서는 낙태 뿐만 아니라 피임도 금하고 있다.[23]

학압두 박사의 이슬람 강좌는 박동신의 "islamforkorean"에서 "간추린 이슬람" 시리즈로 누구나 시청 할 수 있도록 되어있다.[24] 학압두

---

20  2001년 방송되어 종영된 프로그램으로 '유튜브'에서 자료를 찾을 수 있었다.
21  http://www.youtube.com/watch?v=9gcd5xb1gsU&feature=related. 2009년 5월 9일 게재. 2012년 6월 11일.
22  "파트와"(아랍어:فتوى)는 이슬람 학자가 이슬람 법에 대하여 내놓는 의견이다. 파트와는 법적인 판결이 아닌 종교적인 의견이지만, 몇몇 나라에서는 법 이상의 권위를 갖고 있다. 파트와는 꾸란과 샤리아에 입각하여 결정된다. 아울러 이란 및 사우디아라비아 등 중동의 철저한 율법주의 국가에서는 파트와의 준수 여부가 생사를 가른다고 생각하는 반면, 인도네시아에서는 정치와 개인의 자유를 종교로부터 철저히 분리하고 있다. http://ko.wikipedia.org/wiki/파트와. 2012년 6월 8일.
23  Muhammad bin Abdul-Aziz Al-Musnad, *Islamic FATAWA regarding WOMEN* (Kingdom of Saudi Arabia : Darussalam, 1996), 163.
24  http://www.youtube.com/watch?v=v3KW15qqboM. 2012년 6월 11일.

이맘의 강의에서도 계속적으로 강조되고 있는 것은 기독교와의 연계성이다. 예수의 탄생에 대하여 강의하고 있는 학압두는 마리아처럼 "하나님의 영"으로 아이를 낳은 사람이 없다고 설명하면서 마리아처럼 무슬림 여성들이 순결해야 함을 강조한다. 그러나 학압두가 예수의 탄생에서 "하나님의 영"을 언급하고 있는 것은 마치 삼위일체를 인정하지 않는 이슬람이 하나님의 영인 성령을 인정하는 것 같고 그가 말하고 있는 "하나님의 영"이 알라 자신의 영인지 알라가 창조한 영인지 조차 구분이 안되는 강의를 하고 있다.

학압두 박사는 특별히 한국어로 된 www.quran.or.kr 이라는 인터넷 웹사이트를 운영하고 있다. 그의 웹사이트에서 우리는 그의 동영상 강의를 쉽게 접할 수 있고 이슬람에 관한 다양한 질문들에 답변하고 있는 것을 볼 수 있다. 질문 내용 중 한국 여성을 대상으로한 포교활동으로 볼 수 있는 것은 다음과 같다.

Q: 여성의 외출시와 기도하기 전의 Make-Up은 어떤가?

A: 이슬람에서 아내는 남편을 위해 아름답게 치장해야 한다. 그러나 남편이 아닌 다른 남자들을 위해 치장할 필요는 없다. 더욱이 다른 사람들에게 유혹의 소지가 있는 치장, 행동, 발걸음, 목소리를 조심하여야 한다. 아내가 얼굴에 화장을 하고 외출하는 것은 허락되지 않는다. 그러나 집에서 남편을 위한 화장과 향수 사용은 매우 권장한다.

예배하기 전 남녀 모든 무슬림들은 우두를 해야 한다. 만일 무슬림 여성이 화장을 하고 있었다면 깨끗하게 화장을 지워야 한다. 화장으로 인해 특정 부분의 피부에 물이 닿지 못한다면 우두를 완전히 했다고 말할 수 없다. 우두를 한 다음에는 깨끗한 얼굴로 예배를 한다.[25]

  이 밖에도 학압두 박사는 그의 웹사이트에 동영상 자료들을 올려놓고 이슬람을 홍보하고 교육하고 있는데, KBS "TV, 책을 말하다" 신년기획 이슬람 "제1부 코란"을 통해 이슬람 규범의 근간이 되는 꾸란을 자세히 소개하고 있다. 또한 이 동영상에서 우리가 주목할 것은 요르단의 베드윈 부족의 삶을 보여주면서 3명의 부인과 함께 살면서 일부다처제로 살아가는 무슬림 가정의 생활 관습을 소개하고 있다. 어떻게 3명의 부인들이 그들 각자의 역할을 수행하면서 가정을 지켜 나가고 있는지 자세한 설명과 인터뷰로 시청자로 하여금 이슬람의 일부다처제에 대한 이해를 유도하고 있다.

  박동신과 학압두와 같이 이슬람 여성관과 결혼관을 교육하고 선전하면서 한국 여성들을 이슬람으로 초대하는 또 하나의 매개체가 인터넷 채팅이다. 다음의 사례들은 한국 여성들이 무슬림 남성들과 결혼하여 발생된 안타까운 사연들이다. 무슬림 남성들과 결혼한 여성들이 이슬람을 처음 접한 것이 인터넷 채팅과 이슬람이 운영하는 인터넷 사이트였음을 주목할 필요가 있다.

  「한겨레신문」에서 파키스탄 귀화자 남편, 무함마드 아심(39세)의 두 번째 부인으로 인터뷰를 했었던 한국인 무슬림 신미선(32세)은 2011년 호주 시드니 여성난민의 집에서 파키스탄 방글라데시 인도

---

25  http://www.quran.or.kr/zahid/ 2012년 6월12일.

무슬림 남성들로부터 납치나 살해위협을 당하며 두 딸(22개월 알리야, 2개월 앰버)과 함께 숨어 지내고 있었다.[26]

법적으로 일부다처가 허용되지 않는 한국에서 신미선은 혼인신고도 하지 못한 채 사실혼 관계 속에서 이슬람은 여성을 차별하는 것이 아니라 여성을 보호한다고 믿으면서 첫 번째 부인을 다른 부인이 아닌 가족이 생긴 것이라고 생각하고 아이들을 위해 이혼할 생각을 하지 않고 살고 있었다.

그러나 불행하게도 파키스탄인 무함마드 아심은 이슬람 지하드 조직인 탈레반의 멤버로서 온갖 불법을 일삼았고 부인인 신미선도 이슬람의 지하드에 대한 개념도 없는 상태에서 남편을 돕다가 남편의 행동이 일반적인 이슬람 교도들이 부정하고 있는 극단적인 것임을 호주 무슬림 공동체를 통하여 알게 되었다는 것이다. 그러나 그럼에도 불구하고 신미선은 이슬람법에 의하여 남편을 떠나지 못하고 한국에서도 수배 중인 형편에서 남편인 아심과 호주에서 난민신청을 하여 인권보호 차원에서 호주로부터 도움을 받고 있었는데 남편으로부터 독립하여 두 딸을 보호하기 위하여 한국 다음 아고라에 도움을 요청하는 서신을 올렸다고 한다.[27]

강은숙(가명, 37세)은 2004년 인터넷 채팅 방송을 통하여 파키스탄

---

26 송경화, 안수찬, "나는 한국인 무슬림이다." 「한겨레신문」. 2011년 5월 17일자. 1면
27 http://bbs3.agora.media.daum.net/gaia/do/story/read?bbsId=S103&articleId=280104, 2014년 10월 9일. http://bbs3.agora.media.daum.net/gaia/do/story/read?bbsId=S103&articleId=280100 에 올려진 글이 삭제되어 위의 http://bbs3.agora.media.daum.net/gaia/do/story/read?bbsId=S103&articleId=280104,를 통해 확인가능하다.

출신의 알리와 만나 결혼하였다. 알리는 결혼 전에 자신의 종교에 대하여 언급하지 않았지만 결혼 후에 부인에게 꾸란을 읽도록 강요하였고 꾸란을 공부하지 않는다고 언어적, 신체적 폭력은 물론 아이에게 못이든 연장통을 던지고 위협을 하였으며 한국 국적을 취득한 후에 이혼하겠다고 하였다.[28]

중학생 이승미(가명, 15세)는 2010년 여름 인도네시아 무슬림을 채팅으로 만나 신앙고백을 하고 무슬림이 되었다고 한다.[29] 조영희(가명, 24)도 인터넷 이슬람 카페 회원들에게 궁금한것을 묻고 2011년 1월 회원 3명이 지켜보는 가운데 '신앙고백'을 했다고 한다.[30] 이처럼 이슬람 포교가 사이버 인터넷을 통해 활발하게 진행되는 가운데 한국 여성들이 집중적으로 이슬람에 노출되어 있는 사실들이 여러 보도 자료들을 통해 보고되고 있다.

이슬람에서 결혼은 남성과 여성 모두에게 있어서 단순한 계약이 아니다. 결혼은 이들에게 있어서 종교행위이며 영성생활로 간주되어진다. 무엇보다도 여성에게는 결혼생활에 있어서 더 많은 종교적 헌신이 요구되어지는데 그것은 바로 임신과 출산 그리고 양육이다. 왜냐하면 무슬림 여성이 결혼하여 단지 아기를 낳고 양육하는 일만 하

---

[28] "무슬림과 결혼한 한국 여성의 실태," http://tvpot.daum.net/clip/ClipViewByVid. do?vid=Q3BCFKciExI$(2011년 8월14일 접속). 이정순, "1970년대 이후 한국인의 이슬람 개종 요인 연구," 92에서 재인용.

[29] 송경화·안수찬, "우리나라 친구야, 날 침떠보지마!" 「한겨레신문」 2011년 5월 18일자, 4면. 이정순, "1970년대 이후 한국인의 이슬람 개종 요인 연구," 93에서 재인용.

[30] 송경화·안수찬, "젊은 영혼들 '샤하다'와 접속하다" 「한겨레신문」 2011년 5월 19일자, 1면과 4면. 이정순, "1970년대 이후 한국인의 이슬람 개종 요인 연구," 93에서 재인용.

였다 해도 그 아이들은 장차 무슬림이 될 수밖에 없기 때문이다.[31]

여기서 우리는 그들의 결혼정책이 얼마나 이슬람교의 양적 성장과 밀접한 관계가 있는 지 알 수 있다. 여성은 이슬람교의 교세확장을 위한 도구로 인정받고 있다. 앨라이아 슐라이퍼(Aliah Schleifer)는 그의 책에서 꾸란과 하디스를 인용하여 논증하고 있는데, 어떤 여인이 아기를 출산하다가 죽는 경우에 그녀는 알라를 위해 싸우다 전사한 순교자와 같다고 쓰고 있다.[32] 뿐만 아니라 "지옥은 여성을 위해 창조되었다."[33]는 말처럼 99%의 여성들이 지옥에 갈 수밖에 없지만 특별히 천국에 갈 수 있는 길은 임신하고 출산하고 아기를 양육하는 길이라고 결론에서 쓰고 있다.[34]

이러한 결혼관의 차이를 모르고 결혼한 많은 한국 여성들의 결혼생활이 파국으로 치닫고 있는 것은 교육과 홍보의 부재로 인한 것이다. 그러므로 한국교회는 디지털 시대를 맞아 사이버 콘텐츠의 개발로 이슬람의 여성관과 결혼관에 관한 정보를 공유하고 하나님의 형상을 따라 창조된 구원받기에 합당한 기독교 여성의 여성관과 결혼관을 적극적으로 홍보하고 교육하여 복음전도의 기회로 적극 활용해야 할 것이다.

---

31  (정리 : 이슬람 대책 세미나 – 2012년 5월 31일 행사 자료집, p.15 주최 : 한국장로교총연합회 이슬람대책위원회, 협력: 범교단이슬람대책위원회) Aliah Schleifer, *Motherhood In Islam* (U.K., Cambridge: The Islamic Academy, 1986), 51. 소윤정, 『무슬림의 아내들』 (서울: CLC, 2011), 43에서 재인용.

32  Ibid., 54.

33  Hamdun Dagher, *The Position of Women in Islam* (Villach, Austria: Light of Life, 1995), 17.

34  Aliah Schleifer, 58. 소윤정, 『무슬림의 아내들』, 43에서 재인용.

2010년 9월 29일 KBS 1TV는 수요기획에서 이슬람의 라마단에 대한 내용을 방송하였다. 이 방송내용은 '유튜브'를 통하여 4회에 걸쳐 시청할 수 있다. 방송내용 중 라만단을 소개하면서 '할랄후드'를 '참살이'(well being) 음식으로 소개하면서 이슬람의 음식문화를 소개하고, 한국의 KAIST에 다양한 음식문화가 공존하고 있음을 보여준 것도 인상적이지만 중후반 내용중 한국이슬람중앙성원 내에 위치하고 있는 이슬람 유치원, "프린스 술탄"에서 교사로 무슬림과 비무슬림 아이들에게 꾸란을 교육하고 있는 인도네시아 유니따(42세) 선생님이 돋보인다. 유니따는 유창한 한국말을 구사하면서 무슬림과 비무슬림 아이들에게 이슬람 교육을 시키고 있다. 뿐만 아니라 아이들을 가르치면서 하루에 기도시간을 지켜 솔선수범하여 무슬림 여성으로서의 종교적 삶을 보여주고 있다.

또한 방송 전반부에서는 라마단 기간을 지켜 모스크에서 합동예배를 드리고 있는 무슬림들을 보여주면서 남성과 구분되어 3층에서 기도하고 있는 무슬림 여성들을 보여주고 있다. 엄격한 남녀구별이 있다는 것이다. 그리고 방송 중반부에서는 모스크 앞에서 제과점을 경영하고 있는 한국 무슬림 여성 정진희(43세)씨가 건강에 좋은 음식, '할랄푸드'로써 '바끌라바'를 소개하고 있다.

최근 한국정부는 할랄산업 육성을 위해 다양한 정책을 수행중이다. 최근 몇 년 동안 농림축산식품부와 KOTRA등 정부기관과 지방자치단체들은 세계인구의 25%인 무슬림들의 식탁을 사로잡자는 모토를 가지고, 710조원의 할랄시장 진출을 위한 교두보를 마련한다는 취지로 기업들을 대상으로 할랄식품과 할랄인증에 대한 세미나를 하고 있다.

　2014년 기준 할랄인증 제품은 430여 개인데 정부는 이번 MOU가 중동국가와 농업분야 정부 간 협력채널을 구축한 첫 사례로 우리 농식품산업 진출 협력기반을 확보한 것으로 평가하고 2017년까지 12억달러 이상의 수출을 목표로 후속조치에 착수하였다. 그리고 2015년 3월 17일 대통령 주재 제7차 무역투자진흥회의에서 2016년까지 익산에 할랄식품 전용단지를 조성하기로 결정하였다.

　정부는 할랄산업이 마치 처음으로 국내에 도입되는 것으로 설명하고 있지만 이미 국내에는 몇몇 기업체를 통해 할랄 방식의 산업이 다음과 같이 진행되고 있다. CJ 제일제당은 햇반, 조미김, 김치 등 3개 품목 43개 제품에 할랄인증을 받아 수출하고 있고 아워홈은 김과 김치에 이어 불고기, 떡볶이, 비빔밥, 닭갈비 등 이슬람 시장에서 선호도가 높은 한식 탕과 소스류를 중심으로 할랄인증 제품개발을 적극 추진하고 있다.

　또한 농심의 할랄인증을 받은 할랄 신라면은 소고기를 사용하지 않고 콩 단백질을 이용해 스프 맛을 내어 수출 확대를 도모하고 있으며 김치라면 등으로 할랄인증 제품을 확대할 방침이다. 풀무원도 2013년 생라면 브랜드 "자연은 맛있다" 제품 2종으로 말레이시아의 할랄인증을 받았으며 이슬람 시장 공략에 힘쓰고 있다. 그리고 KGC 인삼공사는 2014년 4월 정관장 뿌리삼과 홍삼 농축액 등 3개 품목의 할랄인증을 취득하여 수출하면서 이번 MOU를 계기로 홍삼 시장이 다변화되는 발판을 마련할 수 있을 것으로 전망하고 있다.

그러나 할랄전용단지를 운영하거나 계획하고 있는 국가는 대부분 이슬람 국가이거나 비이슬람권이라 할지라도 이슬람 자치 또는 무슬림 다수 거주 지역에 조성되고 있다. 한국의 5천 1백만 인구[35]중 20만으로 추정되는 무슬림 인구를 감안할 때 한국과 같이 이슬람이 소수인 국가가 조성하는 사례는 전무하다. 현실적으로 할랄식품 산업에 필수적인 수백 만 명 이상의 내수기반이 갖추어진 나라에서나 전용단지 운영이 가능하며 비이슬람 국가인 한국적 상황에서는 경제적으로 성공하기가 어렵다. 그러므로 익산에 할랄식품 전용 생산 물류단지를 조성한다는 것은 사실상 막대한 재산손실이 발생할 수 있는 실현불가능한 계획으로 보인다.

왜냐하면 할랄인증을 받기 위하여서는 다른 식품단지들과 5km이상의 거리를 두어야 하는데 다른 식품단지들의 막대한 손실이 예상되며 제한적인 국토면적을 고려할 때 실현 불가능하다는 것이다. 또한 이러한 자비하 도축시설과 조리시설 구축은 고스란히 육류의 가격에 반영될 텐데 소고기 양고기 닭고기 등 호주 및 동남아와 가격경쟁면에서 수출이 불가할 수도 있다. 무엇보다도 이슬람 종파와 국가별로 할랄기준이 상이하기 때문에 수출 과정에서 많은 혼란이 예상된다.

이슬람 회의기구(OIC) 회원 57개 각국도 각각 자국의 표준을 주장하고 있어서 합의되기가 어려운 상황이다. 또한 어렵게 획득한 할랄인증이 할랄기준의 변화로 상실될 가능성도 있다. 이럴 경우 기업도

---

35  https://ko.wikipedia.org/wiki/%EB%8C%80%ED%95%9C%EB%AF%B-C%EA%B5%AD (위키백과 2016년 1월 접속).

산으로 이어질 수도 있다(2007년 JAKIM에 의해 호주와 뉴질랜드의 할랄 육류업체가 부적합한 도살 사실이 발각되어 할랄 리스트에서 취소되고 5,300만 달러 수출 손실을 입었다).

뿐만 아니라 자비하 도축법은 동물학대 논란을 불러일으키고 있다. 실제로 목의 경동맥이 절단되거나 완전히 참수되어도 동물은 즉사하지 않는다. 오히려 심장이 멎을때까지 피를 흘리다 고통스럽게 죽어간다. 동물학대를 이유로 뉴질랜드, 네덜란드, 벨기에에서는 자비하 도축법을 법으로 엄격히 금지하고 있다. 특히, 네덜란드는 자비하 도축법 금지에 강경한 입장을 고수하고 있다. 네덜란드를 비롯한 대부분의 유럽 국가에서는 전기충격을 가해 도축하는 방식이 시행되고 있다(암스테르담 협약, 1999).[36]

할랄인증기관은 직간접적으로 이슬람 단체와 연계되어 있으며 미국, 호주, 캐나다 등지에서 할랄인증기관 자금이 이슬람 테러단체에 유입된 정황과 증거가 발견되고 있다. 2014년 1월 21일자 머니지하드 사이트는 미국의 할랄인증업체 IFANCA가 2007년과 2008년에 미 법무부로부터 이슬람 테러단체에 수백 만 달러를 지원한 기관으로 지목된 북미이슬람협회(ISNA)와 세계무슬림연맹과 연계된 사실과 캐나다 정부가 2013년 9월 북미이슬람협회의 세금납부 상황을 조사하는 과정에서 이들이 파키스탄 테러단체에 재정 지원한 사실을 밝혀냈다고 한다. 이처럼 할랄산업 육성은 17억 무슬림 중에 근본주

---

36  농촌진흥청 보고서, "미래의 열쇠 혹은 족쇄: 세계 축산의 새 흐름, 동물복지," 2012. 8.22.(제78호).

의 이슬람 포교 및 지하드 자금 지원으로 이어질 가능성이 높다. 할랄인증을 위하여 제공된 돈은 이슬람 기관에 의하여 2.5%의 자카트라는 세금으로 반드시 내야한다. 이 돈의 9가지 사용처가 꾸란 9장 6절에 나오는데 다섯 번째로 포교자금이, 여섯 번째로 전쟁포로나 노예석방이 언급되는데 이는 지하드 군사들의 석방 작전을 위하여 사용될 수 있다.

이러한 문제점들이 있음에도 불구하고 한국사회에서는 정부의 할랄정책을 놓고 기독교인들이 반대하는 것에 대해 "배타적인 종교적 접근이다."라는 시선이 많다. 그러나 사실은 기독교인이어서 반대하고 우려하는 것이 아니라 대한민국 국민으로서 국가의 미래를 우려하는 것이다. 물론 할랄정책으로 인한 무슬림 증가와 근본주의 이슬람의 국내유입이 예상되는 것이 사실이며 이러한 점이 기독교인으로서 환영할 만한 것은 분명 아니다. 그러나 이는 단순한 종교적 문제가 아니고 국가안보의 문제이며 무엇보다도 한국의 육가공 업체의 도산과 막대한 손해로 인한 경제적 혼란이 우려되기 때문이다.

할랄과 더불어 몇 해 전 국민여론을 뜨겁게 달구었던 또 하나의 이슈가 '수쿠크'이다. 2009년 1월 이후 급물살을 타고 있었던 '수쿠크,' 이슬람 금융의 국내도입 문제와 관련하여 한국사회 내에서 기독교가 이슬람교의 한국 이슬람화를 막기 위하여 비생산적이고 주관적인 입장을 고수하면서 국회 개정안 통과를 방해하였다는 여론에 대하여 진위를 파악하고 '수쿠크'에 대한 의미를 파악할 필요가 있었.

그래서 필자는 먼저 '수쿠크,' 이슬람 금융거래에 있어서 핵심적인 이슈가 되고 있는 이자수수에 대해 꾸란에 근거하여 'Ribaa'에 대한 정의를 살펴보았다. 이것이 이슬람에서 금지하고 있는 이자금지가 고리대금으로 해석될 뿐만 아니라 단순 금전신탁으로 얻는 부당 이익을 포함한다는 사실에 대하여 알게 되었다.

그러나 유수프 알리 및 샤리아위원회의 다양한 해석에 따라 현대 은행과 금융이 만들어낸 몇 가지 경제적 신용은 이슬람법이 규정하는 이자수수의 행위로 보지 않는다는 것이다. 이에 다양한 형식으로 고안된 '수쿠크' 방식에 대해서도 살펴보았다. 이러한 다양한 형식의 '수쿠크'에 대한 찬반논쟁도 이슬람 사회에서 끊이지 않고 있어 꾸란의 금지구절을 확대해석했다는 비난도 이슬람 사회에서 계속 되고 있으며, 특별히 OBS에서 방영된 프로그램, OBS 스페셜 "21세기 이슬람"을 통하여 '수쿠크,' 이슬람 금융이 서구 금융시장의 몰락에 대한 해답을 제시해 줄 수 있나 하는 문제를 심각하게 고려하게 되었다. 또한 이와 더불어 기독교 성경에서 언급하고 있는 이자금지에 대하여 생각해 보면서 기독교인으로서 사회에 경제적으로 기여할 수 있는 구체적 방안이 시급함을 생각하게 되었다.

이슬람주의자들에 의하면 꾸란은 원칙적으로 어떠한 형태의 이자수수행위도 인정하지 않는다고 하고 변화된 사회환경 속에서 샤리아위원회의 이슬람 학자들이 '파트와'를 선포하여 이자수수금지 구절들을 탄력적으로 해석하고 있는 부분들을 볼 때 이슬람 샤리아가 다스리고 있는 그들의 경제생활이 기독교 입장에서 이해하기 어려운 부분도 있지만 '수쿠크'의 상황화 관점에서 그들의 노력을 엿볼 수 있었다. 그러나 기독교인들은 한국사회에 소속된 사회인으로서 기독교인의 재정관을 얼마나 실천하며 살고 있는지 돌아보게 한다.

한편으로 이슬람 금융, '수쿠크'를 도입하기 위하여 '샤리아'를 일부 적용하여 국법보다 우선권을 갖게 한다는 점이나 '수쿠크' 거래를 통하여 발생된 수입이 '자카트'의 형태로 세계평화를 위협하는 테러자금으로 유용되고 있다는 점이 기독교인이로서가 아니라 한국인으로서 '수쿠크'를 반대할 충분한 명분이 된다고 생각된다.

뿐만 아니라 공식적인 입장에서 국회를 통하여 '조세특례제한법' 개정안을 통과시키고 실시할 수 있도록 창구를 넓힌다면 말레이시아와 같이 이슬람전문대학이 한국에 서게 되는 날도 가까워 질 것이다. 그리고 이미 말레이시아 버자야 그룹이 투자하여 건립되는 ㈜버자야 제주리조트의 경우만 보더라도 이미 사적으로는 한국의 많은 기업과 금융권에서 이슬람자금을 유치하고 있는 상황에서 구태여 한국정부가 이슬람 금융, '수쿠크'를 공식화하여 '수쿠크'의 한국화에 촉매 역할을 할 필요는 없다고 보여 진다.

## 2. 선교변증의 시대적 요청

전호진 교수는 한국선교신학회로서 가장 시급한 것은 선교변증학의 발전이라고 지적하였다. 선교학적 차원에서 이슬람의 교리, 역사, 운동을 계속 연구하고 여기에 정보와 해답을 주는 선교학이 되어야

한다고 제안하였다.[37]

그리고 피터 바이어하우스(Peter Beyerhaus) 교수는 그의 책 『현대 선교와 변증』 서두에서 선교변증의 중요성을 다음과 같이 강조하고 있다.

> 예수를 따르는 자는 복음에 저항하는 곳에서도 그들의 신념을 위해 싸울 수 있어야 한다.[38]

또한 선교학자 해롤드 A. 네트랜드(Harold A. Netland)는 다음과 같이 정의하고 있다.[39]

> 기독교의 변증론은 시대를 막론하고 세계 어느 곳의 누구에게나 하나님, 인간, 죄, 그리고 예수 그리스도에 대한 진실 선포가 불러일으키는 비판에 대하여 기독교 공동체가 대응하는 가운데 생겨났다.

그러므로 이슬람에 직면한 한국 기독교 복음주의 선교신학의 사명은 선교변증임이 자명하다. 선교변증은 예수 그리스도가 교회에 주신 영적인 사명이다.

---

37 전호진, "이슬람 원리주의 도전과 이슬람 선교," 「복음과 선교」(한국복음주의선교신학회편, 제7집 1호, 2007), 64. 이정순, "1970년대 이후 한국인의 이슬람 개종 요인 연구," 「복음과 선교」(한국복음주의선교신학회편, 제16집 3호, 2011), 75에서 재인용.

38 피터 바이어하우스, 『현대선교와 변증』, 이선민 역 (서울: CLC, 2004), 18.

39 Evangelical Dictionary of World Mission (2000): 70. 피터 바이어하우스, 『현대선교와 변증』, 20에서 재인용.

역사적으로 이슬람교에 대항한 가장 유명한 기독교 변증가는 라몬 룰[40](Ramon Lull, 1222-1316)이다. 그는 성경에 근거한 변증론적 개념에 충실하여, 철학적이고 수학적인 논쟁들과 겸손을 동반한 선교적인 방법으로 교육받은 무슬림들 사이에서 이슬람교에 대한 기독교의 우월성을 입증하는데 전생을 바쳤다. 그리고 1215년 아프리카 부기아(Bugia)에서 성난 군중이 던진 돌에 맞아 순교자가 되었다.[41] 이렇듯이 선교변증은 생명이 걸린 영적싸움이다. 21세기 선교에 있어서 선교지란 시공간을 초월한 개념이다. 선교가 필요한 곳이라면 외국이 아니더라도 지금 자신이 살고 있는 바로 그 현장도 선교지인 것이다. 뿐만 아니라 가시적 공간이 아닌 사이버 공간도 선교가 필요하다면 선교지이다.

기독교의 진리를 훼손하고 왜곡하며 특별히 한국 여성을 포교대상 1순위로 지정하여 다양한 수단과 방법으로 이슬람을 포교하고 있는

---

40　Larry Poston, "Ramon Lull," EDWM(2000): 595; Edgar A. Peers. *Ramon Lull. A Biography* (London, 1929). 피터 바이어하우스, 『현대선교와 변증』, 25에서 재인용. "라몬 룰은 기독교 역사상 가장 훌륭한 선교사의 한 사람이었다. 다른 선교사들은 어떤 고난을 무릅쓰고라도 믿지 않는 자들에게 복음을 전파하고자 하는 열망으로 가득 찼었다면, 라몬 룰에게는 선교신학을 발전시킬 첫 책임이 맡겨졌다. 이 일은 복음을 전파하고자 하는 단순한 염원으로 끝나는 것이 아니라, 복음을 어떻게 전파할 수 있는가 하는 문제를 상세하고도 주의 깊게 풀어야 하는 것이었다." 이것은 기독교 선교사(宣敎史)에서 라몬 룰이 차지하는 역사적 중요성에 대해 스티븐 니일이 내린 평가이다. 실제로 라몬 룰은 중세교회를 대표할 만한 탁월하고 위대한 선교신학자였다. 이슬람 문화권 선교를 위해 아랍어 교육을 위한 전문적인 선교대학을 설립하였으며, 이를 전 유럽으로 확대하고자 한 그의 원대한 계획은 선교현지어 교육의 중요성이 이미 중세 시대부터 강조되어왔음을 보여준다. 그 자신이 아랍어를 숙달하기 위해 무려 9년을 투자했고, 직접 아랍어로 대작 『명상의 책』을 저술할 만큼 선교현지어에 능숙한 선교사였다.

41　피터 바이어하우스, 『현대선교와 변증』, 25.

가운데 연구자가 조사한 바에 의하면 사이버 공간을 이용한 이슬람 포교가 활발하게 진행되고 있었다. 이에 왜곡된 기독교의 진리를 바로 세우고 한국 여성을 대상으로 복음을 증거할 수 있는 대안은 사이버 공간을 활용한 기독교변증이다.

자끄 웰릴은 기독교가 이슬람을 거부하는 이유는 이슬람이 스스로를 '아브라함의 종교'라고 하기 때문이라고 말하고 있다.[42] '유튜브' 영상에서도 박동신과 학압두 박사는 동일하게 '아브라함의 종교'임을 강조하고 있다. 이런 점에서 이슬람교는 기독교적 입장에서 기독교 이단과 같이 다루어져야 함이 마땅하다. 많은 기독교 이단들이 스스로를 기독교의 한 분파로 지칭하기에 기독교는 역사적으로 그러한 이단에 맞대응하여 기독교의 진리를 수호하려고 힘써 왔다. 그러나 이슬람교는 스스로를 기독교의 한 분파로 소개하고 있지 않으므로 기독교의 입장에서 타종교로 분류해 왔다. 그러나 내용면에서 '아브라함의 종교'이기를 자청하면서 기독교의 신론과 구원론, 계시론을 심히 훼손하고 왜곡하고 있는 측면에서 우리의 당면과제는 이들에게 복음을 변증하고 기독교의 진리를 수호하는 것이다.

이슬람 신학은 인간 역사에서 네 권의 영감된 거룩한 책들이 있다고 가르친다. 『모세의 토라』(the Torah of Moses), 『다윗의 시편』(the Psalms), 『예수 그리스도의 복음서』(the Gospel of Jesus Christ), 그리고

---

42　자끄 웰릴, 『이슬람과 기독교』, 이상민 역 (서울: 대장간, 2009), 76. 장훈태, 『최근 이슬람의 상황과 선교의 이슈』 (서울: CLC, 2011), 265에서 재인용.

꾸란(the Quran)이다.[43] 박동신도 그의 '유튜브' 동영상에서 한국 무슬림 여성들과 이슬람에 관심이 있는 한국 여성들에게 이같이 설명하고 있다. 기독교의 성경은 원본이 없기 때문에 훼손된 책이며 꾸란은 원본이 보존되어 있기 때문에 최종 계시라는 것이다. 이러한 이슬람교의 가르침은 예수 그리스도의 신성을 인정하지 않고 예수 그리스도의 복음을 부인하고 있는 것과 깊은 연관이 있다.

꾸란은 예수의 기적적인 사건들을 기록함으로 예수가 일반인과 다른 기적의 선지자임을 강조하고 있다. 그러나 철저히 예수 그리스도의 죽음과 부활을 부인하면서 예수의 인성을 강조하고 신성을 부인하고 있다.[44] 이것은 꾸란이 삼위일체 하나님을 부인하고 있기 때문이다. 그럼에도 불구하고 박동신과 학압두 박사는 '유튜브' 영상에서 계속적으로 이슬람교의 신, "알라"가 기독교의 하나님과 같다고 강조하고 있다.

또한 예수 그리스도의 어머니 마리아에 대한 오해는 이슬람이 기독교의 성경을 얼마나 왜곡하고 있는지에 관한 충분한 근거자료가 될 것이다. 수라(Sura) 3장 35-37절에는 마리아의 출생에 대한 기사가 나오는데 마리아의 어머니를 직접적으로 언급하지 않고, "이므란의 여성"으로만 언급하고 있다. 그리고 마리아를 구약에서 모세와 아

---

43 학압두 역, 『이슬람 신앙』(Faith of Islam) (전주 : 전주 이슬람성원, 2005), 42. 김승호, "이슬람의 계시에 대한 비평적 고찰," 「복음과 선교」(한국복음주의선교신학회편, 제11집 1호, 2009), 13에서 재인용.

44 소윤정, "꾸란의 '이싸'와 성경의 예수 비교 연구," 「복음과 선교」(한국복음주의선교신학회편, 제11집 1호, 2009), 45.

론의 누이로 알려진 미리암과 동일 인물이라고 설명하고 있다.[45]

무슬림들이 예수 그리스도의 복음서의 권위를 축소시키고 꾸란을 최종 "계시"로 추종하는데는 요한복음 14장 16절[46]에 나오는 "보혜사"에 대한 오해 때문이다. 무슬림들은 요한복음에서 언급하고 있는 "보혜사"가 무함마드라고 해석하고 있으므로 예수 그리스도가 무함마드를 보내어 모두에게 무슬림이 되라고 했다는 것이다. "보혜사"를 뜻하는 헬라어 "Paracletos"(παράκλητος)가 무함마드의 별칭인 "아흐마드"(Ahmad)를 의미하는 단어인 "Periclitos"와 같다는 것이다. 무슬림들은 기독교인들이 "Periclitos"를 "Paracletos"(παράκλητος)로 왜곡시켰다고 하지만 기독교보다 시기적으로 늦은 6세기 이후에 이슬람교에서 "Paracletos"(παράκλητος)를 "Periclitos"로 왜곡시킨 것이다.[47] 그러므로 무함마드가 예수 그리스도가 보낸 또 다른 선지자라는 견해는 잘못된 성경해석에서 오는 오류에 불과하다.

---

[45] 수라 3:35-36. 특별히 35절 '이므란의 여성'과 그 이하의 절에 대하여 꾸란은 긴 해설을 덧붙이고 있다. 해설자는 '태내에 있는 것'은 예수를 낳은 마리아라고 밝히고 있고 '이므란의 여성(마리아의 어머니)'에 대한 해설을 다음과 같이 덧붙이고 있다. "예수의 이야기는 마리아가 탄생하고, 사가랴의 아들 세례 요한이 예수의 탄생을 예언하면서부터 시작된다. 요한의 어머니 엘리자베스는 예수를 낳은 마리아의 사촌이었으므로(눅 13:6), 요한과 예수는 한 핏줄을 이어받은 사촌 간이었다. 엘리자베스는 아론의 딸이었고(눅 1:5), 또한 아론은 모세의 형(출 4:14)이며, 모세는 아므란의 아들이었다. 그녀의 남편 사가랴는 성직자였음으로 그녀의 사촌 마리아는 성직자 가정의 출신으로 간주된다. 전통적으로 마리아의 어머니는 한나(라틴어로는 안나, 영어로는 안네)라고 불리워졌으며, 그녀의 아버지는 아므란이라 불리워졌다. 그리하여 한나는 아므란의 부인으로, 아므란 성직자의 한 가정을 이루었다."

[46] "내가 아버지께 구하겠으니 그가 또 다른 보혜사를 너희에게 주사 영원토록 너희와 함께 있게 하리니"(요 14:16).

[47] 소윤정, 『꾸란과 성령』, 90.

이와 같은 상황에서 한국 선교학계는 다각도에서 하나님의 복음이 증거되어지고 하나님의 나라를 확장할 수 있는 선교신학적 입장을 표명하는 가운데 2010년 6월 "1910년 에딘버러 세계선교사대회 100주년 기념 2010 한국대회"를 개최하고 이슬람교를 비롯한 타종교와의 관계적 측면에서 다음과 같이 선언문에 명시하고 있다.

> 선교는 모든 민족에게 구원의 복음을 증거하고 예수 그리스도와 하나님 나라에로 초청하는 것이다. 다양한 종교인과 이웃으로 더불어 살아가는 오늘의 상황에서 선교는 타종교에 대한 비난이나 정죄에 초점을 두는 것이 아니라 복음에 대한 확신을 가지고 이웃을 사랑하고 존중하는 태도로 유일한 구세주 예수 그리스도를 증거하는 것이다.[48]

이처럼 타종교와의 관계 속에서 선교변증적 사역이 이루어져야 함을 밝히고 있다. 이어지는 선언문의 III. 실천적 과제, 6조에서는 더욱 명확히 선교변증적 입장이 다음과 같이 명시되어 있다.

> 타종교와의 관계에 대한 입장과 태도가 더욱 성숙한 선교적 자세로 바뀌어야 한다. 다종교 사회에서 살아가는 오늘의 그리스도인들은 더불어 살아가는 이웃의 종교로서 타종교를 이해하며 기독교 정체성을 확실하

---

[48] 한국연합선교회(KAM), "1910년 에딘버러 세계선교사대회 100주년 기념 2010 한국대회 선언문 II," 선교신학선언, 6조. KAM(Korea Association of Mission)은 한국선교신학회, 한국복음주의선교신학회, 세계복음화를 위한 한국로잔위원회, 킴치(KOMCHI), 세계선교연구원(CWM), 한국기독교학술원, 부산세계선교협의회가 연합해 이루어졌다.

게 가지고 예수 그리스도를 증언하는 삶을 살아야 한다.⁴⁹

 이처럼 "1910년 에딘버러 세계선교사대회 100주년 기념 2010 한국대회" 선언문에서도 강조하고 있는 선교변증적 필요성은 타종교와의 혼합주의와 종교다원주의가 만연한 시대를 살고 있는 한국교회에게 주어진 시대적 사명이라해도 과언이 아니다.

 변증론은 모든 종교에서 사용하고 있지만 기독교 교회의 변증론은 가장 오랜 전통을 지니고 있으며, 구약과 유대교에 뿌리를 두고 있다.⁵⁰ 기독교 교회의 변증론적 뿌리를 찾는 것은 그리 어려운 일이 아닌 것이 일반적으로 구약성경이 이를 증명하고 있기 때문이다. 신명기 6장만 보더라도 하나님은 분명히 하나님 한분만을 사랑하고 계명을 지키라고 하셨고 구약의 선지자들에게 변증가로서의 임무를 주셨다.

 특별히 열왕기상 18장의 선지자 엘리야는 교회의 선교변증적 사명을 더욱 분명히 보여주고 있다. 갈멜산에서 엘리야는 혼합주의적 신앙을 가지고 바알신을 섬기고 있었던 이스라엘에게 분명한 선택을 요구하였으며 하나님의 살아계심을 우상 숭배자들 앞에서 증명하였다. 또한 신약성경에서는 더욱 분명히 초대교회 공동체에서 활동했던 예수 그리스도의 사도들과 제자들을 통하여 선교변증적 사역들

---

49  한국연합선교회(KAM), "1910년 에딘버러 세계선교사대회 100주년 기념 2010 한국대회 선언문."
50  피터 바이어하우스, 『현대선교와 변증』, 이선민 역 (서울: CLC, 2004), 20.

을 발견할 수 있다. 갈라디아서 1장과 빌립보서 1장에서 바울과 요한은 교회에 침투하여 사람들을 교란했던 유대교와 헬라권의 이단에 대하여 "다른 복음"이라고 명명하고 단호히 대처하였다.

한국교회는 역사적으로 그 어느 시대보다도 극심한 이단활동들에 직면해 있다. 최근 들어 각 교회마다 현관에 "신천지 출입금지"라고 써 부쳐 놓은 것만 보더라도 이단으로 인해 한국교회는 적잖은 몸살을 앓고 있다는 것을 알 수 있다. 하지만 '신천지'의 경우는 그들 스스로가 그들을 기독교 공동체의 일부라고 정의하기에 한국교회가 '신천지'를 이단으로 규명할 수 있다.

이와 달리 이슬람교는 그들 스스로가 기독교 공동체의 일부라고 하지 않고 스스로를 타종교로 분리되는 이슬람교로 칭하면서 내용적으로는 기독교와 같은 계시에 뿌리를 두고 있는 "아브라함의 종교"라고 정의하고 있는 것이 문제이다.[51] 2007년부터 이태원 이슬람중앙성원 길목에 위치한 이슬람 서점에서 무료로 배포되고 있는 아담출판사(아담북센터)의 이슬람 포교책자 내용들은 더욱 분명히 이슬람이 "계시"의 완성이요 유일신 "하나님"을 믿는 종교라고 다음과 같이 말하고 있다.

> 따라서 이슬람은 7세기의 아라비아 반도에서 예언자 무함마드께서 만들어 낸 새로운 종교가 아니라 원래부터 아담과 그 이후의 예언자들에

---

51  전주중앙성원 이맘, 학압두(Abdu Haq)의 강의내용 참조. http://www.youtube.com/watch?v=8GTXII-xlXU, 2013년 4월 3일.

게 권능의 하나님으로부터 계시된 것을 최종적으로 완성시킨 것이라 할 수 있겠다.[52]

그리고 한국의 젊은이들을 겨냥하여 이슬람 홍보 인터넷 웹사이트[53]를 구축하고 더욱 체계적으로 이슬람의 꾸란은 유일신 "하나님"이 인류에게 "계시"한 마지막 성서라고 강조하고 있다. 뿐만 아니라 인터넷 웹사이트 www.islamkorea.com에서 압둘 와합 자히드(Abdul Wahab Zahid) 박사[54]는 1997년 2월 16일자로 '이브라힘'에 대한 상세한 내용의 출판물을 e-book 형태로 올려놓았다.[55]

압둘 와합 자히드 박사가 정리한 내용을 보면 '이브라힘'은 이라크의 '아와르'라는 지방에서 태어났으며 '아와르'는 지리적으로 이라크의 유프라테스 강과 티그리스 강 사이의 서쪽 즉 시리아와 가까이 있다고 한다. 그곳에서 태어난 '이브라힘'은 그의 부친과 같이 시리아 국경 유프라테스와 티그리스 강 사이의 하란이란 도시 옆으로 이주를 하였으며 그곳에서 175년을 살았다.

이브라힘이 알라로부터 부름을 받고 일을 했던 시기는 기원전 1861년부터 B.C. 1668년까지라고 한다. 그리고 '이브라힘'이 그의 고향에서 70세가 된 후 알라는 '이브라힘'이 그의 부인과 그의 조카

---

52 아부 아미나 빌랄 필립, 『하나님의 참된 종교』, 마스우드 & 무함마드 아흐마드 역 (서울: 아담북센터, 2010), 15.

53 www.quran.or.kr, www.islamkorea.com.

54 무프티: 압둘 와합 자히드 박사. 전주 아부 바크르 알씨디끼 마스짇 이맘 카라치 파룩대 이슬람대학원 원장 역임. 한국이슬람 선교사.

55 http://www.islamkorea.com/ibrahim_as.html. 2013년 4월 5일.

인 롯과 시리아로 이주하도록 하였다는 것이다. 또한 '이브라힘'은 사라가 잉태하지 못하자 '하자르(하갈)' 로부터 이스마엘을 낳게 되는데, B.C. 1781년경 '이브라힘'은 그의 부인 '하자르'와 그의 아들 이스마일과 함께 시리아 남부 칸안의 땅에서 살고 있었으며 B.C.1761년경에 사라를 통하여 둘째 아들, 이삭을 낳았다고 설명하고 있다.

그리고 알라는 "알라의 복음"을 알리기 위하여 '이브라힘'과 그의 가족을 둘로 나누었는데 하자르는 그의 아들 이스마일과 아라비아반도의 메카 와디로 이동하였고, 이브라힘이 이스마일과 이스마일의 어머니, '하자르'를 데리고 잠잠 위, 현재 메카 사원이 있는 곳에 이르러 대추야자가 든 가죽부대와 물병을 남기고 그들을 떠났다는 것이다. 그곳에서 물이 바닥이 나자 알라가 그들을 위하여 물을 낸 곳이 바로 메카의 '잠잠'이라는 것이다.[56]

이러한 내용을 담고 있는 이슬람 사이트와 서적들이 난무하는 가운데 기독교 성경의 진리는 왜곡된 것이고 변질된 것이라는 주장이 난무하고 있다. 아흐마드 디다트[57]의 주장에 의하면 기독교의 성경

---

56  Ibid.
57  아흐마드 디다트는 1918년 인도의 수라트(Surat)에서 태어났다. 그의 본명은 아흐마드 후센 다다트(Ahmed Hoosen Deedat)이다. 그는 아버지를 따라 1927년 남아프리카로 이민을 가게 되었고, 어머니와 인도에서 작별한 후 어머니는 몇 달 후 세상을 떠났다. 그는 재정적으로 넉넉하지 못해서 학교를 정상적으로 다니지 못했고 열 여섯 살의 어린 나이에 일을 하게 되었다. 1936년 무슬림이 경영하던 한 상점에서 그는 기독교 선교사와 논쟁하여 이슬람을 증거 하기 시작했고 나아가서 국제이슬람선교센터(Islamic Propagation Centre International) 건립위원 중의 한 명이 되었다. 그는 이슬람사회에서 수많은 강의를 하고 있을 뿐만 아니라 공개석상에서 반 이슬람 학자들과 논쟁을 하면서 이슬람을 선전하고 있다. 또한 "앗 살람"(As-Salaam)이라는 학교를 설립하여 이슬람을 선전할 학생들을 교육하고 있다. Ahmed Deedat, *The Choice Islam & Christianity vol. 1* (New Delhi: Islamic Book Service, 1994), 4-6.

에는 많은 오류[58]가 있고 "신약이 과연 '하나님'의 말씀인가" 하는 성경의 무오성에 관한 심각한 반론을 제기하고 있다. 뿐만 아니라 박동신은 앞서 언급한 바와 같이 인터넷 사용이 잦은 젊은층에게 그의 '유튜브' 채널을 통하여 계속적으로 기독교와 이슬람교가 뿌리가 같은 종교라고 강조하면서 같은 "유일신 하나님"을 믿는 종교이며, 같은 "아브라함"의 종교라고 이야기하고 있다.[59] 이와 같은 한국적 상황은 기독교 복음을 바로 증거하고 왜곡된 시각으로부터 성경의 진리를 변호하는 적극적인 선교변증적 사역의 필요성을 분명히 보여주고 있다.

뿐만 아니라 피터 바이어하우스도 그의 책에서 한국의 기독교인들이 왜곡에 대항해 믿음을 지켜 나가야할 필요성에 대하여 강조하고 있다. 그는 신앙을 지키고 변론하는 것이 한국교회의 중요한 과제가 되었으며 신학자, 목회자, 그리고 사역자와 성도가 변증론을 익히지 못하면 교회가 오염되고 점점 성경적 본질을 잃게 될 것이라고 경고하고 있다.[60]

---

[58] Ibid., 86. 아흐마드 디다트는 성경에서 50,000개의 오류를 찾았다고 한다.
[59] 자세한 내용은 소윤정, "한국 여성을 향한 이슬람의 '다와'(Dawah) 활동에 대한 기독교 대처방안 연구 —유튜브(You Tube) 영상 자료 분석을 토대로," 「복음과 선교」 Vol. XVIII (2012)을 참고하기 바람.
[60] 피터 바이어 하우스, 39-41.

감람산 눈물교회에서 바라본 예루살렘
'알아크사' 이슬람 사원

예루살렘 황금돔 알아크사 모스크

/ 제2장 /

성경과 꾸란

## 1. 구약 진리로의 초대[1]

### 1) 구약에 대항하는 잘못된 비난들

경전으로서의 신뢰도 문제

#### A. 모순에 대한 정의

어떤 것을 동시에 존재하기도 하고 존재하지 않는다고 말하거나 서로 상충되는 특징을 가지고 있다고 말하는 것은 참으로 어리석은

---

[1] 본 내용은 Light of Life에서 출간된 The True Guidance, Part Two, "False Charges Against The Old Testament"를 번역 요약한 것으로 Call of Hope의 허락을 받아 한국인들의 이슬람 이해를 위하여 사용한다. 아울러 책의 일부만을 번역하여 요약한 것으로 더 많은 내용과 자료를 원하면 http://www.call-of-hope.com과 http://www.light-of-life.com 에 접속할 수 있다.

것이다. 이러한 원리는 우리에게 익숙한 그리스 철학자들의 말 가운데 빈번하게 나타나고 있다. 예를 들어, 아리스토텔레스는 어떤 특성이 동시에 같은 모양으로 존재하면서 존재하지 않는다는 것은 불가능 하다는 것이다.[2]

그러므로 만약 어떤 쟁점이 이러한 비판적 기준에 부합하지 못한다면 그것은 비논리적인 것이 된다. 그렇지만 성경비평가들은 그들이 닥치는 대로 변덕스럽게 뽑은 어느 성경구절에 대하여 "봐라! 여기 모순(서로 상충됨)이 있다."라고 외치면서 이 법칙을 자주 조작 하고 있다. 그들은 이 원리를 언급하고 있지만 그들의 비난을 받기에 적합한 논리적 근거가 되지 않는 것이다.

### B. 모순의 특성들

어떤 사람이나 사물에 대한 개인적인 성질들은 모순이 되어서도 안 되고 될 수도 없는 것으로 인식됐다. 키가 큰 것과 작은 것은 서로 모순된다. 한마디로 한 사람이 두 성질을 모두 가지고 있는 것으로 묘사된다는 것이다. 그러므로 한 사람을 묘사하고 있기 때문에 두 모순점이 부딪히고 있다고 말하기에 앞서서 항상 주의해야 한다는 것이다. 예를 들어, 성경이 말하기를 하나님은 강한 불이심과 동시에 자비로우시다. 이 구절에 대하여 성경비평가들은 그 모순점을 지적할 수 있을 것이다. 그러나 기독교인을 죄인이라고 하는 동시에 성

---

2  "Aristotle, who said that it is impossible for some quality to exist and not exist at the same time and in the same manner." *The True Guidance* Part Two (Villach, Austria,: Light of Life, 1992), 7.

도라고 설명하고 있는 점을 고려하라. 성경은 말하기를 기독교인은 두 가지 성질을 모두 가지고 있다고 기록하고 있다. 로마서 7장을 보라.

"그는 하나님의 영으로 태어난 새로운 피조물 이다. 동시에 그는 자기중심적인 성질(성경 용어로 "육")을 존속하고 있는 것이다"(롬 7장).

그의 새로운 성질의 효력으로 그는 성도이다. 그러나 그의 오래된 성질에서 보면 그는 죄인으로 남아 있는 것이다. 기독교인으로 묘사되는 이러한 두 실체가 동시에 존재한다.

C. 모순되는 문장들

두 구절이 서로 모순 된다고 증거 없이 주장 될 때마다, 우리의 검증은 치명적으로 그들의 주장이 허황됨을 증명한다. 처음에는 연관성이 없이(inconsistency) 모순된 구절로 보여 지는 것이 결국 단지 차이점(difference)에 불과하다는 것이다. 성경이 모순된다고 주장하는 사람들은 그들 자신이 단순한 차이점들과 모순조차 구분하지 못하는, 지적 편견의 제물이다.

믿을 수 없게도 어떤 사람들은 두 특정 구절 사이에서 증거 없는 모순을 주장해왔다. 예를 들어, 사도행전 12장에 등장하는 야고보와 15장에 등장하는 야고보의 이야기에서 경솔한 비판가들은 성경이 모순된다는 주장을 한다. 그러나 우리 자신이 자문해 보자.

그들은 지금 같은 야고보에 대하여 논하고 있는가?

확인해 본 결과 12장의 야고보는 세베대의 아들 야고보인 반면 15장의 야고보는 알패오의 아들임을 알 수 있다. 그러므로 진위가 의심스러운 모순에 대한 의문은 해결된다.

　이와 흡사한 예로 그릇된 비난이 엘리야와 관련하여 세례 요한에서 제기된다(마 11:14; 17:11-13). 예수 그리스도는 한 번도 요한이 다시 돌아온 엘리야 선지자라고 말씀하신 적이 없다. 오히려 말라기 4장 5절에서는 엘리야와 같은 메시아를 예비하는 사람에 대하여 예언됐다. 우리는 또한 요한복음 1장 20절, 21절에서 세례 요한 자신이 엘리야도 아니고 그리스도도 아니라고 자신을 증거 하였던 것을 잊어서는 안 된다.

　그럼 세례 요한은 아합과 이세벨의 시대에서 살았던 고대 엘리야 선지자였었나?

　예수께서 분명히 아니라고 답하신다.

　또한 예수의 부활 이후에 예수의 빈 무덤을 지켰던 천사들의 수는 어떠한가?

　요한복음 20장 12절과 마가복음 16장 15절을 비교해 보면 요한복음에서는 두 명의 천사를 언급하고 있고 마가복음에서는 오직 한 명의 천사만을 언급하고 있다.

　이것이 모순인가?

　아니다. 이것은 차이의 문제일 뿐이다. 나머지를 부정하는 것이 아니다. 하나는 정말로 포괄적인 표현이다.

　때때로 모순은 두 구절 사이에서 번역 실수의 결과로 또는 잘못된 번역으로 인해서 존재하는 것 같아 보인다. 그러나 이와 같은 경우 성경 원어에 대한 지식이 있는 사람은 쉽게 이러한 문제를 해결할 수 있다. 종종 이와 같은 실수는 잘못된 본문 때문이 아니라 조심성 없는 번역으로 인한 것이다. 본래 계시의 언어인 히브리어 헬라어 둘 다 언어적으로 독특한 단어를 가지고 있는데 다른 언어로 번역하는데 있어서 완벽하게 똑같은 뜻으로 번역하기가 거의 불가능하다.

예를 들어, 사도행전에 나오는 사울의 회심과 관련하여 사도행전 9장 7절과 22장 9절은 서로 모순된 것처럼 보인다. 9장 7절에서는 "그와 함께 여행했던 사람들이 아무 말 없이 섰다. 소리가 들렸지만 아무도 보이지 않았다." 이와 함께 22장 9절에서는 "나와 함께했던 자들이 빛을 보고 떨었다. 그러나 그들은 나에게 말씀하시는 하나님의 소리를 듣지 못했다."라고 기록되어있다.

한눈에 보면 바울과 함께 했던 사람들이 소리를 들었다. 그리고 다른 하나는 오직 바울만이 그것을 들었다는 것이다. 여기서 우리가 헬라어 성경원전을 살펴본다면 이러한 문제는 쉽게 해결되어진다. 첫 번째 구절에서 "듣는다"의 의미는 단순한 소리가 귀속으로 들린다는 것이다. 두 번째 구절에서는 이해를 포함한 "듣는다"의 의미로 설명된다. 한마디로 사도행전 22장의 구절은 바울과 함께 여행하고 있었던 사람들이 그 목소리의 메시지를 이해하거나 알아듣지 못했다는 것이다.

만약 설명하기 너무 어려운 모순에 맞부딪혔다면, 반박할 수 없는 것으로 속히 단정 짓지 말아야한다. 확실히 인간의 인식능력에는 한계가 있고 우리의 지식도 한계가 있다. 그 한계를 인정할 때, 무엇보다도 다가올 세대들은 우리를 당황스럽게 하는 이러한 순간에 어려움을 당하지 않게 될 것이다. 하나님은 하나님의 역사 안에서 뿐만 아니라 하나님의 말씀 안에서도 하나님 자신을 드러내 보여주신다. 그러므로 우리의 생각을 전능하신 하나님의 지혜 위에 내려놓는 것이 우리가 해야 할 바이다. 하나님의 계시를 받아드리는 것은 우리 마음에 시험인 것이다. 우리가 성경을 대할 때에 우리의 생각을 성령의 인도하심 가운데 내어드린다면 복잡했던 것들이 적절한 때에 해결될 것이다.

### D. 성경에는 모순이 없다(No Contradictions in the Scripture)

**반론**

"성경은 다음과 같은 이유로 하나님에 의해서 영감된 것이 아니다. 의미에 있어서 많은 일치하지 않는 부분이 있다. 그리고 어떤 해설자들은 한 부분은 진실이라고 주장하는 반면 다른 해설자는 틀리다고 주장한다. 그들은 어떤 구절들을 혐오스럽고 박약한 번역으로 받아드릴 수 없게 설명했다. 나는 개인적으로 100개 이상의 모순점을 발견했다."

**응답**

"모든 성경은 하나님의 감동으로 된 것으로 교훈과 책망과 바르게 함과 의로 교육하기에 유익하니..."(딤전 3:16).

성경은 변함이 없으신 하나님의 영감으로 된 것이기 때문에 모순이 있을 수 없다. 하나님은 오늘 어떤 것을 만드시거나 내일 그것을 폐지하거나 하시지 않으신다. 이 사실은 하나님을 믿는 이들에게는 초이성적인 것이다. 누구든지 겸손한 마음으로 성경을 읽고 성경구절에서 도움을 얻고자 하면 혼동과 모순에서 벗어나 일치 속에 분명해 질 것이다. 여기서 반론자는 성경에 모순이 있다고 말하는 주석가들의 주장을 피력하고 있다. 이것은 중상모략이다. 그렇다면 우리도 이에 대응하여 꾸란도 꾸란 자체내에서 모순이 있음을 강조할 수 있다.

## 반론

"성경에는 많은 오류가 있다. 100개 이상의 오류가 있다. 신적 계시는 너무 숭고해서 실수가 있을 수 없고 의미에 관한 차이가 있을 수 없는 것이다."

## 응답

어떤 것이든 진실성을 테스트해 보기도 전에 틀린 것이라고 명명하는 것은 부당하다.

반론자는 하나님이 세상을 6일 동안 창조하신 방법에서 어떤 오류를 찾았는가?

반론자는 전 세계의 많은 학자들이 창조에 관련된 정보를 문서화할 때 성경을 인용하고 있음을 인식하지 못하는가?

심지어 꾸란 자체에서도 이와 같은 창조의 기사들을 부분이나마 인용하고 있다. 또한 그 내용이 영감으로 된 것이라고 주장하고 있다.

반론자는 성경에서 어떤 하나님의 선지자가 우상을 섬겼거나 많은 종교들을 강조하고 있는 부분들을 발견한 적이 있는가?

### 반론

"성경전반에 걸쳐서 의도됐건 안됐건 곡해되어 남용되어진 구절들이 있다. 그런 부분이 너무 많아서 기독교인들은 거부할 수 없다. 이렇게 곡해된 구절들이 바로 성경이 영감으로 쓰여 지지 않았음을 보여주고 있는 것이다."

### 응답

모든 기독교인들은 성경이 성령의 영감에 의하여 쓰여 진 것을 믿는다. 이러한 사실에 대하여 성경 스스로가 증거하고 있다.

> 먼저 알 것은 성경의 모든 예언은 사사로이 풀 것이 아니니 예언은 언제든지 사람의 뜻으로 낸 것이 아니요 오직 성령의 감동하심을 입은 사람들이 하나님께 받아 말한 것임이니라(벧후 1:20-21).

우리는 시편 119편을 볼 필요가 있다. 시편 119편의 대부분의 구절들이 하나님 법의 완벽성을 찬미하고 있으며 성령에 의한 영감에 의해 성경이 쓰여졌음을 증명하고 있다. 그러므로 모든 기독교인들은 성경이 하나님의 영감으로 된 것임을 지지한다. 또한 어느 누구도 여기에 더하거나 뺄 수 없다. 하나님은 요한계시록 22장 18-19절의 말씀을 통하여 경고하고 계신다.

> 내가 이 책의 예언의 말씀을 듣는 각인에게 증거하노니 만일 누구든지 이것들 외에 더하면 하나님이 이 책에 기록된 재앙들을 그에게 더하실 터이요 만일 누구든지 이 책의 예언의 말씀에서 제하여 버리면 하나님이 이 책에 기록된 생명나무와 및 거룩한 성에 참여함을 제하여 버리시리라(계 22:18-19).

그러므로 성경을 변질시키면 재앙을 받고 하나님의 자녀로서의 자격을 박탈당할 것을 알고 있었던, 성경을 보존하도록 명을 받았던 믿음의 지도자들이 있었기에 성경(Text)의 훼손은 불가능한 것이다.

꾸란은 성경과 다음과 같은 점에서 다르다.

1. 저자가 다르다. 무함마드는 문맹인이었다. 그의 서기관이 자주 그의 말(단어)들을 바꾼다.
2. 꾸란은 25년에 걸쳐서 연재로 나누어서 쓰여졌다. 분명히 많은 부분이 보존되지 못했다.
3. 꾸란은 야자나무들과 뼈 위에 쓰여졌다. 오직 하나님만이 얼마나 많은 것이 없어졌고 보존되었는지 아신다.

4. 무함마드가 살던 때에 무함마드의 암송을 녹음하거나 보존할 책임이 있었던 고용된 사람이 없었다.

세 번째 칼리프(A.D. 644-656)였던 우스만(Uthman)은 지독한 악이 퍼졌음을 증거했다. 그는 그가 할 수 있는 한 꾸란의 많은 구절들을 골랐다. 그리고 일시적인 기분에 따라 덧붙이고, 삭제하고, 보존하고 바꾸었다. 그리고는 많은 동료들이 가지가지로 상이한 다른 복사본들을 가지고 있었기 때문에 나머지 꾸란들을 불태웠다. 이러한 일이 발생되지 않았다 해도 꾸란은 여전이 "하나님"[3]의 영감에 의해서 쓰여졌다고 할 수 없다. 왜냐하면 서두에서부터 "하나님"[4]이 세우셨다는 신적 계획이 모순되기 때문이다.

### E. 모세오경과 복음서의 진리

『진리의 계시』(Revelation of the Truth)의 저자는 성경이 보존되어졌음을 말하고 있다. 지적이고 전통적인 논쟁을 통해 우리는 인간적인 훼손과 변질로부터 성경이 자유함을 외칠 것이다. 또한 성경은 완벽한 지혜와 전지(omniscient)적이고 통일성이 있음이 증명된다. 66권의

---

3 "알라." 필자는 이슬람의 유일신 "알라"는 기독교의 삼위일체 하나님과 본질상 결코 동등하지 않다고 생각하는바 한국어 번역본 꾸란이 "하나님"이라는 기독교 삼위일체 신명칭을 사용함에 있어서 동의하지 않는다. 그러므로 본문에서 이슬람교 꾸란에서 언급하고 있는 "하나님"에는 인용부호인 따옴표를 사용하여 독자로 하여금 기독교의 하나님과 혼동되는 일이 없도록 한다.

4 "알라."

책이 40세기(1500년)에 걸쳐 36명의 선지자들에 의해 구성되어졌음에도 불구하고 완벽하게 일치하고 목적에 통일성을 보이고 있는 것이다.

그러면 모세오경은 단순한 이야기 또는 에피소드에 불과한가?

꾸란은 모세오경이 지혜로운 분(The Wise One)에 의해서 내리워 보내진 영감 있는 책임을 증거 한다. 꾸란 자체에서 모세오경의 내용들을 인용하여 세상의 창조와 아담과 하와의 타락을 기술하고 있다. 그럼에도 불구하고 무함마드는 단편적으로 조각조각적인 입장에서 이러한 모세오경의 내용을 언급하고 있는 것이다. 꾸란의 각각의 장에는 무함마드가 알게 되고 단순하게 믿게 된 순서대로 모세오경의 내용들을 변화시킨 구절들이 포함되어 있다.

만약 모세오경이 오직 이야기이고 에피소드라면 왜 꾸란은 이것을 언급하고 인용하고 있는가?

### F. 구약의 구성에 관한 반론

#### 반론

노톤(Norton) 목사는 모세가 살던 기간 동안에 그 글들이 알려지지 않았다고 근거 없이 주장해 오고 있다. 한마디로 모세는 모세오경을 썼던 사람이 될 수 없다는 것이다.

## 응답

반론자는 힘없는 의견을 인용해왔다. 신뢰성을 바탕으로 우리는 다음과 같이 말할 수 있다.

1. 챔폴리온(J. F. Champollion)에 의하면 모세는 양피지에 적었는데, 모세가 활동하기 전, 적어도 2세기 전, 그 당시 통치자였던 토호트모스 3세(Tohotmos III)의 시대부터 투린(Tourin)박물관에 상형문자로 기록된 양피가 있다.
2. 영국박물관에 이집트인 사제 아흐미스(Ahmis)에 의해 쓰여진 양피에 적힌 글이 있다. 이것은 B.C. 3400년에 기록된 *The Solving of Problems*라는 글을 복제(copy)한 것이다. 이것은 피라미드의 측량과 원들 그리고 십진법에 관계된 수학적이고 지리학적인 문제들을 모은 것이다.
3. 1888년에는 탐험가들이 이집트 '데어 마와스, 텔 엘 아마르나'(Dair Mawas, Tel el-Amarna)에서 모세보다 150년 전에 쓰여진 것으로 기록된 양피에 원뿔로 쓰여진 300개의 덩어리들을 발견했다. 대부분의 것들이 베를린으로 옮겨졌고 나머지 것들은 런던으로 옮겨졌다.

이러한 발견들은 반론자의 의견과는 반대로 모세의 출생에 앞서서 수세기 전에 이집트 사람들에 의해서 쓰여졌음을 가르킨다. 성경은 모세가 이집트인들의 지혜를 배웠고 이집트인들의 배움의 전당에서 교육받았음을 밝히고 있다. 이러한 사실을 꾸란 또한 인정하고 있다.[5]

그러므로 만약 모세의 시대에 모세의 글이 알려지지 않았다면 어떻게 모세가 그 명판(돌)에 그에 대하여 쓰여진 것을 이해할 수 있었단 말인가?

### 반론

"모세오경과 이스라엘이 바벨론 포로로부터 해방되었을 때에 쓰여진 나머지 구약 책들과 사용된 언어를 비교할 때 900년의 시간차가 있었음에도 불구하고 중요한 차이를 발견할 수 없다. 즉 언어형태의 차이가 없음은 둘 다 같은 시대에 쓰여졌다는 것이다."

### 응답

반론자는 노톤(Norton)이 그랬던 것처럼 그의 소정의 목적을 달성하기 위하여 무시되는 의견들과 잘못된 지식으로부터 견해들을 인용해왔다. 그러나 해박한 히브리어의 지식을 자랑하는 다른 학자들은 성경에서는 시간과 장소에 따라 매우 다른 스타일의 언어가 보여진다는 것이다. 이들은 성경의 언어양식을 네 시대로 나누어 구분하고 있다.:

---

5 Sura *"The battlements"* 7:142; "And We wrote for him on the Tablets of everything an admonition."

1. 아브라함으로부터 모세까지 – 이 시대에 이집트어와 아랍어 단어가 아람어 안으로 유입되었다.
2. 모세부터 솔로몬까지 – 언어가 높은 수준으로 발전되었다.
3. 솔로몬부터 에스라까지 – 이 시대의 언어는 외국어 단어가 유입되면서 세련되고 기교가 화려해졌다.
4. 에스라부터 마카비안 시대 종말까지 – 이 시대의 언어는 시간이 흐름에 따라서 더욱 다양해졌다.

히브리어에 능통한 학자들은 모세오경과 다른 성경들을 비교해 볼 때 언어구조적 측면에서 많은 차이를 발견했다. 그들은 어떤 책들은 언어의 "금 시대"(Golden Age)에, 반면 다른 책들은 "은 시대"(Silver Age), "동 시대"(Bronze Age) 그리고 "철시대"(Iron Age)에 기록되었다고 결론짓고 있다. 이와 같은 원칙에 따라서 학자들은 모세오경이 다윗이나 시편, 이사야, 말라기와 같은 시대에 쓰여진 것이 아니라고 결론지었다.

### G. 파괴되지 않은 성경 권위의 계승

반론

"구약의 어떤 책도 신(神)적 권위에 대한 연계성이 없다. 성경이 신(神)적인 책으로 받아드려지기 위해서는 조금도 의심할 여지가 없는 특정한 선지자에 의해 쓰였고, 변화와 보존에 관계없이 끊임없는 권위를 계승하면서 우리에게 전해져 내려왔다는 사실이 무엇보다도 먼저 증명되어야만 했다. 그러나 특별한 사람에 의해서 어떤 책이 쓰여졌는지를 증명하기에 충분한 가설과 추측이 없다."

### 응답

특정 선지자들이 책들을 기록했다는 사실들은 다음과 같이 많은 증거들에 의해서 증명될 수 있다.

1. 하나님이 모세에게 율법을 주셨을 때 12족속 중 레위 족속을 뽑아서 율법을 지키고 수행하도록 임무를 주셨다. 이와 같은 사실이 성경의 보존과 계속되는 권위의 계승에 대한 신뢰할 만한 증거들이 된다. 그리고 율법서들은 그 선지자들에게 영감되어 졌는데 그들은 그들의 위신을 세워줄 놀라운 기적들을 행했다.
2. 모세오경과 다른 선지자들의 책들이 돌고 있다는 사실은 그들의 찬미에 대한 확실성에 강한 증거가 된다.
3. 율법서들이 유대인들 가운데 돌고 있었을 때 그들은 거기에 선지자들의 이름을 적었다.
4. 율법을 찬양하는 것을 지지하는 증거들은 꾸란의 증거들보다 더 강력하다.
5. 그들이 존경하는 저자들과 이 책들(율법서)을 찬미하는 유대인들에게 반론을 제기하는 이방인 학자들은 전혀 없다.
6. 진정한 찬미의 또 다른 증거는 선지자 각자가 보여주는 언어양식의 풍부한 다양성이다.

### H. 구약의 책들 중 어떤 책이 분실되거나 변질되었나?

#### 반론

"많은 성경들이 분실되어졌다. 예를 들면 전쟁의 책(the Book of Wars, 민 21:14), 야살의 책(the Book of Jasher, 수 10:13), 솔로몬의 세 권의 책들(three Books of Solomon, 삼상 4:32-34), 사무엘 선지자가 쓴 왕국의 책(the Book of Kingdom by the Prophet Samuel, 삼상 10:25) 등등… 모든 잃어버린 책들의 숫자가 20권이나 된다."

#### 응답

위에서 언급한 책들은 성령의 영감으로 쓰여진 책들이 아니다. 그러므로 영감으로 된 책들 중에는 분실된 것이 없다. 또한 반론자는 몇몇의 선지자들이 장차올 무함마드를 예언했다고 하는데 그러한 사실은 고대 이슬람 서적에서만 흔적을 발견할 수 있을 뿐 구약성경 어디에서도 언급 하지 않고 있다.

#### 반론

"모세는 율법서를 써서 제사장들에게 주었다. 그리고 그것을 언약궤에 넣어 보관할 것을 명하였다. 그러나 그 세대가 지나고 이스라엘의 상황이 변화를 겪게 되었다. 그들의 영적 상태가 다윗과 솔로몬이 다스리던 시대에는 칭찬받을 만 했다. 그들은 폭동이 있을 때까지 믿음이 충만한 신앙인이었다. 그리고 그들은 보물 같은 사본을 잃어버렸다. 사실 솔로몬 이전 시대에 벌써 잃어 버렸다. 왜냐하면 그가 언약궤를 열었을 때 그는 단지 십계명이 적혀있는 두개의 돌판만을 발견했다."

### 응답

반론자가 주장하듯이 오직 하나만의 사본이 있었다는 것은 궤변이다. 모세가 이스라엘 자손들에게 증거로써 제공하려고 특별한 사본을 만들어 하나님의 언약궤 옆에 놓아두었다는 것은 진실이다(신 31: 24-26). 덧붙여서 거기에는 율법서 사본들이 돌고 있었음이 분명하다.

만약 그렇지 않았다면 어떻게 하나님이 나라들에게 하나님의 법에 복종할 것을 명할 수 있었단 말인가?

어떻게 그들의 자녀들에게 그 법을 가르치도록 명했단 말인가?

만약 충분한 사본들이 없었다면 어떻게 매번 안식일에 율법을 읽을 수 있었단 말인가?

### I. 신약 시대의 율법

신약 시대의 율법의 역사는 다음과 같다. A.D. 70년에 로마가 예루살렘을 멸망시킨 후에, 유대인들은 곳곳으로 흩어졌다. 그들 중 일부는 신성한 성경연구가 진행되어지는 교육센터를 건립하였다. 이들 중에는 팔레스타인 디베랴(Tiberias)학파도 있었다. 제롬(Jerome, A.D. 420)은 5세기에도 여전히 이러한 학교가 있었다고 기록하고 있다.

유대인들은 이와 같은 성서의 가르침을 전수받는데 자신을 헌신했다. 그리고 그들은 매우 조심스럽게 정확한 연구를 위해 힘썼다.

이스라엘 겟세마네 동산중앙에 있는
2000년 이상 된 것으로 추정되는 감람나무

## 모세오경의 진정성에 대한 논란[6]

### ❖ 창세기

**반론**

"창세기에는 창조기사가 두 번 나오는데 1장에서는 하나님이 남자와 여자를 함께 창조하셨다고 나오고 두 번째 장에서는 아담을 먼저 창조하셨다고 나온다. 이것은 모순이다."

**응답**

그 이야기는 결국 하나의 이야기이다. 하나님이 인간의 첫 번째 조상을 창조하신 것이다. 다만 1장에서는 간단하게 언급한 것이고 2장에서는 자세히 설명하고 있는 것뿐이다.

**반론**

"창세기 1장 3절에서는 하나님이 빛이 있어라, 하시매 빛이 있었다고 기록하고 있다. 그러나 1장 4절에서는 또 다시 하나님이 빛을 창

---

[6] 필자는 본서에서 Light of Life에서 출간된 *The True Guidance,* Part Two, "False Charges Against The Old Testament"를 번역 요약하여 일부만을 다루었다. 그러므로 더 많은 내용과 자료를 원한다면 http://www.call-of-hope.com 과 http://www.light-of-life.com에 직접 접속할 수 있다. 특별히 모세오경 이외에도 성경 각 권의 진위에 대한 반론과 응답에 대한 내용과 다양한 자료들을 볼 수 있다

조하신 장면이 나온다. 하나님은 이미 3절에서 빛을 창조하시지 않으셨던가?"

### 응답

이 주장은 반론자가 과학적 지식이 부족함을 여실히 드러내고 있다. 좀 더 자세히 연구해 보면 하나님이 태양을 만드시기 전에 우주적인 빛의 시대(ages of cosmic lights)가 있었음을 알 수 있게 될 것이다.

### 반론

"창세기 2장 17절에서 '만약 선악과를 따먹는 날에는 정녕 죽으리라.'라고 기록되어 있는데 사실 아담은 따먹었으나 죽지 않았고 900년이나 넘게 살았다고 창세기 5장 5절에 기록하고 있다."

### 응답

죽음은 3가지 종류로 분류되어진다.

첫째, 이생에서의 삶을 마감하는 육체적 죽음이고,
둘째, 죄로 인해 하나님과 분리되는 영적죽음이고,
셋째, 지옥에서의 영원한 사망이다.

아담이 하나님께 불순종 한 결과 그는 두 번째 종류의 죽음인 영적인 사망에 처하게 된 것이다. 무슬림들은 아담이 죄지은 것을 인정한다. 그러나 죄로 인한 벌에 관해서는 동의하지 않는다. 성경의 하나님이 순결하시고 죄를 미워하시고 벌주시는 반면에 꾸란의 알라는 죄에 관대하다. 한마디로 아담이 죄를 지었을 때 그는 죽음에 이르는 하나님의 진노를 샀다.

## 반론

"창세기 2장 18절에서는 '사람의 독처하는 것이 좋지 못하니 내가 그를 위하여 돕는 배필을 지으리라 하시니라.'라는 말씀이 있는데 이것은 고린도전서 7장 27절의 말씀, '네가 아내에게 매였느냐 놓이기를 구하지 말며 아내에게서 놓였느냐 아내를 구하지 말라.'라는 말씀과 서로 모순된다."

## 응답

고린도전서 7장 27절에서 바울은 결혼의 문제를 일삼고 있는 것이 아니다. 우리는 더 확실히 이해하기 위해서 선행구절들을 읽어야 한다. 바울은 절대로 하나님의 말씀에 모순된 가르침을 말하고 있는 것이 아니다. 오히려 고린도 교인들에게 그들의 처한 상황과 관련지어 주님을 섬기기 위해서 결혼을 안하는 것이 낫다고 말하고 있을 뿐이다.

### 반론

"창세기 5장 24절에서 에녹은 하나님의 들림을 받아 사라졌다고 기록하고 있다. 엘리야 또한 천국으로 들림을 받았다고 열왕기하 2장 11절에 적고 있다. 사도 바울은 고린도후서 12장 2-3절에서 사람의 언어로 훌륭한 표현을 함으로써 삼층천에 갔던 일을 적고 있다. 그러나 요한복음 3장 13절에서 예수께서 말씀하시기를 "하늘에서 내려온 자 곧 인자 외에는 하늘에 올라간 자가 없느니라."고 하신다."

### 응답

에녹, 엘리야 그리고 사도 바울은 예수 그리스도가 오셨고 돌아가셨던 것과 같이 올림을 받은 것이 아니다. 거기에는 네 가지의 "하늘"(heaven)이 있다.

1. 첫 번째 하늘은 구름과 새들이 다니는 지구를 감싸고 있는 공기층인 하늘이다.
2. 두 번째 하늘은 그 공기층 공간 상위의 매우 광활한 공간을 말한다.
3. 세 번째 하늘은 하나님의 사람들이 취했던 천국이다. 또한 이것은 "아브라함의 품"(Abraham's Bosom)이라고도 언급된다. 이것은 예수께서 십자가에 달리셨을 때 회개한 도둑이 들어가게 될 것을 약속하신 천국이기도 하다.

4. 네 번째 하늘은 가장 높은 하늘이다. 하나님의 보좌가 있는 곳이다. 아무도 들어가 본 적이 없는 곳이다.

## 반론

"창세기 6장 2절에는 '하나님의 아들들'과 '사람의 딸들'이란 말씀이 나온다. 하나님은 아들들이 있고 사람들은 딸들이 있다는 것을 의미하는가?"

## 응답

이 구절, "하나님의 아들들"에 대하여 네 가지의 해석이 있다.

첫째, 이것은 귀족을 언급한다는 것.
둘째, 천사를 의미한다는 것.
셋째, 아담과 하와의 후손인 셋의 정의의 자녀들을 의미한다는 것.
넷째, 힘세고 건장한 것을 의미한다는 것이다.

마치 시내산을 "하나님의 산"으로 표현한 것처럼 말이다. 이런 힘세고 건장한 남자가 연약한 여성과 결혼했다면 그 자손들은 세상에서 거인이 되어서 하나님을 경외하는 것을 포기하고, 하나님의 말씀인 성경을 거부하고 폭력과 악이 들어차게 될 것이다.

## 반론

"창세기 6장 3절에서 '여호와께서 가라사대 나의 신이 영원히 사람과 함께 하지 아니하리니 이는 그들이 육체가 됨이라 그러나 그들의 날은 일백이십 년이 되리라 하시니라.'라고 적고 있는 데 이것은 거짓이다. 왜냐하면 그 시대에 살았던 사람들은 더 오래 살았다."

## 응답

이 구절은 사람의 인생이 120년보다 줄어들 것을 지적한 것이 아니라 홍수가 120년이 지난 이후까지는 세상에 오지 않게 될 것임을 말하는 것이다.

성경에 따르면 노아는 그가 480세가 되었을 때에도 의의 설교자였다고 한다. 그러나 꾸란에서는 좀 다르다(Sura, *The Spider* 29:13).

## 반론

"창세기 6장 19절과 7장 2-3절에서 노아에게 하나님이 말씀하신 방주 안에 들일 짐승의 수가 서로 상이하다. 6장에서는 둘씩들이라고 했으나 7장에서는 정결한 짐승은 일곱씩 부정한 짐승은 둘씩들이라고 한다."

## 응답

창세기 6장 19절에서의 첫 번째 말씀은 보편적인 말씀이었고, 정결하지 않은 짐승에 대한 구체적인 언급이 없었다가 나중에 하나님이 노아의 요구에 의해 분명히 해주신 것이다. 왜냐하면 7쌍의 정결한 짐승들은 보존뿐만 아니라 희생물로도 필요했기 때문이다.

### 반론

"창세기 7장 17절에서 홍수가 40일 동안 계속되었다고 했지만 70인역에서 덧붙이기를 40주야라고 하였다. 한마디로 40일 밤이 더해진 것이다."

### 응답

"날"(day)이란 말은 24시간을 의미한다. 그러므로 40일이란 밤을 포함한 24시간을 의미하는 것이다.

### 반론

"창세기 9장 20-27절을 보면 노아가 그의 아들 함을 저주하기를 원했는데, 노아는 그의 손자인 가나안(Canaan)을 저주했다. 왜 가나안은 아버지의 죄 때문에 벌을 받아야 했을까? 신명기 24장 16절에 근거하면 자녀들은 그들 부모의 죄에 대한 벌을 받지 않는다. 또한 하나님은 어떻게 형제 사이에 다른 형제를 위하여 종이 되게 하시는가?"

응답

가나안이 그의 아버지의 죄 때문에 저주받았다는 확실한 증거가 없다. 사실 가나안은 그의 아버지의 죄값을 지불했던 것이 아니라 그 자신의 죄값을 지불한 것이다.

반론

"창세기 11장 5절과 18장 20-21절에서 볼 때 어떻게 하나님이 천국에서 내려오실 수 있단 말인가?"

응답

바벨탑을 쌓았던 사람들과 솔로몬의 백성들은 매우 연약했다. 그래서 하나님은 그들의 마음과 멀리 떨어져 계셨다. 그리고 하나님이 '내려오셨다'(came down)라는 말은 세상에서 하나님이 역동적으로 개입하심을 표현하는 인간적인 표현방법이다.

반론

"창세기 12장 11-13절에서 아브라함은 그의 아내인 사라에게 그의 누이라고 해 줄 것을 부탁했다. 그래서 그는 생명을 건졌고 그녀 덕분에 무사했다. 이와 같은 이야기는 독자들에게 아브라함의 경우를 본받아 거짓말을 하라고 선동하는 것이 아닌가?"

### 응답

만약 창세기의 저자인 모세가 원했다면 그는 그의 조상의 수치인 이 이야기를 뺄 수 있었을 것이다. 그러므로 이것은 모세에게 영감을 주었던 하나님의 성령이 그에게 이 사건을 포함시킬 것을 지시했다는 것을 알 수 있다. 그리고 포함시킨 이유는 모든 사람이 죄인임을 우리에게 보여주기 위함이다.

### 반론

"창세기 13장 16절에 보면 하나님은 아브라함에게 셀 수 없을 만큼 많은 자손을 주시겠다고 했는데 지금 아브라함의 자손들은 절대로 모래알같이 많은 수로 번성하지 않았다."

### 응답

하나님의 목적은 우리가 진리를 이해하도록 만드시는 것이었기 때문에 그는 우리에게 익숙한 단어와 언어를 사용하면서 우리에게 말씀하고 계신다. 그러나 우리는 하나님이 그분의 약속을 성취시키셨다는 것을 말할 수 있다. 왜냐하면 '아브라함의 자손'(Seed of Abraham)은 아랍과 유대인을 포함하여 그의 믿음의 자녀들도 모두 포함하는 것이기 때문이다. 그러므로 그 수는 헤아릴 수 없을 만큼 많다.

### 반론

"창세기 14장 14절에 보면 아브라함의 형제(brother) 롯이 나오는

데, 14장 12절에서는 롯이 아브라함의 조카로 등장한다."

### 응답

형제라는 단어인 "brother"는 문자적인 것보다 더 넓은 의미가 있다. 이것은 한 사람의 친척을 의미할 수도 있다. 또한 육체적인 형제 뿐만이 아니라 영적인 형제도 의미한다. 그러므로 롯이 아브라함의 조카로 창세기 11장 31절에 나오지만 적군이 공격해 올 때 그의 형제, 'brother'라고도 불리워진 것이다.

### 반론

"창세기 17장 20절, '이스마엘에 대하여는 내가 네 말을 들었나니 내가 그에게 복을 주어 그를 매우 크게 생육하고 번성하게 할지라 그가 열두 두령을 낳으리니 내가 그를 큰 나라가 되게 하려니와.' 이 구절은 무함마드의 법적 후계자들(Shi'ites)에 의한 12명의 이맘들에 관한 예언으로 설명된다."

### 응답

창세기 25장 13-16절에서 보면, 지도자들이 된 이스마엘의 12명의 아들에 의해서 이 약속이 성취되어진 것으로 설명되어진다. 그러므로 이 구절은 무함마드와 그의 후손에 적용되는 말씀이 아니다.

### 반론

"창세기 20장 12절에 근거하여 아담의 시대에 남자들은 그들의 누이들과 결혼했다. '또 그는 정말로 나의 이복누이로서 내 아내가 되었음이니라.' 그러나 레위기 18장 9절에서와 20장 17절에서, 그리고 신명기 27장 22절에서는 이를 금하고 있다. 그러므로 율법을 폐한 것이다."

### 응답

모세는 장차 올 법에 있어서 중요하게 될 사실적인 사건들을 기록했다. 무엇보다도 하나님은 아담이나 아브라함에게 그의 누이("half sister")와 결혼 하는 것을 허락하는 율법을 주시지 않으셨다. 하나님은 후에 모세의 법에서도 이것을 금지하셨다. 아브라함과 사라의 결혼처럼 친인척 간의 결혼은 고대에서는 일반적인 관습이었다. 그러므로 율법의 폐지가 아니다.

### 반론

"창세기 49장 10절은 무함마드에 관한 예언이 언급된 구절이다. '규가 유다를 떠나지 아니하며 통치자의 지팡이가 그 발 사이에서 떠나지 아니하기를 실로가 오시기까지 이르리니 그에게 모든 백성이 복종하리로다.' 왜냐하면 8절에 '유다'(Judah)라는 히브리어 원본 단어는 동사 'hamada' 또는 'to praise'로부터 파생된 단어이기 때문이다. 여기서 이것은 무함마드(Muhammad)의 이름이 파생된 것과 같은 어근이다."

### 응답

이 의견은 증거가 부족하다. 왜냐하면 이것은 유다의 자손에서 태어난 예언자 중에 실로(Shiloh)로부터 비롯된 이야기이기 때문이다. 무함마드는 유다의 후손도 아니고 이스라엘의 후손도 아니다. 그는 고라쉬족의 사람이다.

## ❖ 출애굽기

### 반론

"출애굽기 2장 16절과 21절을 보면 모세는 미디안 여인과 결혼했음을 알 수 있다. 그러나 민수기 12장 1절은 그녀가 구스(이디오피아) 여자였다고 한다."

### 응답

모세는 40세에 십보라와 결혼했다. 그녀는 미디안 제사장의 딸이었다. 그리고 모세는 90세에 구스 여인과 결혼 했다. 이는 십보라가 사망했기 때문이다.

### 반론

"출애굽기 3장 8절은 젖과 꿀이 흐르는 약속의 땅을 노래하고 있다. 그러나 전 세계에 이런 곳은 없다."

### 응답

이것은 은유적 표현이다. 기름지고 가축이 풀을 뜯을 수 있는 아름다운 곳을 표현한 것이다.

### 반론

"출애굽기 6장 20절에 보면 요게벳은 아므람, 아론, 모세를 낳았다. 그러나 사마리아어와 헬라어 번역은 미리암을 그들의 누이로 기록하고 있다."

### 응답

믿을 수 있는 히브리어 원본에서 우리는 출애굽기 6장 20절을 주의 깊게 보아야 한다. 히브리어 원본에는 미리암이 언급되지 않았고 후에 그녀의 이름이 기록되었다.

### 반론

"출애굽기 12장 7절에서 유월절 어린양은 이스라엘 민족의 가정에서 죽여야만 한다고 하더니 신명기 16장 7절에서는 주님에 의해서 선별된 거룩한 장소가 되었다."

### 응답

첫 번째 언급은 출애굽 이전이었기 때문이다. 그리고 두 번째 언급은 거룩한 장소에 관계된 것으로 시내를 넘어선 이후에 발생된 것이다.

### 반론

"출애굽기 19장 11절 18절에서 하나님은 모세에게 시내산에서 율법을 주셨다. 그러나 신명기 4장 10절에서는 호렙산에서 주신 것으로 되어있다."

### 응답

시내산은 옛 이름이고 호렙산은 후에 사용한 이름이다. 그리고 호렙은 일반적인 행정구역의 이름이었다. 그러나 시내산은 더 자세한 특정 지역의 이름이다.

❖ 민수기

### 반론

"민수기 1장–4장과 26장을 비교해 보면 이스라엘 부족의 수가 서로 일치하지 않는다."

### 응답

서로 다른 숫자는 두 번의 다른 인구조사 때에 기록된 인구수임을 보여주는 것이다. 두 번에 걸친 인구조사에 있어서 첫 번째와 두 번째는 38년이라는 세월이 있었다.[7]

---

[7] 이하 성경 각 권에 대한 무슬림들의 반론과 기독교 변증적 응답의 내용은 Call of Hope에

예루살렘 갈릴리 팔복교회

팔레스타인 무슬림들과 대치중인
나사렛 수태고지 교회 전경

서 출간된, *The True Guidance* (Villach, Austria: Light of Life, 1992)를 참고하기 바란다. 아울러 더욱 다양한 변증자료 및 이슬람 선교 관련 서적은 http://www.call-of-hope.com/new/site/pages/section.php?lang=eng&section=books을 방문하기 바란다.

## 2. 신약 진리로의 초대, "The True Guidance"[8]

### 1) 신약에 대항하는 잘못된 비난들[9]

> 신약개론적 측면에서의 변증

#### A. 성경의 진리

『진리의 계시』(Revelation of the Truth)의 저자는 성경이 왜곡되었다고 말한다. 그러나 우리는 지성과 전통의 논쟁으로 성경이 인간의 왜곡과 변조로부터 자유롭다고 선언한다. 성경이 모든 지혜와 전지하신 분으로부터 비롯되었다는 것을 증명하는 것은 성경의 한결같음이다. 비록 성경이 1500여 년 동안 40세대에 걸쳐 36명의 선지자에 의해 기록된 66권의 책으로 구성되었지만, 그렇더라도 한 목적에 따라 완전한 통일성을 보인다. 즉, 66권의 책들은 모두 타락의 구렁텅이로부터 고귀한 구세주를 통해 이뤄질 구원의 메시지를 전달하고 있다. 시작부터 끝까지 성경은 이 중요한 진리를 유지한다.

---

[8] 본 내용은 Light of Life에서 출간된 *The True Guidance (Part Two) - False Charges Against The Old Testament* -를 번역 요약한 것으로 Call of Hope의 허락을 받아 한국인들의 이슬람 이해를 위하여 사용한다. 아울러 책의 일부만을 번역하여 요약한 것으로 더 많은 내용과 자료를 원하면 http://www.call-of-hope.com 에 접속할 수 있다.

[9] 본 내용은 Light of Life에서 출간된 *The True Guidance (Part Three) - False Charges Against The New Testament* -를 번역 요약한 것으로 Call of Hope의 허락을 받아 한국인들의 이슬람 이해를 위하여 사용한다. 아울러 책의 일부만을 번역하여 요약한 것으로 더 많은 내용과 자료를 원하면 http://www.call-of-hope.com 에 접속할 수 있다. 원 서적은 아랍어에서 영어로 번역된 것이고, 여기서는 이를 다시 한국어로 요약 번역함. 번역에 사용된 성경은 개역개정판이고 원서의 영문판은 킹 제임스 성경을 인용하고 있다.

신약은 27권의 책으로 이루어졌다. 유대인들은 구약만을 고수하며, 구약을 보통 세 부분으로 나눈다. 모세가 쓴 다섯 권의 율법 책인 모세오경과 시편 그리고 예언서가 그것들이다. 그리스도인들은 구약과 신약을 모두 따르는데, 양자의 기본적인 취지가 모두 같기 때문이다. 신약은 보통 복음서(마태, 마가, 누가, 요한), 사도행전, 서신서, 요한계시록 이렇게 네 부분으로 나눈다.

### B. 신약책들의 수집

신약의 책들이 사도 요한의 죽음 전에 모아졌다는 것은 확실히 인정받은 사실이다. 그러므로 사도 요한은 이 책들을 볼 수 있었고, 인정할 수 있었다. 원본이 다른 누군가에 의해 변질되고 대체되었다는 주장에 대해, 우리는 사도 요한의 때로부터 현재에 이르기까지 기독교 학자들과 신도들이 극도의 보호 속에 신약의 책들을 보살폈다고 말할 것이다. 기독교 신학자들은 하나님이 모세의 율법을 보존하고 알리기 위해 구별하신 레위 족속과 비슷한 위치를 차지하였다. 그들은 성경을 자세히 설명하고, 해석하고, 이해시키고, 전하는데 삶을 헌신했다. 성경이 그들 영혼의 구원의 수단 중 하나로 여겼기에 그들은 더욱 열광적으로 성경을 지켰다.

> 그러므로 믿음은 들음에서 나며 들음은 그리스도의 말씀으로 말미암았느니라(롬 10:17).

성경이 한 세대로부터 다음의 세대로 전해지는데 어떠한 일련의 권위의 손상 없이 극도의 보호 속에 번역되고, 전해졌다는 것에 의문이 드는가?

성경은 많은 민족들의 특정 언어로 번역되었다. 특별한 무리들에게만 제한된, 시인이나 법학자 그리고 작가들의 저작들과는 달리, 모든 신자들은 공공연하게 성경을 읽었다. 게다가 성경은 특정 지역에 특정 사람들만을 목표로 하는 다른 책들과는 달리 세계의 3/4의 사람들이 읽는 책이다.

이에 반해 무슬림들은 꾸란을 다양한 언어로 절대 출판하지 않는다는 것이 잘 알려진 사실이다. 이는 번역이 원래의 의미를 놓칠 수 있기에 꾸란은 다른 언어로 번역되는 것을 허용하지 않았기 때문이다. 결과적으로 꾸란은 성경과 같이 방대한 지역으로 퍼져나가지는 못했다. 어떤 한 책이 전 세계로 퍼져나갔다면, 그 책에 어떤 변화를 주거나 고치는 것은 사실상 불가능하다.

어떻게 전 세계에 걸쳐 다른 지역 사이에 서로 갈라진 교파들 속에 널리 퍼진 책을 변조시켰다는 음모가 있을 수 있을까?

더군다나 그 책은 믿는 자들에게 진실하고 정직하고 충직하라고 명령하는 책인데 말이다. 요한계시록 22장 18-19절을 보면 다음과 같은 말씀이 있다.

> 내가 이 두루마리의 예언의 말씀을 듣는 모든 사람에게 증언하노니 만일 누구든지 이것들 외에 더하면 하나님이 이 두루마리에 기록된 재앙들을 그에게 더하실 것이요 19만일 누구든지 이 두루마리의 예언의 말씀에서 제하여 버리면 하나님이 이 두루마리에 기록된 생명나무와 및

거룩한 성에 참여함을 제하여 버리시리라(계 22:18-19).

누가 성경의 내용을 함부로 변경하여 이러한 저주를 기꺼이 받을 사람이 있을까?

익히 알려진 대로 기독교에 적대감을 갖고 있는 유대인들이라면 만약 기독교인들이 성경의 어떤 부분을 위조하거나 꾸몄다면 가장 먼저 이것을 맹렬히 비난했을 것이다.

게다가 어떻게 수세기에 걸쳐 내려온 수백만의 그리스도인이 위조된 책을 받아들일 수 있겠는가?

따라서 사도들과 그리스도의 제자들의 말씀은 이러한 오염과 변조와 폐기나 위조 또는 거짓됨과 같은 결함으로부터 자유롭다는 결론을 내릴 수밖에 없다. 우리는 1세기~4세기까지 살았던 학자들의 이름에 주의를 기울여야 한다. 이 사람들은 성경을 인용했고, 주를 달았다. 따라서 이들은 신약의 책들에 변하지 않는 일련의 권위의 온전함을 확정한다.

### C. 초대교회 교부들

사도들은 성경의 본문이 성령의 영감으로 쓰였다는 것을 확인하며, 각 다른 이들의 저작을 인용하였다. 디모데전서 5장 18절에서 사도 바울은 "…또 일꾼이 그 삯을 받는 것은 마땅하다 하였느니라."라는 말씀을 하는데, 이 표현은 누가복음 10장 7절에만 등장한다(필자 주: 이 구절은 "성경에 일렀으되"라는 말로 시작한다. 즉 사도 바울은 누가복음을 성경이라 인식하고 있다는 것이다). 야고보서 2장 8절에서 "…네 이웃

사랑하기를 네 몸과 같이 하라 하신…"이라는 말씀은 마태복음 22장 39절을 인용한 것이다(필자 주: 이 말씀은 레위기 19장 18절에도 등장하기에 반론에 여지가 있음). 베드로후서 3장 14-16절의 말씀에서 사도 베드로는 사도 바울을 언급한다. "…우리가 사랑하는 형제 바울도 그 받은 지혜대로 너희에게 이같이 썼고 또 모든 편지에도 이런 일에 관하여 말하였으되…" 여기서 사도 베드로는 사도 바울이 받은 지혜에 대한 인정뿐만 아니라 바울의 저작들 역시 신뢰할 수 있다고 인정하였음을 알 수 있다.

그리고 하나님은 모든 사도들에게 기적을 행하는 성령의 능력을 부여하셨기 때문에, 이들은 성령의 영감으로 쓰인 책들과 그렇지 않는 책들을 구분할 수 있었다. 즉 사도들이 구약의 선지자들의 말씀을 인용했던 것과 같은 방식으로 다른 사도들이 쓴 것들을 인용하였다는 것은 각각 다른 사도들이 쓴 책들 역시 성령의 영감으로 쓰였음을 인정하는 것이라 할 수 있다.

1세기에서 4세기에 이르기까지 저명한 학자들이 쓴 책들이 오늘날에도 전해 내려온다. 어떤 이들은 성경을 해석하였고, 다른 이들은 다양한 주제를 다루며 성경을 인용하여 그 주장을 뒷받침했다. 이 저자들[10]은 다른 시대 다양한 장소에서 살았다. 로마의 클레멘트[11], 안디옥의 이그나시우스[12], 서머나(스미르나; 터키 이즈미르의 옛 이름)의 폴리

---

10  본 내용은 Light of Life에서 출간된 *The True Guidance,* Part Three, "False Charges Against The New Testament"를 기본으로 시기에 관하여 번역 서술하였으며 시기에 관한 차이에 대하여서는 연이어 각각 각주로 기록함.

11  Clement of Rome, A.D. 30-100년 사도 바울과 함께 일함(빌 4:3)

12  Ignatius, A.D. 70년경 안디옥의 감독, A.D. 107년 순교, 위키백과에는 A.D. 35년 출생 A.D. 108년 순교로 기록됨.

캅[13], 시리아의 유스티누스[14], 프랑스의 이레나이우스[15], 아테네의 아테나고라스,[16] 안디옥의 데오빌로[17], 이집트 알렉산드리아의 클레멘트와 오리겐[18], 카르타고의 테르툴리아누스[19], 히포의 어거스틴, 그리고 카이사리아의 유세비우스[20] 등등.

이러한 저자들의 넓은 다양성은 예수 그리스도 신앙이 널리 퍼져 있었음을 나타낸다. 그렇게 넓은 지역과 다양한 시대에 성경을 변질시켰다는 음모는 있을 수 없다. 기독교 신학자들은 번역, 발췌, 그리고 인용으로 존재하는 신약의 686개의 사본을 비교하여, 모든 책들이 균일하였음을 찾았다. 이는 어떠한 변경과 오염, 변조와 첨가, 누락으로부터 성경이 자유롭다는 것을 증명하는 것이다. 신약이 온전

---

[13] Polycarp, 서머나 교회 감독, 사도 요한의 제자들 중 하나, 신약을 인용하여 많은 저술활동을 함. 사도 바울과 다른 사도들의 설교와 복음을 언급, 그리스도의 인성, 가르침, 고통, 십자가의 죽음, 구원, 그리고 승천을 언급함. A.D. 166년 순교, 네이버어학사전에는 A.D. 69?-A.D.155로 기록됨.

[14] Justin Martyr(A.D. 89-168) A.D. 133년 기독교로 개종, 140년 명성을 얻음. 그리스도교의 교리를 보호하기 위해 많은 책을 저술. 네 복음서와 사도 바울, 베드로, 요한의 서신과 계시록을 인용. 영문 위키백과에는 그의 생애를 A.D. 100-A.D. 165년으로 기록하고 있음.

[15] Irenaeus, A.D. 170년 리옹의 감독이었음. 빌레몬서와 요한3서 야고보서를 제외한 모든 신약의 책들을 인용함. 세 권의 책을 제외한 이유는 그 책이 이단과의 논쟁에 필요 없었기 때문임. 네이버지식백과에서 그의 출생과 사망연도를 A.D. 140-203년으로 기록함.

[16] Athenagorus 혹은 Athenagoras, 아테네의 철학자, 황제에게 기독교인들을 변호하는 편지를 썼음. 성경을 인용하여 부활의 주제를 다룸. 삼위일체 교리를 철학적으로 설명.

[17] 책에는 신약을 인용한 신학자로만 소개됨.

[18] A.D.184년 이집트 출생 253년 사망, 성경 주해가이자 설교가, 네이버지식백과에는 185?-254?로 기록함.

[19] Tertullianus(A.D. 160-230) 카르타고의 신학자, 네이버사전.

[20] Eusebius(?-A.D. 340) 네이버지식백과에는 A.D. 263-339년으로 기록. 팔레스타인 가이사랴 신학자.

히 보존되었다는 것은 모든 믿는 자들 사이에 합치된 신념이었다.

### 반론

"학자들은 복음서의 연대에 대해 의견이 다르다. 왜냐하면 그들이 저작들을 쓰는데 기반을 둔 기록들 자체에 불안함이 있기 때문이다. 의심스러운 기록을 따라 쓴 책들이 있다는 것은 복음서가 쓰인 시기에 의문점이 들게 한다."

### 응답

우리가 정확히 복음서가 쓰인 시기를 알 수 없다는 사실이 그것들을 평가절하할 수는 없다. 쓰인 시기에 관한 부정확함은 꾸란 역시 마찬가지이다. 비록 꾸란은 성경보다 최근 시대에 쓰였지만, 무슬림들은 각 구절들이 구성된 날짜에 대하여 의견이 서로 다르다. 특정 구절들이 읊어진 장소 또한 의문점이 있다. 메카의 구절들이 '헤즈라' 전이고, 메디나의 구절들이 그 후라는 것은 분명하다. 그러나 선지자 무함마드가 특정 구절을 말한 것이 메카인지 메디나인지, 정복의 시기 동안인지, '성지순례'(The farewell pilgrimage)[21]에서인지 아니면 그의 여행 중 하나인지 증명될 수 없다. '파티하'(Fatiha)[22]에 관해서도 차이점이 있다. 어떤 이들은 그것이 메카에서 전해졌다고 말하지만, 다

---

21　A.D. 632년 이슬람 선지자 무함마드의 마지막 그리고 유일한 Hajj 순례를 말한다. 영문 위키백과
22　Fatiha, 이슬람 꾸란의 제1장, 개경장이라고도 하며, 기도문으로 쓰인다. 네이버사전.

른 이들은 메디나였다고도 말한다. 혹은 각 장소에서 각각 반씩 말해졌다고 하는 이들도 있다. 그리고 각 장들이 내려온 시기에 대한 다른 의견이 존재하는 장[23]들은 다음과 같다.

> Jonah, Thunder, Pilgrimage, Salvation, Ya Sin, Sad, Apartments, The Merciful, Iron, The Ranks, Congregation, Mutual Fraud, The Kingdom, Mankind, Stinters, The Most High, Dawn, The Land, Night, Power.

이는 성경보다 나중에 쓰인 꾸란도 소위 '계시'가 내려온 시기에 대한 각기 다른 의견이 있음을 보여준다. 또 꾸란의 내용면에서도 모든 부분에 대한 의견 차이가 있다. 꾸란 안에서 구절들 사이에서 말이다. 그러나 신약은 그렇지 않다. 책이 모아졌을 시기에 있어서는 차이가 있을지 모르지만 개별적인 장과 절에 대하여서는 그렇지 않다. 그럼에도 불구하고 꾸란에 대하여 이러한 불일치가 발견된다 하여도 무슬림 누구도 꾸란을 평가절하하거나 거부하지 않는다.

### D. 복음서의 역사성에 관한 신뢰

인질(Injil, 복음)이라는 단어는 "happy message" 또는 "good news"를 의미하는 헬라어 "Evangelion"의 아랍어 번역이다. 이는 모든 이들에게 예수 그리스도의 대속의 죽음을 통해 죄인들을 구원하시는

---

23  꾸란은 각장, '수라'마다 고유 명칭이 있다.

하나님의 절대적인 사랑을 분명히 보여준다.

**누구든지 그를 믿으면 멸망하지 않고 영생을 얻는다**(요 3:16).

복음서가 폐지되었다는 주장을 하는 이들이 있지만 그러한 비난 뒤에 확실한 증거가 없다면 그런 주장은 아무런 가치가 없고 공허한 것이다. 따라서 복음서가 폐지되었다는 자들은 주장에 관한 증거로 다음의 것들을 반드시 언급해야할 것이다.

① 폐지된 구절의 원래의 모습
② 복음서를 폐지한 자들의 이름 그리고 시기와 그 목적
③ 어떻게 2세기에 이르러 몇 가지의 언어로 여러 다른 나라에 이미 퍼진 수천의 복음서가 어떻게 폐지될 수 있는지
④ 폐지한 자들이 그 주장된 폐기된 부분을 은폐한 방법과 기독교 반대자들이 이를 발견한 방법, 폐기가 일어난 후 수백년을 은폐한 방법

반대자들은 그들이 하는 비난에 어떠한 증거도 대지 못하기 때문에 사실상 그 비난들은 아무런 근거가 없고 소용이 없다. 그럼에도 불구하고, 우리는 복음서가 어떠한 비난에도 자유롭다는 결론을 내리기 위해 다른 관점에서 이 비난을 설명해 보았다.

1. 예수와 동시대의 인물뿐만 아니라 복음의 계승자들 중 어느 누구도 복음서의 어떤 부분에 관한 진위여부에 대하여 의문점을 제기하지 않았다.

a. 예수의 승천이 있고난 10일 이후에 복음은 예수와 함께 살았던 그리고 그에 대해 모든 것들을 알았던 예루살렘의 사람들 사이에 구전으로 전파되기 시작했다(행 2-7장). 예루살렘에서 복음을 전해들은 사람들 중에 어느 누구도 복음의 메시지에 언급된 어떤 부분에 대하여 틀렸다고 말하는 자가 없었다. 그 이후 3년이 지나지 않아 복음은 많은 동부와 서부의 나라들에 다양한 언어로 번역되어 전파되었다. 그 나라들에 거주하는 자들 대부분은 헬라어 문화에 익숙했고 헬라문화의 영향을 받은 자들이었다. 그래서 그들은 그것이 모든 각도에서 완전히 검토되어지기 전까지 복음을 받아들이지 않았다(행 17:10-12; 19:8-24을 보라). 역사적으로 아무도 복음서의 저자들이 복음을 폐지하거나 복음이 왜곡되었다는 이유로 비판하지 않았다.

b. 유대인뿐만 아니라 이교도인들, 그리고 비기독교인들이 1세기 이래로 그리스도인의 믿음과 행실에 냉소를 띄우고 비판함에도 불구하고 그들은 영적인 진수를 인간의 이해력보다 훨씬 높이 인정하고 있었기 때문에 그리스도인들이 복음을 삭제하거나 첨가했다고 비난하지 않았다.

c. 1세기 동안 기독교를 받아들인 이교도 철학자들은 개종 후 그들

이 행했던 연구와 토론으로 유명해졌다. 그들은 그들 스스로 복음서의 특정 구절들을 설명하면서 각기 다른 의견으로 파벌이 나누어졌다. 각 파벌들은 다른 파벌에 적대적이었고, 다양한 철학적 관점에서 실수를 찾아내기 위하여 고심했다. 그러나 어떤 파벌도 다른 상대 파벌을 비판할 때, 모든 파벌들이 연구와 토론에 있어서 기본적으로 의존했던 복음서를 왜곡했다고 비난한 자들이 아무도 없었다. 따라서 그들이 복음서를 동일하게 수용했다는 것은 그들이 복음서를 진본이라 여겼음을 증명한다.

2. 복음서는 어떠한 수정 없이 예수 그리스도와 동시대인들에게 책으로 전파되었고 2세기까지 다양한 언어로 번역되었다.

a. 1세기 중반에 이르러 복음은 동방과 서방의 많은 나라들에 구전으로 전파된 후에 예수에 대해 모든 것을 알고 있는 사람에 의하여 복음서가 쓰였다. 성경은 마태, 마가, 누가, 요한처럼 자세한 전기로 쓰인 것과 바울, 베드로, 야고보 등처럼 서로와는 관계없이 독자적으로 예수의 교리와 가르침을 설명하는 형태로 쓰인 것들이 있다. 이는 성경 저자들이 정직했고, 그들 사이에 어떤 음모도 없었음을 증명한다. 신약의 저자들은 다른 저자들과는 떨어져서 신약을 구성하는 책들을 기록하였다.

b. 신약의 저자들은 서로 너무 달라서 만약 이미 그들 모두에게 수용된 사실이 아니라면 서로 동의하는 것은 불가능했을 것이다.

예리한 세리인 마태, 열정적인 청년인 마가, 명확한 사고를 지닌 자제력 있는 노인이었던 요한, 심오한 철학자였던 바울, 용감한 투쟁가였던 베드로, 정통한 전문가인 야고보. 그리고 의사였던 누가는 높은 교육수준에 마음이 넓은 헬라인이었지만 대부분의 다른 신약 저자들은 엄격한 유대인이었다.

신약 저자들 중 어느 누구도 자신이 썼던 책이 1세대를 거쳐 다음 세기까지 이르러 모든 열방에 전해질 기독교 서적이 될 것이라는 것을 상상할 수 없었다. 만약 저자들이 이를 알았었더라면 이들 중 한 명은 본문을 좀 더 다른 것들과 호환될 수 있도록, 그리고 인간적인 성향에 매혹적이도록 예수 그리스도의 전기와 가르침 중 일부를 삽입하거나 삭제했을지도 모른다. 그러나 그들의 유일한 목표는 예수 그리스도의 생애와 가르침을 그것들에 대해 아직 듣지 못했던 동시대인들을 위하여 정직하고 숨김없이 기록하는 것이었다.

2세기에 이르러 복음서는 사본들이 수천 개에 이르렀고 기독교에 입교한 자들을 위하여 다양한 언어로 번역되었다. 유스티누스와 테르툴리아누스의 증언에 따르면 복음서는 예배의 교제 중에 암송되어졌고 유대인들과 이교도로부터 기독교로 개종한 많은 신자들이 그 내용을 암송했다. 복음서는 수천 개의 사본들로 전해지면서 몇 가지 언어로 번역되었고, 다른 많은 나라들에 이르기까지 전파되어서 셀 수 없이 많은 신자들 사이에서 암송되어졌기 때문에 그것들 전부를 위조한다는 것은 불가능하다.

3. 복음서는 많은 고대의 저작들이 종종 그렇듯이 돌이나 뼈에 기록된 것이 아니라 매우 정확하게 그리고 조심스럽게 파피루스와 양피지 두루마리에 기록되었다. 이 두루마리들이 낡으면, 흔히 헬라와 로마의 중요한 저작들이 그랬듯이 새로운 것이 준비되었다. 복음서에 잃어버린 부분이 없는 것과 원본을 대신하여 새로운 부분이 삽입되지 않았다는 것은 분명하다.

4. 고대에 어떤 서적들은 누군가가 개인적인 이유로 감추거나 봉인하기를 원했을 때 흔히 그 서적을 없애기도 하였다. 그러나 이러한 관습과는 달리 어느 누구도 복음서의 원본을 불태우거나 없애지 않았다. 더 정확히 말하면 그 복음서 원본은 원래 만들어졌던 그대로 남아있었다. 2세기 이후에 많은 사본들이 복음서 원본으로부터 만들어졌고 그것들은 오늘날에도 여전히 존재한다.

5. 초기 기독교인들은 성경의 위본조차도 없애지 않고 가지고 있었고 이에 흥미를 갖는 자들이 이용할 수 있도록 하였다. 4세기에 이르기까지 기독교인들은 이단들이 예수 그리스도에 대해 쓴 책들을 불태우지 않았다. 이단들은 그들의 저작을 믿게끔 하려는 의도로 "gospels"라 불렀다. 초기 기독교인들은 그들이 갖고 있는 복음서의 진위성에 대한 절대적인 신뢰가 있었기에 이 거짓 복음서들을 남겨두었다. 게다가 그들은 언론의 자유라는 원칙에 따라 많은 다양한 언어로 거짓 복음서들을 인쇄하여 전파했고, 진정한 복음서들과 이 거짓 복음서들을 비교하기 위한

기회를 주기 위해 모든 세대의 사람들이 볼 수 있도록 하였다. 이는 초기 기독교인들의 정직함과 공명정대함을 명확히 보여주는 것이다. 따라서 어느 누구도 초기 기독교인들이 복음서에 어떠한 변조를 가져왔다고 비난할 수 없다.

### E. 신약외경

#### 반론

"기독교인들은 예수 그리스도로부터 기인한 복음의 11가지 부분을 잃어버렸다. 그들은 또 요한이 쓴 9개의 편지, 안드레, 마태, 빌립이 각각 썼던 2개의 편지와 야고보의 편지 하나를 잃어버렸다. 또 바돌로메, 도마, 야고보, 그리고 마태가 쓴 복음서와 사도들이 쓴 행전-도마가 쓴 행전 4개와 마태가 쓴 행전 2개-역시 상실했다. 기독교인들이 또한 잃어버린 또 다른 책들의 모음이 있다. 이것들은 우리가 어느 곳에서도 찾아볼 수 없는 작가의 이름에서 비롯된 것들이다."

#### 응답

기독교는 믿는 자들에게 조사하고 찾아보라 명령한다.

> 사랑하는 자들아 영을 다 믿지 말고 오직 영들이 하나님께 속하였나 분별하라 많은 거짓 선지자가 세상에 나왔음이라(요일 4:1).

이는 우리가 진실로 수호해야할 것과 거짓들 사이를 분별하기 위하여 우리의 생각과 마음을 사용해야함을 의미한다.

기독교는 왜곡된 가르침을 받아들이지 않도록 주의를 준다. 사도 바울은 그가 가르치지 않은 다른 가르침을 받아들이지 말 것을 갈라디아 성도들에게 경고하는데, 그는 "그러나 우리가 혹은 하늘로부터 온 천사라도 우리가 너희에게 전한 복음 외에 다른 복음을 전하면 저주를 받을지어다."(갈 1:8)라고 충고하고 있다. 디모데후서 1장 13절에서도 바울이 말하기를 "너는 그리스도 예수 안에 있는 믿음과 사랑으로써 내게 들은 바 바른 말을 본받아 지키고"라고 하며, 전한 가르침을 굳건히 할 것을 가르친다. 사도요한 역시 요한계시록 22장 18절과 19절에서 말씀하였다.

> 내가 이 두루마리의 예언의 말씀을 듣는 모든 사람에게 증언하노니 만일 누구든지 이것들 외에 더하면 하나님이 이 두루마리에 기록된 재앙들을 그에게 더하실 것이요 만일 누구든지 이 두루마리의 예언의 말씀에서 제하여 버리면 하나님이 이 두루마리에 기록된 생명나무와 및 거룩한 성에 참여함을 제하여 버리시리라(계 22:18-19).

그러나 무함마드는 "만약 너희가 알지 못했지만 부인할 수 없는 내가 말했던 어떤 것에 대해 들었다면, 내가 그것을 정말 말했던지 말하지 않았던지 이를 믿어라. 나는 미지의 것과 부인할 수 있는 것을 말하지 않기 때문이다. 만약 너희가 알지 못했지만 부인할 수 있는 내가 말했던 것에 대해 들었다면, 그때는 그것을 거부하여라. 나는 미지의 것과 부인할 수 있는 것을 말하지 않기 때문이다."(related by al-Hkeem al-Turmuzi)라고 말한 초기 기독교인들과 예수의 제자들과 동시대에 살았던 학자들은 그들의 저작물을 대면하면서도 '신약외경' 혹은 '신약위경'이라는 말을 절대 언급하지 않았다. A.D. 70년에서부터 108년까지 책을 썼던 클레멘트, 이그나시우스, 헤르마스도 이러한 외경과 위경 원고들 중 그 어떤 것도 언급하지 않았다. 그리고 오히려 당시의 기독교 학자들은 성스러운 것으로 여겨진 초대 교회의 저작 목록을 엮어나갔다.

맨 처음에는 사도 요한의 죽음 이후 100년이 지나 오리겐에 의해 엮어졌다. 오리겐은 오랜 기간 유대 땅을 조사하고 검토하기 위해 여행한 박식한 사람이었다. 그는 성경에 관하여 다른 출처들과 교회들 사이를 다니며 조사하였다. 유세비우스는 네 권의 복음서(마태, 마가, 누가, 요한), 사도행전, 사도 바울의 모든 편지들, 사도 베드로의 두 편지, 사도 요한의 세 편지, 그리고 계시록을 포함하는 오리겐의 목록을 언급하였다.

이 목록은 오늘날 우리가 갖고 있는 신약과 동일한 것이다. 그리고 반론자들이 언급하는 외경이나 위경 같은 다른 책들에 대해선 아무런 언급이 없었다. 따라서 초대교회 성도들은 오직 오늘날 우리에게 전해 내려오는 신약만을 인정하였다고 할 수 있다. 오리겐뿐 아니라 다른 많은 이들도 유사한 목록을 엮었는데, 그들은 다음과 같다.

a. 아타나시우스(Athanasius)[24]: 영원한 말씀, 예수 그리스도의 신성에 대한 믿음으로 고통 받았다.

b. 시릴(Cyril): 유세비우스와 동시대인

c. 라오디게아의 공의회: 여기서 영감 된 책을 제외한 어떠한 것도 금지하였다.

d. 구브로 섬[25]의 살라미스 감독: 그는 이단에 반대하는 글을 썼다.

e. 콘스탄티노플의 그레고리 나지안젠(Gregory Nazianzen): 뛰어난 시인

f. 제롬(Jerome): 성경을 라틴어로 번역하였다.

g. 루피너스(Rufinus): A.D. 345-410년에 살았던 교회의 기록자[26]

h. 어거스틴(Augustine): 북아프리카 히포의 주교(A.D. 354-430)

i. 어거스틴이 참석한 카르타고 공의회: 여기서 영감으로 쓰인 책들을 제외한 어떠한 것도 금지하였다.

j. 디오니시오스: 아레오파기타(Dionysius the Areopagite)

---

24 A.D. 295-373년, 알렉산드리아 출생. 니케아공의회에 참석하여 아리우스의 이단설을 논파, 동로마제국의 보호를 받던 아리우스파에 의해 탄압당하여, 로마로 피신, 로마교회와 아타나시우스설이 결합하는 결과를 낳음. 삼위일체설과 로고스 그리스도론이 교리사적으로 의의가 있다. 네이버 지식백과

25 Cyprus, 현재는 키프로스라 부른다.

26 독거 수도자, 역사가, 번역가, 이탈리아 태생. 그리스 중요 신학서를 라틴어로 번역. 오리겐의 여러 책을 번역하기도 함. 성서주석학 역사에 중요한 역할을 한 인물. 네이버지식백과

튀니지 카르타고 공의회 교회터, 2014년

튀니지 카르타고 공의회 교회터, 2017년[27]

[27] 필자가 2014년 여름 방문했을 때 찍은 위의 사진을 보면 교회터에 기둥들이 있었고 공의회 교회당 입구와 회의 장소터가 있었으나 2017년 1월 방문하여 찍은 아래 사진을 보면 주위에 교회터 기둥들이 보이지 않고 회의 장소터만 보존되어 있었다. 바로 옆에 자리한 대형 모스크가 눈에 띈다.

소아시아, 아프리카 그리고 유럽에 거주했던 교회의 집권자들 모두는 그들의 저작물에 성경을 인용하여 사용하였다. 또한 그들이 상대방과 토론하거나 논쟁할 때 항상 성경에 의존하였다. 그리고 모든 기독교인들은 마치 유대교인들이 유대교회당에서 토라를 암송하는 것처럼 교회에서 성경을 암송하였다. 골로새 교회에 보낸 바울의 편지에 나온 다음의 말씀을 생각해 보자.

> 이 편지를 너희에게서 읽은 후에 라오디게아인의 교회에서도 읽게 하고 또 라오디게아로부터 오는 편지를 너희도 읽으라(골 4:16).

게다가 유스티누스는 도시나 마을의 기독교인들이 예배를 위해 주일마다 모였다고 증언하고 이 모임에서 그들은 사도들의 편지와 선지자들의 말씀을 암송했다고 하였다. 테르툴리아누스도 기독교인들이 주일에 성경을 읽고 찬양하려 모였다고 언급했다.

사도들과 예수 그리스도의 제자들이 영감을 받아 저작한 서신들은 많은 언어로 번역되었다. 또한 기독교 교리에 관한 설명과 해석은 그것들에 기초하고 있다. 이러한 점들이 그 질적인 면에 있어서 반론자들이 언급하고 있는 위경의 특징과는 전혀 다른 성경이 다른 것과 구별되는 점이다.

그런데 흥미롭게도 기독교 교회를 대적하는 이들은 믿는 자들을 공격하고자 할 때 항상 정경화된 기독교 성경을 인용한다. 그들은 절대 위경을 언급하지 않는데 이는 기독교인들이 그것들을 정경으로 성경에 포함시키지 않음을 알고 있었기 때문이다. 이 위경들 중 일부는 2세기 말에 유포되기 시작했고, 그것들 대부분은 3세기에 퍼졌다. 그러나 이것들은 즉시 거부되었다. 위경 중 일부를 검토해 보자.

a. Abhar Emir al-Raha의 사도 서신서, 혹은 예수 그리스도의 서신서: 어느 누구도 이것들을 유세비우스가 그것들을 폭로한 4세기까지 들어보지 못했다.

b. 라오디게아 교회에 보낸 바울의 편지: 학자였던 요한은 그것이 종교개혁에 앞서 한 수도사에 의해 쓰였다고 증언했다. 이것은 사도 바울의 진짜 서신서의 일부 구절들에 기인하고 있다. 그러므로 이것은 사도 바울의 다른 원고가 그랬던 것처럼 그리스에서 쓰인 것이 아니라 현대를 기원점으로 볼 수 있다.

c. 세네카에게 쓴 여섯 개의 편지와 그의 8개의 답서들: 이것들은 4세기까지 들어본 적이 없다. 제롬과 어거스틴 둘 다 그것들이 위조된 것이라 경고하며 이를 언급하였다.

d. 3세기에 쓰인 동정녀 마리아의 복음서: 이는 이단에 의해 쓰인 글이다. 모순된 진술로 가득 차 있고, 헬라의 유대인 작가가 쓴 야고보의 복음서와 비슷하다.

e. 도마가 쓴 예수 그리스도의 어린 시절에 대한 두개의 복음서: 2세기 마르시온파 신도들에 의해 믿어졌다. 꾸란은 이것들로부터 그리스도의 어린 시절 이야기 중 일부를 가져왔다.

f. 니고데모의 복음서: 혹은 빌라도 행전이라 불리는 이것은 4세기 초반 루시우스 카리누스(Lucius Charinus)에 의해 위조되었다. 이 사람은 다른 그리스도의 제자뿐만 아니라, 베드로, 바울, 안드레

행전을 위조함으로써 명성을 얻었다.
g. 사도들의 교리들: 이 저작물은 사도들이 이를 썼기 때문이 아니라 4세기 예루살렘의 주교였던 시릴(Cyril)의 신앙과 격언으로 구성되어있기 때문에 그렇게 명명되었다.
h. 바울과 테클라 행전: 이것은 2세기 초반 무렵 사도 바울을 존경한 한 기독교 성직자에 의해 쓰였다.

이처럼 위의 반론자들이 언급했던 성경에서 상실되었다고 하는 제목의 대다수 저작물들은 기독교 형성당시 존재하지 않았다. 그것들은 기독교가 성립되고 세계로 퍼져나간 후에 등장했다. 그러나 어떤 옛 기독교 지도자들은 그들이 적대자들과 토론할 때 이 위경들을 언급하기도 했다. 그들은 적대자들에게 그들이 박식하고 견문이 넓을 뿐더러 종교와 관련된 모든 것들에 익숙하다는 것을 과시하기를 원했다. 오리겐은 다음과 같이 말했다.

"예수 그리스도의 교회는 단지 4개의 복음서만을 갖고 있다. 이단에 대해 말하자면, 그들은 이집트 복음서나 도마의 복음서와 같은 많은 복음서들을 갖고 있다. 다른 복음서를 갖고 있는 자들은 자신들이 마치 위대한 지식을 갖고 있는 것처럼 착각하기 때문에 우리는 무지로 인해 비난받지 않기 위해 그것들을 읽는다."

암브로시우스는 "우리는 그것들을 받아들이기 위해서가 아니라 우리가 그것들을 명확히 거부하기 위해서 그 내용들을 알아야하기 때문에 그것들을 읽는다."라고 말하였다.

## F. 위경들의 자기 모순적 내용들

위경들은 유물숭배와 같이 진리에 반한 관습을 옹호한다. 예수의 어린 시절 복음서에서 우리는 동방박사들이 조로아스터교의 예언에 따라 예루살렘으로 와서 선물을 바쳤을 때 "성모 마리아"가 그들에게 신성하고 대단히 가치 있는 선물로 구유에 쌓인 아기 예수를 건네주는 장면을 볼 수 있다. 위경에서 "마리아의 탄생" 이야기는 동정녀 마리아의 격을 높이기 원했던 어떤 이에 의해 엮어졌다.

그러나 성경에서는 그런 개인적 견해를 지지할 어떤 구절도 없다. 그 위경 안에서 우리는 그녀의 탄생을 예언한 천사들과 그녀가 어린 이였을 때 그녀를 시중 들었던 천사들과 그녀 스스로 혹은 아기 예수의 도움으로 행한 기적들을 볼 수 있다. 우리는 또한 위경에서 예수께서 아직 세 살이었을 때 계단의 높이가 반 야드였다는 사실에도 불구하고 누구의 도움도 없이 사원의 계단을 기적적으로 올랐던 이야기도 읽을 수 있다. 이러한 이야기를 기록하고 있는 작품, 위경은 4-5세기 무렵 언젠가 쓰인 것으로 추정된다.

우리는 알패오의 아들 야고보의 복음서에서 마리아의 엄마와 그녀의 여종 사이에 헛된 논쟁이 묘사되고 있는 것을 볼 수 있다. 우리는 또한 천사가 마리아를 수중 들곤 하였다는 것과, 신전 장막 솜씨에 대하여 성직자들 사이에서 논쟁이 계속 되었다는 이야기도 읽을 수 있다.

그리고 도마의 복음서에서 우리는 예수의 어린 시절과 양육에 대한 공허한 설명들을 읽을 수 있다. 그가 문자를 배울 시기에 어떤 앙갚음의 기적이 어린 예수에 의해 일어났다는 것이다. 도마의 복음서에서는 마리아와 예수의 어린 시절에 대한 이야기 중에 마리아와 예수에 의해 일어난 유치한 "기적들"이 기록되어 있다. 예를 들어, 마리아가 다른 사소한 문제들에 관여하는 이야기뿐만 아니라 요셉의 목수일 중 일어난 실수를 바로잡는 장면이 나온다.

이러한 위경의 내용과 비교해 볼 때 마태, 마가, 누가, 요한복음은 세심히 연구한 사람이라면 누구든지 언급된 사건들의 방식에 대하여 깊은 감동을 받을 것이다. 아무런 위선도, 꾸밈도 장식도 없는 방식들 말이다. 각 사건들은 그것이 일어났던 사실대로 단순히 연관되어 있다. 사도들은 공포, 불신, 분노 혹은 자만과 같은 인간의 모습을 보여주는 사건을 언급하기를 삼가지 않았다. 왜냐하면 이것들은 진짜 그들이 경험한 느낌과 태도였고 그들의 목표는 항상 진리를 드러내는데 있었기 때문이다. 그 안에는 그 어떤 경솔하고 시시한 거짓과 세상을 놀라게 하려고 하는 선정적이고, 웃기는 사건들, 인물이 초인적이라는 것만 강조되는 '기적'적인 내용들이 포함되지 않았다. 기적이 기록되었을 때, 그 목표는 항상 메시지와 가르침을 뒷받침하기 위해서였다. 그들은 절대 이기적이고, 파괴적이고, 혹은 세상에 인기를 얻고자 하는 목적으로 기적을 기술하지 않았다. 이는 거짓 복음서들과 가짜 서신들이 과장되고, 사소하고, 세상에서 인기를 얻으려는 사건들로 가득한 것과 현저하게 대조가 된다.

위서들에서 언급된 일부 사건들은 실제 그 복음서를 썼다고 증거 없이 주장하는 저자들의 사(死)후가 지나기까지 그의 생전에 실제 발생하지 않았다. 따라서 그들 자신이 저자라고 주장하는 사람들은 절대 그 위서를 저작 했을 수가 없다. 예를 들면 니고데모의 복음서에서 유대인들이 빌라도에게 "각하"(your excellency)라는 표현으로 인사를 하는데 이런 호칭은 그 당시에 유행한 것이 아니었으므로 유대인들은 그 표현에 친숙하지 않았다. 또 니고데모의 복음서에는 예수께서 지옥에서 아담과 모든 성자들을 구할 때 가슴에 십자성호를 구하는 장면이 나온다. 그러나 십자성호를 그리는 것은 4세기까지는 퍼지지 않았던 방식이다.

그리고 위서의 표현방식은 위서가 믿을 수 없다는 것을 증명하는 가장 강력한 증거이다. 예를 들어, 니고데모의 저작물에서 유대인이라 주장하는 이름들은 사실상 헬라나 로마식 이름이다. 그리고 위서에 사용된 전반적인 언어는 신약성서에 쓰인 언어인 헬라어가 아니라 라틴어이다. 또한 바울이 썼다는 편지에서는 주님의 사도다운 말투의 구분됨, 차별성이 보이지 않는다. 예를 들어, 세네카에게 보낸 편지 초반에 "I commit you to God's keeping, O splendid master."라는 구절을 볼 수 있는데 이러한 어법은 사도적 표현방식과는 이질적인데다가 그때 이후로 오랜 시간이 흐르기까지 사용조차 되지 않았던 것이다.

그리고 위서에는 역사적 사실과 모순되는 사도와 제자에 관한 사건들도 나온다. 사도 바울과 세네카 사이에 주고받았다는 서신들에서 바울이 로마에 있었다고 언급 된 것과, 또 바울이 역사적으로 사실 방문한 적이 없었던 장소에 바울이 있었다고 계속해서 언급하고 있다. 또한 그 장소에서 바울이 떠난 후 그의 부재에 대한 불평이 나온다. 그리고 다섯 번째, 여섯 번째, 일곱 번째, 그리고 여덟 번째 서신에서는 로마집정관의 이름이 비역사적으로 잘못 인용되고 있다. 한 사건에서는 바울이 세네카에게 네로 앞에서 예수에 대한 신앙을 언급하지 말 것을 경고하는데, 이는 명백히 바울의 종교적 열정과 모순되는 내용이다. 또한 니고데모의 복음서에서 빌라도가 유대민족의 역사를 언급하는 것을 볼 수 있는데 또 다른 장면에서는 빌라도가 유대민족 역사에 대한 무지함을 이야기하고 있다.

이러한 배경을 중시라도 하듯이 초대 기독교는 신자들에게 건전한 정통 교리를 견고히 할 것을 강권한다. 앞서 인용한 것처럼 사도 바울과 요한은 다음과 같이 전한다.

> 그러나 우리가 혹은 하늘로부터 온 천사라도 우리가 너희에게 전한 복음 외에 다른 복음을 전하면 저주를 받을지어다(갈 1:8).

> 내가 이 두루마리의 예언의 말씀을 듣는 모든 사람에게 증언하노니 만일 누구든지 이것들 외에 더하면 하나님이 이 두루마리에 기록된 재앙들을 그에게 더하실 것이요 만일 누구든지 이 두루마리의 예언의 말씀에서 제하여 버리면 하나님이 이 두루마리에 기록된 생명나무와 및 거룩한 성에 참여함을 제하여 버리시리라(계 22:18-19).

정말 이러한 성경의 확고한 명령이 있음은 어느 누구도 감히 성경에서 어떤 것을 더하거나 빼리라는 상상조차 할 수 없게 한다. 그리스도인들은 만약 어떤 구전된 가르침이 책에 기록되지 않았고 신뢰할만한 증거에 의해 입증되지 않았다면 그 구전된 가르침을 받아들이는 것조차 금하였다.

## G. 역사서들에 대한 영감의 필요성

### 반론

"마태복음이나 사도행전과 같은 역사성이 있는 책들은 영감 없이 쓰일 수밖에 없다. 만약 이 책들이 어느 다른 문학 서적과 같다 해도 기독교 신앙에 해를 끼치지 않는다."

### 응답

성경의 역사서들은 성령의 영감에 의해 쓰인 것이다. 구약과 신약을 모두 읽는다는 것은 영적인 가치가 있다.

> 모든 성경은 하나님의 감동으로 된 것으로 교훈과 책망과 바르게 함과 의로 교육하기에 유익하니 이는 하나님의 사람으로 온전하게 하며 모든 선한 일을 행할 능력을 갖추게 하려 함이라(딤후 3:16-17).

이처럼 예수께서는 스스로 성경을 인용하셨다. 이는 예수께서 성경이 성령의 영감에 의해 쓰였으며 신뢰할 수 있다는 것을 보여주신 것이다.

역사서의 목표는 우리에게 하나님의 사람들이 살았던 삶의 기록을 보여줄 뿐 아니라 우리에게 향하신 하나님의 은혜를 계시하는데 있다. 성경의 각장들에서 시사하는 하나님의 사랑하심과 우리를 보호하심, 하나님의 신실하심과 위대함, 하나님의 천사들, 그리고 하나님의 사람들이 이해하기를 애타게 바라는 주제들은 모두 구원의 문제를 반영하고 있다. 하나님은 예리한 두 날의 검처럼 사람의 마음과 영혼의 비밀을 드러내는 역사서를 우리에게 주셨다. 이 기록들은 사람이 이 세상에 거주하기 전부터의 역사를 포함하고 있으며 우리에게 보이지 않는 세계에 대한 지식을 제공한다. 이 책들은 천사들이 이 땅에서 믿는 자들의 삶에 협력하며 천국에서도 똑같이 할 것임을 보여준다.

저자들과 신학자들, 시인들, 철학자들, 그리고 현자들은 천사에 대하여 직설적으로 표현하지는 않았지만, 성경은 우리에게 천사는 이 땅과 하늘에서 하나님을 섬기고 사람들을 돕고 어려움 가운데 있는 믿는 자들을 위하여 존재한다고 말한다. 또한 성경은 천사들의 일에 대하여 기술하고 있는데 그 일들은 자비와 심판과 관계있음을 이야기한다. 우리는 천사가 예수 그리스도의 재림과 심판의 날에 이르러 이 땅에서 믿는 자들을 모으고 주님과 함께 동행 하리라는 것을 알 수 있다.

성경은 구약에서 희생 제물로, 출애굽으로, 불기둥과 만나로, 그리고 모세가 이스라엘 백성을 위해 물을 제공한 바위로 예수 그리스도의 역할을 계시하고 있다. 이는 고린도전서 10장 4절[28]에서도 자

---

28 원서에서는 10장 4절에 나오는 말씀이라고 설명하고 있지만 필자는 여기서 10장 1-6절의 말씀 전부를 기록하고자 한다. "형제들아 나는 너희가 알지 못하기를 원하지 아니하노니 우리 조상들이 다 구름 아래에 있고 바다 가운데로 지나며 모세에게 속하여 다 구름과 바다에서 세례를 받고 다 같은 신령한 음식을 먹으며 다 같은 신령한 음료를 마셨으니 이는 그들을 따르는 신령한 반석으로부터 마셨으매 그 반석은 곧 그리스도시라 그러나 그들의 다수를 하나님이 기뻐하지 아니하셨으므로 그들이 광야에서 멸망을 받았느니라. 이러한 일은 우리의 본보기가 되어 우리로 하여금 그들이 악을 즐겨한 것 같이 즐겨 하는 자가 되지 않게 하려 함이니."

세히 언급하고 있는 내용이다. 성경의 역사서는 세상의 역사서와는 다르다. 천지만물의 창조, 마지막 심판, 그리고 인간의 생각으로는 이해할 수 없고 설명할 수도 없는, 인간의 능력을 넘어선 신비한 일들을 알도록 하기 위하여 성경은 성령의 영감이 필요하도록 만들어졌다. 또한 성령의 영감은 예수그리스도-그의 특성과 공로, 사랑, 희생, 죽음, 부활, 그리고 은혜를 알기 위해서도 필수적이다. 인간은 실수할 수도 있고 잘못에 빠질 수도 있기에 성경의 역사서에 성령의 영감이 있어야 함은 필수불가결한 것이다.

터키 서머나 폴리캅 순교기념교회

H. 예수 그리스도의 복음서에 대항하는 부당한 도전들

반론

"마태복음은 히브리어로 원래 쓰였지만 기독교 분파의 손에 의해 변질되어 없어졌다. 현재 남아있는 사본은 번역본이고 번역자의 이름은 알려지지 않았다."

응답

복음서는 원래 당시 예수 시대에 지배적인 언어였던 헬라어로 쓰였다. 이 복음서는 하나님의 인류를 향한 의지와 계획을 선언하는데 그 목적이 있었기 때문에 효용성이 떨어지는 드문 언어로 성경이 쓰였다는 주장은 불합리하다.

마태는 그가 사도로 부름받기 전에는 세리였다. 세리라는 전문직에 고용되기 위해서는 당시 시대적으로 가장 공적인 언어였던 헬라어를 아는 것이 필수였다. 모든 사도들과 예수의 제자들은 그들이 유대인이건 비유대인이건 이에 상관없이 독자들을 위해서 헬라어로 편지를 썼다. 마태복음에서 발견되는 많은 표현들은 다른 세 복음서의 기록에서 발견되는 것과 조화를 이루고 있다. 마태가 복음서를 히브리어로 썼다는 생각은 아마 A.D.116년에 히에라폴리스(Hierapolis)의 감독이었던 파피아스(Papias)가 유세비우스에게 보낸 편지의 서술에서 착안된 것으로 보인다.

"마태는 히브리어로 복음서를 썼다."

그러나 분명한 것은 파피아스가 개인적으로 히브리어로 기록된 마태복음을 보았다고 언급하지는 않았다. 오히려 파피아스가 유세비우스에게 편지를 보내기 이전, 이미 사람들에게 마태복음은 헬라어 버전이 널리 유포되어 있었다. 그러므로 마태복음이 히브리어로 쓰였다는 이 서술은 헬라어로 마태복음이 쓰였다는 증거가 있는 것과 달리 단지 추측에 불과하다. 게다가 구약에서 인용한 복음서의 구절들은 70인역[29]에서 갖고 온 것이다. 만약 반론자들이 주장하는 것처럼 마태복음이 히브리어로 쓰였다면 구약에서 인용된 구절 역시 히브리어 성경에서 갖고 왔을 것이다.

물론 마태복음이 헬라어로 쓰였지만 또한 히브리어로도 쓰였을 가능성은 있다. 성령의 영감으로 쓰인 성경은 다른 언어의 번역으로도 그 의미와 아름다움을 잃어버리지 않는다. 역사가 요세푸스[30]는 『유대 전쟁사』라는 그의 책을 널리 전하려는 목적으로 히브리어와 헬라어 두 언어 모두를 사용하여 썼다. 어쨌든 이 복음서의 기록은 예수의 승천 이후 오래지 않아 그리스도인들 사이에서 널리 쓰였던 것

---

[29] the Greek Septuagint edition, septuagint란 70인을 의미하는 헬라어이다. B.C. 300년경 헬라어로 번역된 구약성서. 현재 개신교에서 사용하는 구약성서를 이루는 책들과 일치한다. 가톨릭과 정교회는 여기서 몇 가지 다른 외경들을 포함시킨다.

[30] Flavius Josephus (A.D.37?-100? 혹은 95년, 예루살렘 대제사장 가문 출신으로 본명은 'Joseph ben Matthias') 66년 1차 유대 전쟁때 로마군과 싸우다가 67년, 투항하여, 베스파시아누스가 황제가 될 것이라는 예언이 적중하여 석방됨. 그 후 티투스 장군의 통역관으로 70년 예루살렘 진압작전에 투입되어 유대군과 협상 선봉에 나섰음. 예루살렘 파괴 후 베스파시아누스 황제에게 로마 시민권과 연금, 황제의 옛 저택과 유대 땅 일부를 하사받고, 황제 가문에서 사용하는 플라비우스라는 이름을 얻어 개명하였다. 세 번의 결혼을 하였고, 『유대 전쟁사』와 『유대 고대사』를 썼다. 네이버지식백과

이다. A.D. 178년에 이레나이우스는 마태가 유대인의 편리를 위해 히브리어로도 복음서를 편찬했다고 서술했다. 그러므로 헬라어 사본 역시 있었다는 것이다.

### 반론

"노튼(Norton)은 마태복음 1장과 2장은 책의 원래 부분이 아니라고 말했다."

### 응답

마태복음의 처음 두 장에서 오류를 찾았다는 사람들은 예수 그리스도의 동정녀 탄생과 그 주제와 관련된 내용 때문에 오류를 언급하고 있는 것이다. 그러나 꾸란 또한 예수가 동정녀 마리아에게서 어떠한 인간의 관여 없이 잉태되었다고 증언한다. 그러므로 마태복음의 처음 두 장을 부인하는 자는 꾸란 또한 부인하는 것이다.

마태복음 1장과 2장의 진정성을 증명하는 증거를 생각해 보자.

a. 마태복음 3장은 다음과 같이 시작한다. "그 때에…" 이 말은 앞 전에 서술한 어떤 것, 즉 앞선 장에 의존하여 쓰였음을 가리킨다. 그리고 마태가 유대인 독자를 염두에 두고 복음서를 썼기에 예수의 계보를 포함시키는 것은 가장 중요한 것이었고, 이것이 1장에 계보가 나온 이유이다.

b. 처음 두개의 장은 모든 옛 사본에 언급되어진다. 그 사본들은 이탈리아와 콥틱의 사본들뿐만 아니라, the Codex Vaticanus, the Cambridge edition, the Codex manuscript at Trinity College, Dublin 등이다. 이 사본들은 모두 5세기 이전에 쓰였다.

c. 고대 학자들과 종교 권위자들은 마태복음 1장과 2장을 언급하였다. 클레멘트(A.D. 194)는 마태복음 1장과 누가복음 3장의 예수의 계보를 언급했다. 또한, 유세비우스 역시 다윗의 가계를 조사하기 위해 도미티아누스 황제가 두 학자를 소환했다고 쓴 헤게시푸스[31]의 진술을 언급하였다. 헤게시푸스는 예수의 탄생으로 위협받았던 헤롯 왕의 감정에 대해 마태복음 2장을 언급하였다. 유스티누스(A.D. 140)는 이 두 장에서 서술된 모든 사건들을 언급하였다.

이그나시우스(A.D. 170)는 에베소인들에게 보낸 편지에서 예수께서 동정녀를 통해 기적적으로 태어났다는 것과 별이 그의 탄생을 알렸다고 썼다. 이그나시우스는 사도 요한의 죽음 이후 6년 후에 죽었는데, 그래서 그의 증언은 학자들 사이에서 중요한 위치를 차지한다. 이레나이우스와 후대 교부들에 대해 말하자면 굳이 그들을 언급할 필요조차 없다. 왜냐하면 모든 이들이 마태복음 1장과 2장을 진실로 받아들였기 때문이다. 기독교를 반대하는 반론자들의 공격에 대하여 기독교 권위자들은 그들

---

31 Hegesippus, 교회사가. 기독교 개종 유대인. 그노시스파를 논박하는 저서 『수기』(*Memoris*) 5권을 저술하였다. 에우세비오의 『교회사』에 단편적으로 남아있다. 네이버 지식백과

반박의 모든 내용들이 마태복음 1장과 2장에서 서술하는 예수의 탄생과 관계된 언급으로 인하여 반대하였다고 말한다.

### 반론

"예수의 계보에 관하여 의혹들이 존재한다."

### 응답

예수의 계보가 잘못되었다고 논쟁하기에 앞서 다음을 살펴보자.

a. 유대의 가문은 가문의 계보에 대단한 자부심이 있다. 왜냐하면 그 가문이 하나님의 선택된 사람들에서 기인했고 땅에 대한 상속의 권리를 입증하는 증거가 되기 때문이다. 예를 들어, 레위인은 그들이 레위 족속의 일원이라는 증명을 할 수 있을 때 제사장의 임무를 수행할 수 있었다. 유대인은 그들의 계보를 정확히 기록해두었다. 그들은 이 목록에 포함되지 않는 이름의 유대인이라면 인정하지 않았다(스 2:62).[32] 따라서 만약 1세기 마가와 누가에 의해 기록된 예수의 계보에 어떤 오류가 있었다면 유대인은 이를 알아채고 반대했을 것이다. 그리스도인들은 제사장 직분이나 토지보다도 예수 그리스도를 훨씬 더 귀하게 여겼다. 그들은 예수를 예언된 메시아, 세상의 구원주로 믿었다.

---

32 "이 사람들은 계보 중에서 자기 이름을 찾아도 얻지 못하므로 그들을 부정하게 여겨 제사장의 직분을 행하지 못하게 하고"(스 2:62).

b. 현대 독자들은 당혹스러울 수도 있겠으나 옛 유대인 독자들이라면 친숙하게 받아들일 점이 있다. 그것은 한 사람이 두 가문에 속할 수 있다는 것이다. 하나는 본래의 친 가문이고, 다른 하나는 결혼한 아내의 가문을 말한다. 그래서 그는 두 명의 아버지를 가질 수 있다. 친아버지와 아내의 아버지를 말한다. 이러한 경우가 구약에서도 발견된다. 바빌론 포로 귀환 시기에 하비야, 학고스, 바르실래 제사장 족속은 그들의 계보를 증명할 아무런 기록을 발견할 수 없었다.[33] 그들 중 바르실래는 길르앗 사람 바르실래의 여인과 결혼하였고 장인이 되는 바르실래의 이름을 취하였다.

그러나 계보 중에서 그 이름을 찾지 못하였기에 제사장으로서 받아들여지지 않았다. 같은 경우가 느헤미야 7장 63-64[34]절에서도 쓰였다. 역대상 2장 21-22절에서 헤스론이 60세일 때 길르앗의 아버지 마길의 딸, 즉 길르앗의 누이와 결혼하였다. 그리고 길르앗 땅에서 스물 세 개의 성읍을 통치했던 야일이라는 이름의 아들을 가졌다. 마길은 므낫세 족속의 장이었기 때문에 야일은 므낫세의 아들이라 불렸다.[35]

---

[33] "제사장 중에는 하비야 자손과 학고스 자손과 바르실래 자손이니 바르실래는 길르앗 사람 바르실래의 딸 중의 한 사람을 아내로 삼고 바르실래의 이름을 따른 자라"(스 2:61).

[34] "제사장 중에는 호바야 자손과 학고스 자손과 바르실래 자손이니 바르실래는 길르앗 사람 바르실래의 딸 중의 하나로 아내를 삼과 바르실래의 이름으로 불린 자라 이 사람들은 계보 중에서 자기 이름을 찾아도 찾지 못하였으므로 그들을 부정하게 여겨 제사장의 직분을 행하지 못하게 하고"(느 7:63-64).

[35] "므낫세의 아들들은 그의 아내가 낳아 준 아스리엘과 그의 소실 아람 여인이 낳아준 길르

c. 마태는 야곱의 아들 요셉까지 예수의 계보를 추적하였고, 이를 족장들, 왕들, 그리고 그 후손들로 구성되는 세 그룹으로 나누었다. 다윗은 왕들 중 한 명일뿐 아니라 족장들 중 하나로 여겨졌다. 마태는 아브라함까지 예수의 계보를 추적했는데 이는 마태가 유대인들을 염두에 두고 글을 썼기 때문이다. 누가는 예수의 계보를 동정녀 마리아에게 연결시켰다. 그리고 요셉이 헬리의 아들임을 언급하였다.[36] 그러므로 그는 요셉에게 장인의 이름을 준 것이다. 그리고 누가는 "사람들이 아는 대로" 예수가 요셉의 아들임을 말하면서 아담과 하나님까지 예수의 계보를 거슬러 올라갔다.

d. 족보에서 어떤 이름을 삭제하는 것은 유대 역사가들에게는 문제가 아니었고 그 기록의 신뢰도를 손상시키는 것도 아니었다. 마태는 예수의 족보에서 여호람과 웃시야 사이에 통치했던 아하샤, 요아스, 그리고 아마샤, 세 왕의 이름을 배제시켰다.

e. 가계도는 마태와 누가가 복음을 목적으로 창세기 3장 15절[37]에

---

앗의 아버지 마길이니 마길은 훔빔과 숩빔의 누이 마아가라 하는 이에게 장가 들었더라 므낫세의 둘째 아들의 이름은 슬로브핫이니 슬로브핫은 딸들만 낳았으며 마길의 아내 마아가는 아들을 낳아 그의 이름을 베레스라 하였으며 그의 아우의 이름은 세레스이며 세레스의 아들들은 울람과 라겜이요 울람의 아들들은 브단이니 이는 다 길르앗의 자손이라 길르앗은 마길의 아들이요 므낫세의 손자이며"(대상 7:14-17). "모세가 길르앗을 므낫세의 아들 마길에게 주매 그가 거기 거주하였고 므낫세의 아들 야일은 가서 그 촌락들을 빼앗고 하봇야일이라 불렀으며"(민 32:40-41).

36 "예수께서 가르치심을 시작하실 때에 삼십 세쯤 되시니라 사람들이 아는 대로는 요셉의 아들이니 요셉의 위는 헬리요"(눅 3:23).

37 "내가 너로 여자와 원수가 되게 하고 네 후손도 여자의 후손과 원수가 되게 하리니 여자의 후손은 네 머리를 상하게 할 것이요 너는 그의 발꿈치를 상하게 할 것이니라 하

서 예언한 예수가 여자의 후손이라는 점을 우리에게 보여주기 위해 썼음을 보여준다. 가나안 사람인 다말, 아모리인 라합, 모압인 룻, 그리고 유대인인 동정녀 마리아의 이름들은 예수가 모든 인류를 포함하는 사람의 아들이고, 모든 이들을 구하러 오신 메시아임을 가리킨다. 예수는 모든 이를 위한 구세주이다. 예수의 조상들 중 일부는 왕들이었고, 다른 이들은 천막에서 살던 목자였다.[38]

### 반론

"유다로부터 살몬까지의 시간은 거의 300년이고, 살몬부터 다윗까지는 400년이다. 마태는 처음 기간을 7세대로 두 번째 기간은 다섯 세대로 기록하였다. 이는 첫 기간의 사람들이 두 번째 기간의 사람들보다 더 오래 살았기 때문에 분명한 실수이다."

### 응답

이 주장을 무효화하는 역사로부터 나온 예시가 하나 있다. 처음 네 칼리프인 아부바크르, 우마르, 우스만 그리고 알리의 기간은 29년에 걸쳐 이어졌다. 다음의 우마야드 왕조의 시대는 무아위야로부터 시작하여 마르완으로 끝나기까지 14명의 칼리프를 포함한다. 이 왕조는 89년, 대략 1,068개월에 걸쳐 이어졌다. 위의 규칙에 따르면 나중

---

시고"(창 3:15).
38  눅 3:23-38의 반론에 대한 대답을 참고하라.

사람은 그 반대가 아니라 더 짧은 삶을 살아야한다. 만약 우리가 역사를 더 거슬러 올라가 본다면 파티마 왕조는 205년에 걸쳐 다른 왕조보다 더 오래 통치했었다. 그리고 칼리프의 숫자는 14명이었다. 따라서 그 기간은 비록 역사적으로 우마야드나 라쉬드의 때보다 현대와 좀 더 가깝지만 우마야드 왕조의 거의 두 배에 가깝다.

### 반론

"마태가 언급한 세부분으로 나누어진 계보 중 두 번째 부분의 세대는 14명이 아닌 18명의 사람들로 구성되었다. 이는 역대상 3장 10-16절[39]을 보면 명확하다. 또한 마태복음 1장에서 말하기를 요람이 웃시야(혹은 아사랴)를 낳았다고 하는데, 이는 아하시야의 아들인 요아스가 아마샤를 낳았고, 아마샤는 웃시야를 낳았기 때문에 잘못되었다.[40] 이 세 사람은 열왕기하 8장, 12장, 14장과 역대하 22장, 24

---

[39] "솔로몬의 아들은 르호보암이요 그의 아들은 아비야요 그의 아들은 아사요 그의 아들은 여호사밧이요 그의 아들은 요람이요 그의 아들은 아하시야요 그의 아들은 요아스요 그의 아들은 아마샤요 그의 아들은 아사랴요 그의 아들은 요담이요 그의 아들은 아하스요 그의 아들은 히스기야요 그의 아들은 므낫세요 그의 아들은 아몬이요 그의 아들은 요시야이며 요시야의 아들들은 맏아들 요하난과 둘째 여호야김과 셋째 시드기야와 넷째 살룸이요 여호야김의 아들들은 그의 아들 여고냐 그의 아들 시드기야요"(대상 3:10-16).

[40] 이해를 돕기 위해 남유다의 왕들을 정리해 보면
1대: 솔로몬의 아들 르호보암
2대: 아비야
3대: 아사(그의 통치 시대에 북이스라엘의 왕은 7명이 바뀌었다)
4대: 여호사밧(35세 즉위, 25년간 통치)
5대: 여호람(32세 즉위, 8년간 통치, 아합의 왕비였던 이세벨의 딸 아달랴와 결혼, 즉 아합의 사위)
6대: 아하시야(여호람의 막내 아들, 42세 즉위, 1년간 통치, 어머니 아달랴의 꾐에 빠져 악을 행함)

장, 25장에서 서술한 유명한 왕들이다. 이는 노골적인 오류이다."

## 응답

마태는 요아스, 아마샤, 웃시아를 누락시켰다. 그 이유는 여호람이 이교도였던 악명 높은 이세벨의 남편인 아합의 딸과 결혼하여 그의 계보에 든 아하시야의 가계를 낳았기 때문이다. 따라서 세명의 이름을 네 번째 세대까지 가문에서 삭제한 것은 여호람의 죄에 따른 형벌이었다. 하나님은 "…나 네 하나님 여호와는 질투하는 하나님인즉 나를 미워하는 자의 죄를 갚되 아버지로부터 아들에게로 삼사 대까지

7대: 아달랴(이세벨의 딸로 악한 여왕이다. 아하시야의 어머니)
8대: 요아스 (아하시야의 아들, 아달랴가 왕족을 멸족시켰으나 살아남아 어린 나이에 왕이 됨)
9대: 아마샤
10대: 웃시야 혹은 아사랴(16세에 즉위하여 52년간 통치, 처음엔 정직하였으나 산당을 제거하지 않고 교만하여 나중에 나병환자가 되어 대신 요담이 통치)
11대: 요담(정직히 행함, 성전 윗문 건축, 산당을 제거하지 않음)
12대: 아하스(악을 행함)
13대: 히스기야 (산당 제거, 아세라 목상과 주상, 놋뱀을 부숨, 성전을 수리, 앗수르의 위협을 이기고, 병들었다가 기도로 살아남)
14대: 므낫세(12세에 즉위 55년간 통치. 아버지 히스기야가 없앤 산당을 다시 세우고, 바알을 위한 제단과 아세라 목상 하늘의 일월성신을 하나님의 성전에서 제단을 쌓고 경배)
15대: 아몬(22세 즉위, 2년간 통치)
16대: 요시야(8세 즉위, 55년간 통치, 율법책 발견, 이방예배를 없앰, 유월절이 지켜짐, 여호와 보시기에 정직히 행하고 다윗의 길로 행함)
17대: 여호아하스(23세 즉위, 석 달간 통치, 악을 행함, 애굽으로 포로로 끌려감)
18대: 여호야김(25세 즉위, 11년간 통치, 요시야의 아들 엘리아김이었으나 애굽 바로 느고에 의해 왕이 되어 이름을 여호야김으로 고침, 은과 금을 바로에게 바치고, 이를 백성에게서 징수함, 바벨론 느부갓네살에 의해 정복당함)
19대: 여호야긴(18세 즉위, 3달간 통치, 악을 행함, 바벨론에 의해 포로가 됨, 포로가 된 여호야긴은 37년 후 바벨론 왕 에윌므로닥에 의해 풀려나 왕의 대접을 받음)
20대: 시드기야(21세 즉위, 11년간 통치, 악을 행하고 바벨론 왕을 배반하였다가 멸망당하여 두 눈을 뽑은 후 포로로 바벨론으로 끌고 감, 그 후 성전 붕괴)

이르게 하거니와"라고 출애굽기 20장 5절에 말씀하셨다.

그리고 우리는 마태가 좀 더 기억하기 쉽도록 계보를 축약했음을 추정할 수 있다. 에스라도 그가 아론의 가계라는 것을 증명하기 위한 일에 착수 했을 때 같은 일을 하였다. 그는 그의 목록에서 6세대를 누락시켰는데,[41] 에스라의 목적은 간결성이었다. 비슷하게 무슬림들은 무함마드가 사실 압드 알-무탈립 하셈(Abd al-Muttalib b. Hashem)의 아들인 압둘라의 아들이지만 하심의 아들이라 말한다. 마태는 또한 그들 중 한 명, 요아스는 왕의 무덤에 묻히지 못했고[42] 다른 두 명은 살해당하였기 때문에 이 이름들을 무시했을 지도 모른다. 또한 그들의 조상인 여호람이 이교도 아합의 후손이기 때문이기도 하다.

지성적인 존재인 우리들이 무지한 것들에 대해 살피고 조사해야하는 것은 마땅한 의무이다. 그러나 우리들의 연구는 겸손과 함께 우리가 오류를 범하기 쉽고 연약하다는 인식 아래 행해져야만 한다. 우리는 교만하게 거창하기만 한 주장을 하거나, 성령의 영감을 부인하거나 진실로부터 우리의 귀를 닫아서는 안 된다. 뛰어난 지혜와 신성한 하나님은 이 세 왕의 이름이 계보에서 삭제되는 것이 적절하다고 보셨다.

---

41  스 7:1-5과 대상 6:3-15을 비교해 보라.
42  "요아스가 크게 부상하매 적군이 그를 버리고 간 후에 그의 신하들이 제사장 여호야다의 아들들의 피로 말미암아 반역하여 그를 그의 침상에서 쳐죽인지라 다윗 성에 장사하였으나 왕들의 묘실에는 장사하지 아니하였더라"(대하 24:25).

### 반론

"마태복음 1장 12절에서 스룹바벨이 스알디엘의 아들이라고 되어 있는데, 이는 잘못된 것이다. 그는 역대상 3장 17-19절[43]에 기록되어 있듯이 스알디엘의 조카인 브다야의 아들이다."

### 응답

에스라 3장 2절, 5장 2절, 느헤미야 12장 1절, 학개 1장 1절[44]에서 스룹바벨은 스알디엘의 아들이라는 것을 발견할 수 있다. 역사가 요세푸스 또한 스룹바벨이 스알디엘의 아들이라고 기록하였다. 만약 역대상 3장 19절의 진술대로 스룹바벨이 브다야의 아들이라고 한다면, 이는 유대인들이 할아버지와 손자를 연관시키면서 손자를 할아버지의 아들이라 부르는 관습 때문일 것이다. 창세기 29장 5절에서 라반은 사실 나홀의 자식인 브두엘의 아들이었지만 라반을 나홀의 아들이라 부르고 있다.[45] 그러나 만약 우리가 스알디엘과 브다야가 형

---

43 "사로잡혀 간 여고냐의 아들들은 그의 아들 스알디엘과 말기람과 브다야와 세낫살과 여가먀와 호사마와 느다뱌요 브다야의 아들들은 스룹바벨과 시므이요 스룹바벨의 아들은 므술람과 하나냐와 그의 매제 슬로밋과"(대상 3:17-19).

44 "요사닥의 아들 예수아와 그의 형제 제사장들과 스알디엘의 아들 스룹바벨과 그의 형제들이 다 일어나 이스라엘 하나님의 제단을 만들고…"(스 3:2).
"이에 스알디엘의 아들 스룹바벨과 요사닥의 아들 예수아가 일어나…"(스 5:2).
"스알디엘의 아들 스룹바벨과 예수아와 함께 돌아온 제사장들과 레위 사람들은 이러하니라…"(느 12:1).
"다리오 왕 제 이년 여섯째 달 곧 그 달 초하루에 여호와의 말씀이 선지자 학개로 말미암아 스알디엘의 아들 유다 총독 스룹바벨과 여호사닥의 아들 대제사장 여호수아에게 임하니라 이르시되"(학 1:1).

45 "야곱이 그들에게 이르되 너희가 나홀의 손자 라반을 아느냐 그들이 이르되 아노라" 개역

제라는 것을 이해한다면 스룹바벨은 레위기의 율법을 따라 그들 중 한 명의 친아들이자 다른 이의 법적 아들이 될 수 있다. 아무튼 스룹바벨이 마태복음에 기록된 대로 스알디엘의 아들이라면, 이는 어떤 관점에서 보든 정확한 사실이고 역사뿐만 아니라 성경의 나머지와도 일치한다.

### 반론

"마태복음 1장 13절에서 아비훗은 스룹바벨의 아들이라 한다. 그런데 역대상 3장 19-20절[46]에서 스룹바벨이 5명의 아들을 두었으나 그들 중 아무도 아비훗이라는 이름이 없다는 점을 보면 이는 명백한 잘못이다."

### 응답

한 사람을 다양한 이름으로 부르는 것은 유대의 관습이다. 이 관습은 아랍에서도 생활화되어있다. 이 관습은 포로시기에 유대인들에게 퍼졌다. 이를 증명하는 것이 다니엘 1장 6-7절[47]에 언급되어있다. 사

---

개정판에는 아들이 아니라 손자라 나옴.
"내가 그에게 묻기를 네가 뉘 딸이냐 한즉 이르되 밀가가 나홀에게서 낳은 브두엘의 딸이라 하기로 내가 코걸이를 그 코에 꿰고 그 손 목걸이를 그 손에 끼우고"(창 24:47).

46  "브다야의 아들들은 스룹바벨과 시므이요 스룹바벨의 아들은 므술람과 하나냐와 그의 매제 슬로밋과 또 하수바와 오헬과 베레갸와 하사댜와 유삽헤셋 다섯 사람이요"(대상 3:19-20).

47  "그들 가운데는 유다 자손 곧 다니엘과 하나냐와 미사엘과 아사랴가 있었더니 환관장이 그들의 이름을 고쳐 다니엘은 벨드사살이라 하고 하나냐는 사드락이라 하고 미사엘은 메삭이라 하고 아사랴는 아벳느고라 하였더라"(단 1:6-7).

무엘하 3장 3절[48]과 역대상 3장 1절도 함께 비교해 보라.

사도 마태는 유대인들에게 보관되어온 기록에서 스룹바벨로부터 예수 그리스도까지의 족보를 그대로 복사했다. 이 기록들은 예루살렘에서 극도의 보호로 보관되어온 것이다. 모든 전쟁이 끝나고 제사장들은 어느 성직자의 아내가 포로로 끌려갔고 어느 누가 성직자의 아내로 더 이상 알맞지 않은지를 밝히기 위해 그들의 계보를 개정하였다. 요세푸스는 2000년의 기간 동안 유대인의 계보도가 존재했고 예루살렘이 파괴되기까지 보존되어왔다고 기록했다. 포로기의 백관들은 그들의 조상이 다윗으로 거슬러 올라간다고 언급했다. 다른 이들은 그들의 계보가 선지자 사무엘까지 거슬러 올라간다는 것을 보여주었다. 자신들의 계보를 보존하려는 유대인들의 열정은 그들에게 굉장히 중요하다.

그 이유는 그렇게 함으로써 그들의 출신을 자랑할 수 있고, 땅의 권리를 보존하고 제사 직책의 위치를 보존할 수 있기 때문이다. 요세푸스는 또한 다름 아닌 자신이 유대인에 의해 보존된 공공의 기록물에서 그의 조상을 발견하였었다고 주장했다. 경우가 이러한데 유대인들이 왕족 가계들에 대한 공공의 기록들을 보존하기 위해 얼마나 노력을 했겠는가. 만약 사도 마태가 마태복음 1장 예수의 족보를 기록할 때 왕들에 대해 유대인의 기록에서 벗어난 기록을 하였다면 유

---

48 "둘째는 길르압이라 갈멜 사람 나발의 아내였던 아비가일의 소생이요 셋째는 압살롬이라 그술 왕 달매의 딸 마아가의 아들이요"(삼하 3:3).
"다윗이 헤브론에서 낳은 아들들은 이러하니 맏아들은 암논이라 이스르엘 여인 아히노암의 소생이요 둘째는 다니엘이라 갈멜 여인 아비가일의 소생이요"(대상 3:1).

대인들은 마태가 쓴 이 족보를 비난하며 반대하였을 것이다. 그러나 아무도 이 기록을 거부하지 않았다. 왜냐하면 그는 모든 이들이 받아들인 정확한 사실을 기록했기 때문이다.

### 반론

"마태복음 1장 17절에서 '그런즉 모든 대 수가 아브라함부터 다윗까지 열네 대요 다윗부터 바벨론으로 사로잡혀 갈 때까지 열네 대요 바벨론으로 사로잡혀 간 후부터 그리스도까지 열네 대더라.'라고 말씀한다. 그래서 우리는 예수까지의 족보를 세 부분으로 나누어 각 부분이 14세대로 이루어졌다는 것을 알 수 있다. 그러나 이것은 오류가 있다. 처음 부분은 다윗에서 끝난다. 그러므로 그는 솔로몬에서 시작하여 여고냐까지 이르는 다음 부분의 시작에서 제외되어야 한다. 만약 여고냐가 두 번째 부분의 끝이라면, 그는 세 번째의 첫 부분에 사용될 수 없다. 이것은 세 번째 부분이 스알디엘에서 시작하여 예수로 끝난다는 것을 의미하는데 이는 단지 13대에 불과하다. 기독교 학자들은 이러한 불일치를 설명하려는 노력을 하지 않고 설명을 해도 빈약하다."

### 응답

마태복음 1장 11절의 대답을 보라.

### 반론

"마태복음 1장 19절에서 요셉은 마리아의 임신사실을 알았을 때,

20절에서 천사가 요셉에게 나타나 말씀하기까지 비밀리에 마리아와 끊고자 하였다.[49] 그러나 누가는 1장 26-27절[50]에서 천사가 마리아에게 나타나 그녀의 임신을 알려주었다고 기록했다."

### 응답

두 사건 모두 진실이다. 천사는 마리아에게 먼저 나타났고 그 다음에 요셉에게도 나타났다. 마리아는 요셉에게 천사의 전언을 알리지 못했다. 왜냐하면 그녀의 변명은 그를 만족시키지 못하리라는 것을 알았기 때문이다. 게다가 그녀는 고백할 것이 아무것도 없었다. 그녀는 다만 그녀의 결백을 입증해줄 주님을 기다렸다. 주님은 구세주의 어머니가 될 그녀를 명예롭게 하셨고, 그녀는 주님이 요셉과 모두에게 그녀의 순결을 분명히 말해주리라는 것을 확신했다.

### 반론

"마태복음 1장 22-23절에서 '이 모든 일이 된 것은 주께서 선지자로 하신 말씀을 이루려 하심이니 이르시되 보라 처녀가 잉태하여 아들을 낳을 것이요 그의 이름은 임마누엘이라 하시리라 하셨으니 이

---

[49] "그의 남편 요셉은 의로운 사람이라 그를 드러내지 아니하고 가만히 끊고자 하여 이 일을 생각할 때에 주의 사자가 현몽하여 이르되 다윗의 자손 요셉아 네 아내 마리아 데려오기를 무서워하지 말라 그에게 잉태된 자는 성령으로 된 것이라"(마 1:19-20).

[50] "여섯째 달에 천사 가브리엘이 하나님의 보내심을 받아 갈릴리 나사렛이란 동네에 가서 다윗의 자손 요셉이라 하는 사람과 약혼한 처녀에게 이르니 그 처녀의 이름은 마리아라"(눅 1:26-27).

를 번역한즉 하나님이 우리와 함께 계시다 함이라.'라는 말씀을 볼 수 있다. 유대인 학자들은 이사야를 선지자로 인정하는데, 이사야서 7장 14절에 기록하기를 '그러므로 주께서 친히 징조를 너희에게 주실 것이라 보라 처녀가 잉태하여 아들을 낳을 것이요 그의 이름을 임마누엘이라 하리라'라고 하고 있다. 이것은 여러 가지 면에서 잘못이다. 마태는 이사야서에 '알마'(alam)의 여성형인 'alma'로 기록한 단어를 '처녀'로 번역하였다. 유대인 학자들 사이에서 이 단어의 의미는 그녀가 처녀이든 아니든 단지 젊은 여성을 의미하는 것이다.

이 용어는 또한 잠언 30장에서 결혼한 젊은 여성을 가리키는 것으로 쓰였다. B.C. 129년, 165년, 그리고 200년의 세 헬라어 번역본(Targums)에서도 이사야의 이 단어는 젊은 여성을 의미한다. 학자 프레이(Frey)는 이 단어가 처녀와 젊은 여성 모두를 가리킨다고 말한다. 그러나 동정녀 마리아의 경우에만 특별하게 처녀라는 의미를 부여하는 것은 그렇게 할 만한, 입증할 수 있는 증거가 있어야 한다. 게다가 그 단어를 처녀로 사용하는 것은 『미잔 울 하크』(Mizan Ul-Haqq) 저자의 잘못이다."

### 응답

유대인들은 예수 그리스도가 하나님의 영원하신 말씀이라고 믿는 것을 거부했기 때문에 분명히 의심할 여지가 없음에도 불구하고 예수를 예언에 적용되지 않을 방법을 찾아 예언 해석을 했다. 그러나 유대인이나 예수 그리스도를 알지 못하는 불신자들을 제외하면 위의 경우 예언들은 너무 명확하여 고려해야 할 필요가 없었다. 무슬림들도 동정녀 마리아에게서 예수가 태어났음을 인정한다. 꾸란은 "하나님"이 모든 여성들보다 마리아를 더 좋아했음을 선언하고 유대인이 마리아를 중상모략하고 있다고 비판한다. 또한 요람의 예수가 일어나 사람들에게 선언하는 장면 등을 볼 때, 꾸란은 "하나님"이 마리아를 사랑하고, 예수를 "성령"으로 잉태하였고, 여전히 처녀였음을 증언하고 있음이 분명하다.[51] 그러므로 예수와 마리아의 적들에 의해 사용되는 공허한 논쟁을 붙잡아서는 안 된다. 이것들은 유대인들과 믿지 않는 자들의 계책이다.

### 반론

"아무도, 그의 아버지와 어머니조차도 예수를 임마누엘이라 부르지 않았다. 마태복음과 누가복음에 기록하기를 천사도 마리아와 요셉 모두에게 그를 예수라 부르라고 말했다."

### 응답

임마누엘이라는 단어는 "God with us"의 의미이다. 마태는 성령의 영감으로 복음서를 썼고 그를 예수 그리스도라고 언급하는데 그 이유는 그가 우리와 함께 육신으로 계시는 영원하신 말씀이기 때문이다. 사도 요한은 요한복음 1장 1절과 1장 14절에서 "태초에 말씀

---

51  Sura The House of Imran 3:42; Sura The Forbidding 66:12; Sura The believers 23:50; Sura Women 4:156; Sura Mary 19:20,21,34.

이 계시니라 이 말씀이 하나님과 함께 계셨으니 이 말씀은 곧 하나님이시니라" "말씀이 육신이 되어 우리 가운데 거하시매 우리가 그의 영광을 보니 아버지의 독생자의 영광이요 은혜와 진리가 충만하더라"라고 썼다.

사도 바울은 디모데전서 3장 16-17절에서 다음과 같이 말하였다.

> 크도다 경건의 비밀이여, 그렇지 않다 하는 이 없도다 그는 육신으로 나타난 바 되시고 영으로 의롭다 하심을 받으시고 천사들에게 보이시고 만국에서 전파되시고 세상에서 믿은 바 되시고 영광 가운데서 올려지셨느니라(딤전 3:16-17).

예수도 이를 그의 가르침 가운데 말씀하셨다. 그 자신이 참으로 하나님이고, 영원하심과 힘과 능력과 본질과 동등하다 하셨다.[52]

---

52 "예수께서 그들에게 이르시되 내 아버지께서 이제까지 일하시니 나도 일한다 하시매 유대인들이 이로 말미암아 더욱 예수를 죽이고자 하니 이는 안식일을 범할 뿐만 아니라 하나님을 자기의 친 아버지라 하여 자기를 하나님과 동등으로 삼으심이러라 그러므로 예수께서 그들에게 이르시되 내가 진실로 진실로 너희에게 이르노니 아들이 아버지께서 하시는 일을 보지 않고는 아무 것도 스스로 할 수 없나니 아버지께서 행하시는 그것을 아들도 그와 같이 행하느니라 아버지께서 아들을 사랑하사 자기가 행하시는 것을 다 아들에게 보이시고 또 그보다 더 큰 일을 보이사 너희로 놀랍게 여기게 하시리라 아버지께서 죽은 자들을 일으켜 살리심 같이 아들도 자기가 원하는 자들을 살리느니라 아버지께서 아무도 심판하지 아니하시고 심판을 다 아들에게 맡기셨으니 이는 모든 사람으로 아버지를 공경하는 것 같이 아들을 공경하게 하려 하심이라 아들을 공경하지 아니하는 자는 그를 보내신 아버지도 공경하지 아니하느니라 내가 진실로 진실로 너희에게 이르노니 내 말을 듣고 또 나 보내신 이를 믿는 자는 영생을 얻었고 심판에 이르지 아니하나니 사망에서 생명으로 옮겼느니라"(요 5:17-24).
"그들이 말하되 네가 누구냐 예수께서 이르시되 나는 처음부터 너희에게 말하여 온 자니라"(요 8:25).
"하물며 아버지께서 거룩하게 하사 세상에 보내신 자가 나는 하나님의 아들이라 하는 것으

이처럼 구약과 신약 모두 영원하신 말씀이신 예수 그리스도가 인간의 모습으로, 즉 "임마누엘," 우리와 함께 하시는 하나님으로 오신다는 중요한 진실을 표현한다. 선지자 이사야는 예수 그리스도가 탄생하기 740여 년 전에 7장 14절에서 그 예언을 하였다. 다른 예언들도 예수에 대한 것으로 가득 차있다. 구약에서는 예수와 그의 행적에 관한 징조를 보여주는 많은 사건들이 있다. 그것들 중 일부는 예수의 "types"에 관한 것이다. 유다 왕 다윗이 그렇다. 선지자들은 그의 죽음 이후 오랜 동안 다윗에 대하여 이야기했다.[53] 그러니까 예수의 일대기와 관련하여 마태는 선지자의 예언들이 그를 가리키는 것이라 말한 것이다. 그는 성경을 따라 아브라함과 다윗의 자손 예수 그리스도의 계보로 마태복음을 시작하였다.

그리고 그는 예수가 이사야의 예언을 따라 동정녀의 몸에서 태어났고, 선지자 미가의 예언에 따라 유대의 베들레헴에서 태어났다는 것을 언급한다. 계속해서 그는 예레미야의 예언에 따라 어떻게 라헬

---

로 너희가 어찌 신성모독이라 하느냐만일 내가 내 아버지의 일을 행하지 아니하거든 나를 믿지 말려니와내가 행하거든 나를 믿지 아니할지라도 그 일은 믿으라 그러면 너희가 아버지께서 내 안에 계시고 내가 아버지 안에 있음을 깨달아 알리라 하시니"(요 10:36-38).

53 "그 후에 이스라엘 자손이 돌아와서 그들의 하나님 여호와와 그들의 왕 다윗을 찾고 마지막 날에는 여호와를 경외하므로 여호와와 그의 은총으로 나아가리라"(호 3:5).
"그들은 그들의 하나님 여호와를 섬기며 내가 그들을 위하여 세울 그들의 왕 다윗을 섬기리라"(렘 30:5).
"내가 한 목자를 그들 위에 세워 먹이게 하리니 그는 내 종 다윗이라 그가 그들을 먹이고 그들의 목자가 될지라 나 여호와는 그들의 하나님이 되고 내 종 다윗은 그들 중에 왕이 되리라 나 여호와의 말이니라"(겔 34:23-24).
"내가 내 종 야곱에게 준 땅 곧 그의 조상들이 거주하던 땅에 그들이 거주하되 그들과 그들의 자자 손손이 영원히 거기에 거주할 것이요 내 종 다윗이 영원히 그들의 왕이 되리라"(겔 37:25).

이 라마에 그녀의 아이를 데려갔는지, 그리고 호세아의 예언에 따라 어떻게 그가 애굽에서 나사렛으로 부름 받았는지를 묘사한다. 즉 사도 마태는 이 예언들이 예수에게 적용되는 것이 올바르다 여겼고, 이는 구약의 선지자들을 감동시킨 같은 성령이 그 예언을 해석함에 있어서도 그들에게 같은 영감을 주었기 때문이다.

### 반론

"마태복음 2장과 누가복음 2장을 비교해 볼 때 차이가 있다. 마태복음에서 예수의 부모님은 그의 탄생 후 베들레헴에서 살았고, 거의 2년을 머물렀다. 그리고 그 후에 그들은 애굽으로 가서 헤롯이 죽기까지 거기에 머물렀으며 그 후 나사렛으로 돌아왔다. 그러나 누가복음에서는 마리아의 정결예식 후에 그 가족이 예루살렘으로 왔다. 정결예식 후에 나사렛으로 돌아가 거기서 살았다. 해마다 유월절에는 세 사람 모두 예루살렘으로 갔다. 예수가 열두 살이 되었을 때 예수는 부모가 알지 못한 채로 3일 동안 예루살렘에 있었다. 여기서는 베들레헴에 박사들이 방문할 어떤 기회도 없었다. 박사들의 방문이 나사렛이었다고 추측해 본다면, 마리아와 요셉이 애굽으로 여행할 가능성이 있을 수 없다. 요셉은 유다를 떠나지 않은 것이다."

### 응답

a. 마태복음과 누가복음은 내용상 서로 상충되는 점이 없다. 단지 누가가 애굽까지의 여정을 언급하지 않았다고 해서 그것이 일어

나지 않았음을 의미하는 것은 아니다. 다른 관점에서 보면, 만일 두 저자가 모든 세부사항에 동의하여 똑같이 복음서를 기록했다고 하여도 무신론자들은 그들 사이에 음모가 있는 것 아니냐며 고발할 수 있을 것이다. 사실, 그들이 사건들을 묘사함에 있어 보인 차이는 그들의 진실성을 증명한다.

b. 만약 단지 한 명의 복음서 저자만이 있었다면, 그리고 이야기와 연대에 첨가나 삭제가 있었다면, 그 저자는 흠 있는 기술(記述)로 비난받아 마땅하다. 그러나 당연히 두 복음서의 저자는 그러한 오류에서 자유롭다.

마태복음 2장과 누가복음 2장을 비교해 본 사람이라면 누구든지 그 내용이 한결같고 상호보완적이라는 것을 발견할 것이다. 또한 표현상에 약간의 차이가 있지만, 이는 항상 그런 것이다. 만일 둘 혹은 더 많은 역사가들이 한 사건을 묘사한다면, 다양성, 생략, 첨가, 그리고 사건 순서의 재배치, 부가설명, 퇴고, 혹은 축약 등이 항상 발생할 것이다. 물론 주님이 성령으로 사도들에게 영감을 주었지만 예수의 이야기를 기록할 때 주님은 사도들의 개인적인 특성과 그들이 경험했던 환경과 상황을 보는 관점을 억누르지 않으신다.

### 반론

"마태복음 2장에서 헤롯과 예루살렘에 거주하던 모든 이들이 동방박사가 가져온 유대의 왕의 탄생에 대한 소식을 듣고 소동에 빠졌다.⁵⁴ 그런데 누가복음 2장에서는 예수의 부모님들이 모세의 법대로 정결예식을 하러 예루살렘에 갔을 때, 그곳에는 성령이 주의 그리스도를 보기 전에는 죽지 아니하리라는 계시를 내렸던 시므온이라는 사람이 있었고, 아기 예수를 보고 구원을 보았다고 말하였다. 또 경건한 선지자인 안나라는 여인이 있어 이때에 나아와 하나님께 감사하고, '예루살렘의 구원을 바라는 모든 사람'에게 그에 대해 말하였다. 시므온과 안나가 그러한 소식을 전했다는 사실은 예루살렘의 모든 이들이 예수를 반대한 것이 아니라는 점을 보여주는 것이다."

### 응답

박사들이 예루살렘에 왔을 때, 그들은 이미 태어났을 유대의 왕에 대해 물어봤다. 헤롯이 이를 듣고 그는 불안에 빠졌다. 이는 그의 왕위를 빼앗을 지도 모르는 자의 탄생에 대한 당연한 반응이다. 모든 예루살렘인 또한 매우 불안해하였다. 선지자 시므온과 안나는 구세주의 탄생에 대한 하나님의 감동을 받았다. 그 소식은 널리 알려지지 않았고, 은밀히 예루살렘에서 구원을 기다리는 자들에게만 나누어졌다. 이것은 시므온과 안나가 한 말을 왕이 들었음을 의미하는 것은 아니다.

또 비록 왕과 그의 사람들이 그 소식을 들었다 하더라도, 그들은

---

54 "헤롯 왕 때에 예수께서 유대 베들레헴에서 나시매 동방으로부터 박사들이 예루살렘에 이르러 말하되 유대인의 왕으로 나신 이가 어디 계시냐 우리가 동방에서 그의 별을 보고 그에게 경배하러 왔노라 하니 헤롯 왕과 온 예루살렘이 듣고 소동한지라"(마 2:1-3).

크게 주의를 기울이지는 않았을 것이다. 왜냐하면 정치적인 것이 아니라 종교적인 사건으로 다루어졌을 것이기 때문이다. 그러나 동방에서 온 박사들이 왕의 탄생을 말했을 때 이것은 정치적인 문제였고 헤롯과 예루살렘을 두려움에 빠뜨렸다.

### 반론

"마태복음 2장 1-10절에서 동방에서 온 박사들은 예루살렘까지 출생의 별을 따라 방문하였다. 그 후 동방에서 본 그 별이 그들을 앞서 인도하였고, 아기 예수가 있는 곳 위에 머물러 섰다. 그런데, 혜성과 행성은 서쪽에서 동쪽으로 움직이거나, 동쪽에서 서쪽으로 움직이기 때문에 마태복음에는 오류가 있다. 베들레헴은 예루살렘의 남쪽에 있기 때문이다. 일부 혜성은 어느 정도 남쪽으로 기울어 움직이지만, 이런 경향은 지구의 궤도 탓에 매우 드물다. 그래도 그런 혜성이 그런 드문 별이라고 쳐도 이 남쪽으로 기울어진 혜성이 더 오랜 기간 관측되는 것이 가능하려면 지구상의 사람의 시각에서 그의 걸음은 하늘의 혜성의 움직임보다 훨씬 더 빨라야 한다."

### 응답

복음서는 박사들이 동쪽에서 왔다고 말하고 있기 때문에 예루살렘은 북쪽이나 남쪽이 아니라는 결론이 나온다. 동방에서부터 박사들의 출현은 이상한 사건이 아니다. 하나님은 동방에서 페르시아의 키

로스[55]를 유대인의 후원자로 일으키셨다.[56] 민수기에서 발람도 비슷하게 동쪽에서 왔다.[57] 어떤 이들은 박사들에 대하여 원래 유대계 사람들이라고 주장한다. 그리고 반대로 다른 이들은 그것을 부정하기도 한다. 만약 박사들이 정말로 유대인이라면 그들은 그리스도와 관계된 예언들을 의심 없이 들었을 것이다. 그들은 필시 민수기 24장 17절에서 발람에 의해 언급된 별로 나타나는 하늘의 징조를 믿었으리라.

> 내가 그를 보아도 이 때의 일이 아니며 내가 그를 바라보아도 가까운 일이 아니로다 한 별이 야곱에게서 나오며 한 규가 이스라엘에서 일어나서 모압을 이쪽에서 저쪽까지 쳐서 무찌르고 또 셋의 자식들을 다 멸하리로다(민 24:17).

만일 박사들이 유대인이 아니었다면 이들은 필시 망명한 유대인으로부터 이를 들었을 수도 있다. 유대인을 위한 구세주가 오리라는 것

---

[55] Cyrus of Persia, 페르시아제국의 건설자, B.C. 600-529년, 네이버사전

[56] "누가 동방에서 사람을 일깨워서 공의로 그를 불러 자기 발 앞에 이르게 하였느냐 열국을 그의 앞에 넘겨주며 그가 왕들을 다스리게 하되 그들이 그의 칼에 티끌 같게, 그의 활에 불리는 초개같게 하매"(사 41:2).
"내가 동쪽에서 사나운 날짐승을 부르며 먼 나라에서 나의 뜻을 이룰 사람을 부를 것이라 내가 말하였은즉 반드시 이룰 것이요 계획하였은즉 반드시 시행하리라"(사 46:11).

[57] "그가 사신을 브올의 아들 발람의 고향인 강 가 브돌에 보내어 발람을 부르게 하여 이르되 보라 한 민족이 애굽에서 나왔는데 그들이 지면에 덮여서 우리 맞은 편에 거주하였고"(민수 22:5).
"발람이 예언을 전하며 말하되 발락이 나를 아람에서, 모압 왕이 동쪽 산에서 데려다가 이르기를 와서 나를 위하여 야곱을 저주하라, 와서 이스라엘을 꾸짖으라 하도다"(민 23:7).

은 유대인들 사이에 내재하는 강한 믿음이었다.[58] 이 메시아는 왕으로서 로마의 압제로부터 그들을 구원하기 위해 왕으로 오실 것이었기 때문이다. 이 소식은 유대인이 살던 이집트, 그리스, 그리고 로마제국의 다양한 지역으로 퍼졌다. 유대인들은 그들이 가는 곳이라면 어디든지 말씀이 기록된 두루마리를 지니고 다녔다. 로마의 역사가들 중 하나인 수에토니우스는 "동방에 사는 사람들의 마음에는 유대의 치세를 퍼뜨리는 누군가가 일어나리라는 필연적인 믿음이 있다. 이는 미리 정해졌다고 생각한다."라고 말하였다.

로마의 역사학자 중 또 다른 자인 타키투스는 "많은 자들이 동쪽에서 승리를 거두는 누군가가 유대에서 생겨나서 세상을 통치하리라는 글이 그들 제사장들의 옛 책들에 적혀있다고 믿는다."고 썼다. 유대의 역사가인 요세푸스와 필로는 사람들이 위대한 구세주와 위엄 있는 왕을 기대하고 있었다고 기록하였다. 게다가 조로아스터에 대한 페르시아의 책은 세 명의 구세주의 오심을 언급한다. 두 명은 선지자이고, 세 번째 오는 자는 다른 둘보다 더 위대한 제우스인데, 그는 '아리만'[59]을 이기고, 죽은 자를 일으킬 것이라고 한다. 이것들이 박사

---

58 "그러므로 너는 깨달아 알지니라 예루살렘을 중건하라는 영이 날 때부터 기름 부음을 받은 자 곧 왕이 일어나기까지 일곱 이레와 예순두 이레가 지날 것이요 그 곤란한 동안에 성이 중건되어 광장과 거리가 세워질 것이며 예순두 이레 후에 기름 부음을 받은 자가 끊어져 없어질 것이며 장차 한 왕의 백성이 와서 그 성읍과 성소를 무너뜨리려니와 그의 마지막은 홍수에 휩쓸림 같을 것이며 또 끝까지 전쟁이 있으리니 황폐할 것이 작정되었느니라 그가 장차 많은 사람들과 더불어 한 이레 동안의 언약을 굳게 맺고 그가 그 이레의 절반에 제사와 예물을 금지할 것이며 또 포악하여 가증한 것이 날개를 의지하여 설 것이며 또 이미 정한 종말까지 진노가 황폐하게 하는 자에게 쏟아지리라 하였느니라 하니라"(단 9:25-27).

59 조로아스터교의 암흑과 악의 신

들이 예루살렘까지 여행을 한 이유들이다. 박사들은 예루살렘에서 종교지도자들로부터 답을 얻은 후에 유대 베들레헴에서 태어나신 구세주를 발견하였다. 그들은 거기로 갔고 그에게 왕께 걸맞은 선물[60]을 드렸다.[61]

여기서 동방박사들을 안내했던 별에 대해 말하자면, 그것은 필연적으로 실재하는 별이나 행성이나 혜성이 아니었을 것이다. 천문학자 케플러는 목성과 토성 사이에 천문학적 현상으로써 가지런히 배열되는 사건이 일어났다고 제시한다. 베를린의 대학자인 아들러는 이 견해를 지지하였고 그 이래로 계속 정교하게 발전시켰다. 따라서 박사들이 본 그 별은 우주적인 독특한 사건이었다.

만약 반론자들이 구약과 꾸란 모두 인정하는 사건인 유대 민족이 낮에는 구름 기둥으로 밤에는 불기둥으로 광야에서 인도받았다는 것을 믿는다면 하나님이 별을 통해 박사들을 인도하셨다는 것이 과연 믿기 어려운 일일까?

---

60  "집에 들어가 아기와 그의 어머니 마리아가 함께 있는 것을 보고 엎드려 아기께 경배하고 보배합을 열어 황금과 유향과 몰약을 예물로 드리니라"(마 2:11).
61  "그들의 아버지 이스라엘이 그들에게 이르되 그러할진대 이렇게 하라 너희는 이 땅의 아름다운 소산을 그릇에 담아가지고 내려가서 그 사람에게 예물로 드릴지니 곧 유향 조금과 꿀 조금과 향품과 몰약과 유향나무 열매와 감복숭아이니라"(창 43:11).
"그들이 생존하여 스바의 금을 그에게 드리며 사람들이 그를 위하여 항상 기도하고 종일 찬송하리로다"(시 72:15).
"예루살렘에 이르니 수행하는 자가 심히 많고 향품과 심히 많은 금과 보석을 낙타에 실었더라 그가 솔로몬에게 나아와 자기 마음에 있는 것을 다 말하매"(왕상 10:2).
"이에 그가 금 일백이십 달란트와 심히 많은 향품과 보석을 왕에게 드렸으니 스바의 여왕이 솔로몬 왕에게 드린 것처럼 많은 향품이 다시 오지 아니하였더라"(왕상 10:10).

### 반론

"마태복음 2장 19-20절은 헤롯 왕이 예수가 애굽에서 어린 시절을 보낼 때 죽었다고 말한다. 그러나 누가복음 23장 6-12절은 헤롯왕 앞에 선 예수의 모습을 그린다. 이 때 예수는 이미 30세가 넘었다. 이는 모순이다."

### 응답

누가복음 3장 1절은 예수가 어린 시절에 죽은 헤롯은 로마에 의해 임명되어 팔레스타인 지역을 통치했던 헤롯대왕임을 말한다. 그가 죽었을 때 그의 왕국은 네 개 지역으로 분리되었고, 그의 아들 헤롯 안티파스는 갈릴리를 다스렸고, 그는 분봉 왕으로 알려졌다.[62] 그리고 예수의 십자가 죽음 전에 예수를 심문한 사람이 바로 그이다.[63] 또 다른 헤롯이 있는데, 그는 사도행전에 언급된 헤롯 아그리파이다.[64] 많은 사람이 같은 이름을 쓰는 것은 역사적으로 흔한 예이다.

---

[62] "디베료 황제가 통치한 지 열다섯 해 곧 본디오 빌라도가 유대의 총독으로, 헤롯이 갈릴리의 분봉 왕으로, 그 동생 빌립이 이두래와 드라고닛 지방의 분봉 왕으로, 루사니아가 아빌레네의 분봉 왕으로"(눅 3:1).

[63] "그 때에 분봉 왕 헤롯이 예수의 소문을 듣고"(마 14:1).

[64] "1 그 때에 헤롯 왕이 손을 들어 교회 중에서 몇 사람을 해하려 하여 20 헤롯이 두로와 시돈 사람들을 대단히 노여워하니 그들의 지방이 왕국에서 나는 양식을 먹는 까닭에 한마음으로 그에게 나아와 왕의 침소 맡은 신하 블라스도를 설득하여 화목하기를 청한지라 21 헤롯이 날을 택하여 왕복을 입고 단상에 앉아 백성에게 연설하니 23헤롯이 영광을 하나님께 돌리지 아니하므로..."(행 12:1, 20-21, 23).

### 반론

"마태복음 2장 23절에서 말씀하기를 '나사렛이란 동네에 가서 사니 이는 선지자로 하신 말씀에 나사렛 사람이라 칭하리라 하심을 이루려 함이러라'라고 하였다. 이것은 잘못된 것이다. 왜냐하면 이 문장은 선지서들 중 어느 곳에서도 발견할 수 없기 때문이다. 그리고 유대인들은 이 서술을 격렬히 부인한다. 사실 그들은 나사렛은커녕 갈릴리에서 선지자가 나오지 않는다고 믿었다.[65] 가톨릭에서는 유대인들이 이 문장이 원래 기록된 책을 잃어버렸다고 말한다. 요한 크리소스토모스는 유대인들이 방치와 관리소홀, 불신앙으로 몇 권의 책을 잃어버렸다고 말한다. 그들은 일부의 책을 찢고 불태웠다."

### 응답

나사렛 사람이란 단어는, 유대인들이 보통 갈릴리 사람이었고, 특히 나사렛 사람들이었음에도 불구하고, 경멸과 멸시를 의미하는 단어이다. 유대인들은 종종 끔찍한 도적을 "Son of Nazar"라 부른다. 그리고 유대인 역사가들은 이 용어를 예수에게 사용하였다. 아바르파날은 다니엘 7장 8절[66]에 언급되는 "작은 뿔"이 "Son of Nazar" 혹은 나사렛 예수라고 믿었다. 종종 인용되듯이 유대인들과 기독교의

---

65 "그들이 대답하여 이르되 너도 갈릴리에서 왔느냐 찾아 보라 갈릴리에서는 선지자가 나지 못하느니라 하였더라"(요 7:52).

66 "내가 그 뿔을 유심히 보는 중에 다른 작은 뿔이 그 사이에서 나더니 첫 번째 뿔 중의 셋이 그 앞에서 뿌리까지 뽑혔으며 이 작은 뿔에는 사람의 눈 같은 눈들이 있고 또 입이 있어 큰 말을 하였더라"(단 7:8).

적들은 조롱의 뜻으로 예수를 나사렛 사람이라 언급한다. 따라서 예수께서 나사렛에 거주했던 것은 예수를 멸시하고, 거부하고 경멸하는 이유 중 하나가 되었다. 요한복음 1장 45-46절 역시 이렇게 기록한다.

> 빌립이 나다니엘을 찾아 이르되 모세가 율법에 기록하였고 여러 선지자가 기록한 그이를 우리가 만났으니 요셉의 아들 나사렛 예수니라 나다니엘이 이르되 나사렛에서 무슨 선한 것이 날 수 있느냐 빌립이 이르되 와서 보라 하니라(요 1:45-46).

유대인 지도자, 니고데모에게 유대의 공의회 일원들은 "그들이 대답하여 이르되 너도 갈릴리에서 왔느냐 찾아보라 갈릴리에서는 선지자가 나지 못하느니라 하였더라."라고 말하였다. 그런데 사실 구약의 선지자들은 메시아가 멸시받고, 거부당하고, 수치를 당할 것이라고 예언했었다.[67] 그리고 이 예언들은 그가 나사렛 사람이라고 칭함을 받는 것과 같은 결과이다. 따라서 예수가 나사렛 회당에 서서 이사야의 말씀을 인용하여 그 스스로가 그리스도이심을 선언하셨다.[68] '나사

---

[67] "나는 벌레요 사람이 아니라 사람의 비방거리요 백성의 조롱 거리니이다"(시 22:6; 참고 사 52, 53장). 그밖에 원서에는 시 59:9,10; 슥 11:12,13을 참고할 말씀으로 등장하나 이 본문과 큰 관련이 없어 보여 제외하였다.

[68] "예수께서 그 자라나신 곳 나사렛에 이르사 안식일에 늘 하시던 대로 회당에 들어가사 성경을 읽으려고 서시매 선지자 이사야의 글을 드리거늘 책을 펴서 이렇게 기록된 데를 찾으시니 곧 '주의 성령이 내게 임하셨으니 이는 가난한 자에게 복음을 전하게 하시려고 내게 기름을 부으시고 나를 보내사 포로된 자에게 자유를, 눈 먼 자에게 다시 보게 함을 전파하며 눌린 자를 자유롭게 하고 주의 은혜의 해를 전파하게 하려 하심이라' 하였더라 책

렛 사람'이라는 말은 어느 다른 언어로 정확히 말해지기엔 너무 광대한 의미의 포괄적인 뜻을 지닌 용어이다(이슬람 율법에 따른 포괄적 용어의 적용 방법에 대한 부분은 각주에 기록하였다[69]).

기독교에 반대하기 위해 유대인들이 나사렛 예수를 언급하고 있는 그 책들을 잃어버리고, 찢고, 불태웠다고 하는 요한 크리소스토모스의 발언은 중상모략이다. 오늘날까지도 유대인들이 낭송하고 있는 그 책들은 그리스도의 고통과 굴욕과 죽음을 증명하고 있다. 사실, 예수께서 성육신하실 시간과 장소는 정확히 예언되었다. 비록 우리는 유대인들이 낭송하고 있는 그 책들을 갖고 있지 않지만 우리는 토라의 내용과 메시지를 통해 이해할 수 있다.[70]

마태가 예레미야의 말씀을 의역한 것에 대해 말하자면, 이는 완벽히 허용되는 문학 기법이다. 마태는 예레미야가 썼던 것에서 정수를 가져왔다. 유대인들이 예수 그리스도를 보여주는 예언들을 부인하는 것은 놀랍지 않다. 그들은 예수를 믿지 않는다. 이는 이전의 선지자들의 말씀으로부터 그들의 귀를 닫아버리고, 그들을 죽이는 것이다.

---

을 덮어 그 맡은 자에게 주시고 앉으시니 회당에 있는 자들이 다 주목하여 보더라 이에 예수께서 그들에게 말씀하시되 이 글이 오늘 너희 귀에 응하였느니라 하시니"(눅 4:16-21).

69 이슬람 율법에 따라 포괄적인 용어는 다음의 방법으로 설명되어진다.
   1) 글자 그대로, 즉 정확히 말한 그대로, 단어 그대로
   2) 다른 말로 바꾸어 표현, 즉 의역
   3) 고의로 일부 단어들을 누락시키기
   4) 무함마드가 말한 것에 덧붙이기
   5) 대립되는 두 해석이 이용 가능할 때 단지 하나의 해석만을 전하는 것
   6) 문자 그대로 직역된 것을 대신하여 비유적인 의미를 내세우든, 명령법의 활용형에 의해서든 금지법으로 부터든 비 명사적인 메시지로 전달하기
70 여기서 '우리'는 아마 무슬림이나 아랍 지역 사람들을 뜻하는 것이 아닌가 싶다(필자 주).

### 반론

"마태복음 3장 2절은 세례 요한이 말한 '회개하라 천국이 가까이 왔느니라.'라는 말씀을 기록하고 있는데 예수도 역시 마태복음 4장 17절에서 같은 말씀을 하셨다. 무슬림들은 천국이 이슬람 왕국을 언급한 것이라고 주장한다."

### 응답

이 "천국," "하나님의 나라," "하늘의 왕국," "하나님의 왕국"이라는 표현을 이해하기 위해서 그것이 일어날 장소를 살펴보자. 마태복음 12장 28절에 예수께서 말씀하셨다.

> 그러나 내가 하나님의 성령을 힘입어 귀신을 쫓아내는 것이면 하나님의 나라가 이미 너희에게 임하였느니라(마 12:28).

마가복음 9장 1절에서도 예수께서 그의 제자들에게 말씀하셨다.

> 또 그들에게 이르시되 내가 진실로 너희에게 이르노니 여기 서 있는 사람 중에는 죽기 전에 하나님의 나라가 권능으로 임하는 것을 볼 자들도 있느니라 하시니라(막 9:1).

다른 장소에서 예수께서 이 왕국이 어느 정도는 그의 생애 동안에 시작되고 그의 죽음, 부활 그리고 승천 이후로 확장되다가 그가 진리와 공의로 세상을 심판할 재림의 날 막을 내릴 것이라고 말씀하셨다.[71] 현재에도 하나님의 나라는 복음의 전파와 이를 받아들인 사람들을 초청함을 통하여 매일 성장하고 있다.[72]

천국은 세상의 왕국과 같지 않다.[73] 허영과 세속적인 꾸밈이 딸려있지도 않다.[74] 천국은 심령이 가난한 자의 것이다. 이 세대를 자랑하지 않고, 낮아지는 자의 것이다. 누구든지 성령으로 거듭나지 아니하면 이 왕국의 시민이 될 수 없다.[75] 악한 자가 천국에 들어가는 것은 불가능하다.[76] 이러한 천국의 특성들을 생각해 볼 때 무함마드와 그의 후

---

[71] "내가 또 밤 환상 중에 보니 인자 같은 이가 하늘 구름을 타고 와서 옛적부터 항상 계신 이에게 나아가 그 앞으로 인도되매 그에게 권세와 영광과 나라를 주고 모든 백성과 나라들과 다른 언어를 말하는 모든 자들이 그를 섬기게 하였으니 그의 권세는 소멸되지 아니하는 영원한 권세요 그의 나라는 멸망하지 아니할 것이니라"(단 7:13-14).
"일곱째 천사가 나팔을 불매 하늘에 큰 음성들이 나서 이르되 '세상 나라가 우리 주와 그의 그리스도의 나라가 되어 그가 세세토록 왕 노릇 하시리로다' 하니"(계 11:15).

[72] "예수께서 나아와 말씀하여 이르시되 하늘과 땅의 모든 권세를 내게 주셨으니 그러므로 너희는 가서 모든 민족을 제자로 삼아 아버지와 아들과 성령의 이름으로 세례를 베풀고 내가 너희에게 분부한 모든 것을 가르쳐 지키게 하라 볼지어다 내가 세상 끝날까지 너희와 항상 함께 있으리라 하시니라"(마 28:18-20).

[73] "예수께서 대답하시되 내 나라는 이 세상에 속한 것이 아니니라 만일 내 나라가 이 세상에 속한 것이었더라면 내 종들이 싸워 나로 유대인들에게 넘겨지지 않게 하였으리라 이제 내 나라는 여기에 속한 것이 아니니라"(요18:36).

[74] "바리새인들이 하나님의 나라가 어느 때에 임하나이까 묻거늘 예수께서 대답하여 이르시되 하나님의 나라는 볼 수 있게 임하는 것이 아니요"(눅 17:20).

[75] "예수께서 대답하여 이르시되 진실로 진실로 네게 이르노니 사람이 거듭나지 아니하면 하나님의 나라를 볼 수 없느니라"(요 3:3).
" 예수께서 대답하시되 진실로 진실로 네게 이르노니 사람이 물과 성령으로 나지 아니하면 하나님의 나라에 들어갈 수 없느니라"(요 3:5).

[76] "불의한 자가 하나님의 나라를 유업으로 받지 못할 줄을 알지 못하느냐 미혹을 받지 말라 음행하는 자나 우상 숭배하는 자나 간음하는 자나 탐색하는 자나 남색하는 자나 도적이나 탐욕을 부리는 자나 술 취하는 자나 모욕하는 자나 속여 빼앗는 자들은 하나님의 나라를 유업으로 받지 못하리라"(고전 6:9-10).

계자들이 건립한 왕국들과 천국 사이에는 아무런 연관성이 없다.

### 반론

"예수에게 성령이 임했을 때 들렸던 소리에 대해 각 복음서의 내용이 서로 다르다. 마태복음 3장 17절은 '하늘로부터 소리가 있어 말씀하시되 이는 내 사랑하는 아들이요 내 기뻐하는 자라 하시니라.'고 하였고, 마가복음 1장 11절에서는 '하늘로부터 소리가 나기를 너는 내 사랑하는 아들이라 내가 너를 기뻐하노라 하시니라.'고 기록하였다. 그리고 누가복음 3:22은 '…너는 내 사랑하는 아들이라 내가 너를 기뻐하노라 하시니라.'고 말씀한다."

### 응답

그 의미와 사용된 용어는 모두 같다. 단지 차이가 있다면 인칭의 변화일 뿐이다. 그런데 이러한 서술기법은 꾸란에서도 역시 발견된다.[77]

---

"육체의 일은 분명하니 곧 음행과 더러운 것과 호색과 우상 숭배와 주술과 원수 맺는 것과 분쟁과 시기와 분냄과 당 짓는 것과 분열함과 이단과 투기와 술 취함과 방탕함과 또 그와 같은 것들이라 전에 너희에게 경계한 것 같이 경계하노니 이런 일을 하는 자들은 하나님의 나라를 유업으로 받지 못할 것이요"(갈 5:19-21).
"너희도 정녕 이것을 알거니와 음행하는 자나 더러운 자나 탐하는 자 곧 우상 숭배자는 다 그리스도와 하나님의 나라에서 기업을 얻지 못하리니"(엡 5:5).

[77] "He makes alive and kills" and "you make alive kill." 모두 꾸란 첫 번째 장에서 볼 수 있다.

### 반론

"마태복음 4장 18-22절과 마가복음 1장 16-20절, 그리고 요한복음 1장 25-46절을 비교해 보면, 예수께서 제자를 부를 때 세 가지 모순점이 발견된다."

(1) 마태복음과 마가복음은 예수께서 베드로, 안드레, 야고보, 그리고 요한을 갈릴리 바다에서 부르시고 그들이 예수를 따랐다고 기록하고 있지만 요한복음에서는 이런 언급이 없다.
(2) 마태와 마가는 예수께서 베드로와 안드레를 갈릴리 바다에서 먼저 보았고, 잠시 후 야고보와 요한을 같은 바다에서 보았다고 기록하지만 요한은 요한 자신과 안드레가 그를 요단강 건너편에서 먼저 보았고, 그 다음에 안드레는 자기 형제인 베드로를 데리고 예수께로 갔다. 다음날 예수께서 갈릴리로 나가려고 기다리실 때 예수는 빌립을 만났고, 빌립은 그 후 나다니엘을 데리고 예수께 왔다. 야고보는 어느 곳에서도 언급되지 않는다.
(3) 마태와 마가는 예수께서 제자들을 찾았을 때 제자들이 물고기를 잡고 그물을 손질하느라 바빴다고 언급하였다. 그러나 요한은 이런 언급 없이 요한과 안드레가 예수에 대한 이야기를 듣고 예수께로 왔다고 말한다. 그 다음, 베드로는 자기 형제가 예수께로 데리고 나왔다.

## 응답

이런 반론과 비난에 대한 대답을 하자면, 요한복음에서 요한은 단순히 예수와 그의 제자들이 처음으로 마주쳤던 장면을 언급한 것이다. 반면 마태와 마가는 사도가 되기 위해 제자로 예수께 부르심을 받았던 장면을 말한 것이다. 다음의 증거들을 살펴보자.

(1) 요한은 요단강 건너편 베다니에서 일어났던 장면을 묘사한다.[78] 반면 마태와 마가는 갈릴리 바다에서 일어났던 일을 묘사하고 있다.

(2) 요한복음은 예수에 대해 처음들은 제자들을 설명한다. "또 이튿날 요한(세례 요한을 말한다)이 자기 제자 중 두 사람과 함께 섰다가 예수께서 거니심을 보고 말하되 보라 하나님의 어린 양이로다 두 제자가 그의 말을 듣고 예수를 따르거늘"[79]

(3) 요한복음 1장 39절을 보면, 예수께서 섬김을 위해 어느 누구도 부르지 않았음이 명확하다. "예수께서 이르시되 와서 보라 그러므로 그들이 가서 계신 데를 보고 그 날 함께 거하니 때가 열시쯤 되었더라." 그 후 그들은 자기들의 일상으로 되돌아갔다.

(4) 마태와 마가를 부르심은 사도로서의 부르심이다. 이것은 예수께서 바다에서 그물을 낚고 있던 시몬과 안드레에게 하신 말씀이 증

---

[78] 요 1:28.
[79] 요 1:35-37.

거가 된다. "내가 너희를 사람을 낚는 어부가 되게 하리라"[80]

## 반론

"예수께서 스스로를 가리켜 '인자(The Son of Man)'라 언급한 것은 마태복음에 30번, 마가복음에 15번, 누가복음에 25번, 그리고 요한복음에는 12번이 등장한다. 이것은 예수가 하나님이 아니라 단지 사람일 뿐이라는 것을 증명하는 것이다."

## 응답

예수께서 당신을 "인자"로 말씀하신 것은 전형적인 사람이라는 의미가 아니라 그가 인간의 몸을 갖고 계셨다는 의미. 사실 예수는 그가 성육신하기 오래 전에 이 칭호를 갖고 계셨다. 예수의 탄생 500년 전에 그는 다니엘에게 나타나셨다.

> 내가 또 밤 환상 중에 보니 인자 같은 이가 하늘 구름을 타고 와서 옛적부터 항상 계신 이에게 나아가 그 앞으로 인도되매 그에게 권세와 영광과 나라를 주고 모든 백성과 나라들과 다른 언어를 말하는 모든 자들이 그를 섬기게 하였으니 그의 권세는 소멸되지 아니하는 영원한 권세요 그의 나라는 멸망하지 아니할 것이니라(단 7:13-14).

"예전부터 항상 계신 이"(Ancient of Days)는 영원하신 하나님이다.

---

80  마 4:19; 막1:17.

인자는 삼위일체 하나님의 제 이격(二格)으로 겸손함으로 성육신 하신 하나님이신 것이다. 이 말씀은 마지막 때에 왕으로 오실 예수에 대해 다니엘에게 주신 예언적 환상이다. 왜냐하면 예수는 사람으로서 오시고 사람을 심판하실 분이시기 때문이다.

> 아버지께서 아무도 심판하지 아니하시고 심판을 다 아들에게 맡기셨으니; 또 인자됨으로 말미암아 심판하는 권한을 주셨느니라(요 5:22,27).

예수는 이처럼 하나님의 아들을 뜻하는 의미로 당신 스스로를 인자로 칭하셨다. 예수께서 산헤드린에 섰을 때 그에게 대제사장이 다음과 같이 심문했다.

"대제사장이 일어서서 예수께 묻되 아무 대답도 없느냐 이 사람들이 너를 치는 증거가 어떠하냐 하되 예수께서 침묵하시거늘 대제사장이 이르되 내가 너로 살아 계신 하나님께 맹세하게 하노니 네가 하나님의 아들 그리스도인지 우리에게 말하라"

이 때 유대인에게 예수께서 이런 말씀을 하셨다.

"예수께서 이르시되 네가 말하였느니라 그러나 내가 너희에게 이르노니 이 후에 인자가 권능의 우편에 앉아 있는 것과 하늘 구름을 타고 오는 것을 너희가 보리라 하시니"

대제사장은 예수가 한 말의 의미를 이해했고, — 다니엘에 기록된 메시아에 대한 예언의 말씀이있었기 때문이다. 대제사장이라면 충분히 알 수 있었을 것이다 — 옷을 찢으며 말했다.

"그가 신성 모독 하 말을 하였으니 어찌 더 증인을 요구하리요 보라 너희가 지금 이 신성 모독 하는 말을 들었도다."[81]

즉, 인자가 온다는 다니엘의 말씀을 알고 있는 유대인들에게 "인자"는 단지 사람의 아들이라는 의미가 아닌 하나님의 아들, 그리스도, 메시아를 의미하는 것이다.

예수께서 스스로 하나님의 모든 성품을 충만히 소유하셨기에 하나님의 아들이라 칭함 받으셨다. 예수는 타락 전의 아담과 같이 완전한 인간으로 나타나셨기 때문에 인자라 할 수 있다. 사도 바울은 고린도전서 15장 45, 47절에서[82] 예수를 "마지막 아담," "둘째 사람"이라 언급한다. 인자로서의 예수는 성육신하신 하나님이시다. 또한 예수는 자연적인 방법으로 태어나시지 않았고 처녀의 몸을 통해 출생했다. 예수는 모든 다른 사람과는 다르다. 그는 여자의 후손, 즉 마리아의 아들이었고, 그래서 그는 뱀(사탄)의 머리를 상하게 하였다.[83]

또한 예수는 모든 인류의 대표이셨다. 그래서 세상의 구세주가 되시는 것이다. 인자로서 그는 남자와 여자를 대표한다. 그리고 하나님은 많은 "양자된 자녀들"이 있으시다. 그러나 예수는 영원한 아들이다. 사람들은 양자된 자녀들이지만 예수는 홀로 완전한 "인자"이

---

81 마 26:62-65.
82 "기록된바 첫 사람 아담은 생령이 되었다함과 같이 마지막 아들은 살려주는 영이 되었나니; 첫 사람은 땅에서 났으니 흙에 속한 자이거니와 둘째 사람은 하늘에서 나셨느니라."
83 "내가 너로 여자와 원수가 되게 하고 네 후손도 여자의 후손과 원수가 되게 하리니 여자의 후손은 네 머리를 상하게 할 것이요 너는 그의 발꿈치를 상하게 할 것이니라 하시고" (창 3:15).

시다. 예수는 죄를 용서하시고[84], 치료와 평안을 주시고[85], 죄로 말미암아 죽은 자들에게 영원한 생명을 주신다.[86] 또 모든 자들에게 그 행한 대로 갚아 주신다.[87]

### 반론

"마태복음 10장 2-4절, 마가복음 3장 16-19절, 누가복음 6장 13-16절에서 언급하고 있는 열한 사도의 이름에 대해서는 동의한다. 그러나 열두 번째 이름에 대하여서는 동의하지 않는다. 마태는 그를 다대오라는 성의 'Labbaeus'라 부르고, 마가는 그를 다대오라고 부르며, 누가는 그를 야고보의 형제, 유다라고 부른다.[88]"

### 응답

신약의 시기에 사람들은 여러 개의 이름을 지녔다. 제자의 이름에 대한 목록을 비교해 보면 다대오라는 성의 'Labbaeus'와 야고보의 형제, 유다는 같은 사람이다.

---

[84] "이 사람이 어찌 이렇게 말하는가 신성 모독이로다 오직 하나님 한 분 외에는 누가 능히 죄를 사하겠느냐"(막 2:7).
[85] "마침 그 때에 예수께서 질병과 고통과 및 악귀 들린 자를 많이 고치시며 또 많은 맹인을 보게 하신지라"(눅 7:21).
[86] "진실로 진실로 너희에게 이르노니 죽은 자들이 하나님의 아들의 음성을 들을 때가 오나니 곧 이 때라 듣는 자는 살아나리라"(요 5:25).
[87] "인자가 아버지의 영광으로 그 천사들과 함께 오리니 그 때에 각 사람이 행한 대로 갚으리라"(마 16:27).
[88] 한글 개역개정 성경은 예수의 제자의 이름이 마태복음과 마가복음에서는 다대오로만 누가복음에서는 야고보의 아들 유다라 소개하고 있다.

### 반론

"마태복음 11장 3절은 마태복음 3장 14절, 요한복음 1장 33절과 서로 모순된다. 마태복음 3장 14절은 '요한이 말려 이르되 내가 당신에게서 세례를 받아야 할 터인데 당신이 내게로 오시나이까'라고 말씀하고, 요한복음 1장 33절도 '나도 그를 알지 못하였으나 나를 보내어 물로 세례를 베풀라 하신 그이가 나에게 말씀하시되 성령이 내려서 누구 위에든지 머무는 것을 보거든 그가 곧 성령으로 세례를 베푸는 이인 줄 알라 하셨기에'라고 증거 한다. 그런데 마태복음 11장 3절에서 예수께서 요단강에서 세례를 받으시고 8장이 지나면서 요한은 그의 제자들 두 명을 보내 다음의 질문을 하게 하는 장면을 찾을 수 있다. '예수께 여짜오되 오실 그이가 당신이오니이까 우리가 다른 이를 기다리오리이까' 따라서 우리는 처음 구절에서는 요한이 성령이 임하기 전 예수를 알고 있었다고 이해하고, 두 번째 구절에서는 요한이 성령이 임한 후까지 그를 알지 못했었다고 이해한다. 마지막 세 번째 구절에서 요한은 성령이 임한 후조차도 예수를 알지 못했다."

### 응답

세례 요한이 예수를 알지 못했다고 말했을 때, 이는 성령이 예수께 임하기 전, 즉 하늘로부터 소리가 있어 예수를 "내 사랑하는 자요 하나님이 기뻐하시는 자"라고 하시기 전에 세례 요한이 성령의 조명을 받기 전 예수를 알지 못했음을 의미하지는 않는다.

모든 것에는 인식의 단계가 있고 모든 사람은 그 단계들을 거친다. 알기 전과 알고 난 후의 상태가 있다. 비슷하게 선지자들도 계시 전과 후의 상태 단계를 거쳤다. 하나님은 세례 요한에게 예수께서 언약된 그 분임을 계시하셨다. 따라서 계시를 받기 전 요한은 자신이 예수를 알지 못했음을 선언한 것이다.

그 후 세례 요한은 "내가 당신에게서 세례를 받아야 할 터인데 당신이 내게로 오시나이까"라고 말했다. 요한이 그의 두 제자를 예수께 보내어 전한 말에 대해 생각해 보면, 이것은 이미 세례 요한 안에서 확신된 사실을 그들, 두 제자들에게 묻게 함으로써 그들 스스로 보고, 믿을 수 있게 하려 함이었다.[89] 이후 요한은 당시 감옥에 있었기 때문에 세례 받으신 후 예수께서 행하신 놀라운 기적들을 목도 할 수는 없었다. 그러므로 예수는 두 제자들에게 이렇게 말씀하신 것이다.

> 예수께서 대답하여 이르시되 너희가 가서 듣고 보는 것을 요한에게 알리되 맹인이 보며 못 걷는 사람이 걸으며 나병환자가 깨끗함을 받으며 못 듣는 자가 들으며 죽은 자가 살아나며 가난한 자에게 복음이 전파된다 하라(마 11:4-5).

## 반론

"마태복음 15장 22절에서 우리는 예수께 귀신에 들린 딸을 치료해

---

[89] 이 말씀에 대한 해석은 여러 가지가 존재한다. 물론 어떤 해석이든 말씀들 가운데 모순점과 충돌은 없다.

달라고 요청하는 여인이 가나안인임을 알 수 있다. 그러나 마가복음 7장 26절에서 그녀는 헬라인이요 수로보니게 족속[90]이라고 말한다."

### 응답

두레와 시돈이 있던 땅은 가나안인의 손에 있던 지역이었고 가나안이라 불렸다. 페니키아인(Phoenicians)들은 가나안인의 자손이고 페니키아 혹은 수로보니게로 알려진 두로가 있는 땅에 살았다. 알렉산더 대왕이 이곳을 정복했고, 그때부터 헬라의 식민지가 되었다. 그리고 이 여성은 헬라의 백성이었고 헬라어로 말했다. 따라서 그녀는 수로보니게 태생이지만 본래 가나안 후손이었던 것이다.

### 반론

"마태복음 16장 27-28절에서 '인자가 아버지의 영광으로 그 천사들과 함께 오리니 그 때에 각 사람이 행한 대로 갚으리라 진실로 너희에게 이르노니 여기 서 있는 사람 중에 죽기 전에 인자가 그 왕권을 가지고 오는 것을 볼 자들도 있느니라.'라고 기록되었다. 그러나 이것은 부정확하다. 왜냐하면 모든 사도는 이미 죽었고, 2000년이 지난 지금까지 인자는 그의 왕국에 오지 않았다."

---

[90] 책 본문에는 "Syro-Phoenician" 시리아 페니키아 지역 사람.

## 응답[91]

인자가 온다는 표현은 과장 없이 글자 그대로의 뜻과 비유적인 뜻 모두로 사용된 것이다. 글자 그대로 보자면 그 표현은 영원하신 말씀이신 예수가 인간의 형태로 처음 오신 것에 적용할 수 있다.[92] 그리고 또한 그가 죽은 자를 무덤에서 살리시고 공의로 세상을 심판하실 마지막 때 그의 오심에 적용할 수도 있는 말이다.

이 표현은 비유적인 의미는 다음과 같다.

(1) 인자의 오심은 복음의 전도, 전파를 통해 오신다.[93]
(2) 그는 이 땅에서의 왕국인 교회가 권한을 얻었을 때 인자가 오신 것이다.[94]
(3) 인자가 오심은 성령이 주를 믿는 자에게 강림 하셨을 때 인자가 오셨다는 말이다.[95]

---

91 꾸란의 증거는 제외했다.
92 요일 5:20; 요이 1:7.
93 "내가 와서 그들에게 말하지 아니하였더라면 죄가 없었으려니와 지금은 그 죄를 핑계할 수 없느니라"(요 15:22). "또 오셔서 먼 데 있는 너희에게 평안을 전하시고 가까운 데 있는 자들에게 평안을 전하셨으니"(엡 2:17).
94 "진실로 너희에게 이르노니 여기 서 있는 사람 중에 인자가 그 왕권을 가지고 오는 것을 볼 자들도 있느니라"(마 16:28).
95 "내가 너희를 고아와 같이 버려두지 아니하고 너희에게로 오리라… 예수께서 대답하여 이르시되 사람이 나를 사랑하면 내 말을 지키리니 네 아버지께서 그를 사랑하실 것이요 우리가 그에게 가서 거처를 그와 함께 하리라… 내가 갔다가 너희에게로 온다 하는 말을 너희가 들었나니 나를 사랑하였더라면 내가 아버지께로 감을 기뻐하였으리라 아버지는 나보다 크심이라"(요 14:18 ,23, 28).

(4) 그가 복음을 거부한 악한 자를 심판하러 오실 것이라는 의미이다.[96]

(5) 인자가 오신다는 말은 그가 죽음 이후 이 세상으로부터 우리를 부르실 때 오신다는 것이다.[97]

마가복음 9장 1절과 누가복음 9장 27절의 "또 그들에게 이르시되 내가 진실로 너희에게 이르노니 여기 서 있는 사람 중에는 죽기 전에 하나님의 나라가 권능으로 임하는 것을 볼 자들도 있느니라 하시니라." "내가 참으로 너희에게 이르노니 여기 서있는 사람 중에 죽기 전에 하나님의 나라를 볼 자들도 있느니라."는 말씀들을 볼 때 인자의 오심과 하나님의 나라는 비슷한 의미로 사용된 것이다.[98]

초기 기독교 교회는 약하고 멸시 당했지만 점차 강해졌고 번창하게 되었다. 즉 교회는 하나님의 나라이고 하늘 나라인 것이다. 모든 사도들은 오순절 성령강림절 이후 이러한 범상치 않은 교회성장과 놀라운 복음확장의 증인이다. 또한 사도 요한과 같이 그들 중 일부는 예루살렘의 파괴로 이스라엘에게 닥친 완전한 재앙과 그 결과로 초래된 유대인들이 세상으로 뿔뿔이 흩어진, 유대인 디아스포라 사건의 증인이다. 그리고 그들은 또한 기독교가 아시아, 그리스, 로마제

---

96 "그 때에 불법한 자가 나타나리니 주 예수께서 그 입의 기운으로 그를 죽이시고 강림하여 나타나심으로 폐하시리라"(살후 2:8).
97 "그러므로 깨어 있으라 어느 날에 너희 주가 임할지 너희가 알지 못함이니라"(마 24:42).
98 필자의 추가.

국 전체로 뻗어나간 역사적 사건의 증인들이다. 그러므로 그들은 그리스도 예수의 영적 왕국의 전파와 확장을 눈으로 목도하기 전까지 살아있었다. 예수는 사람들의 마음속에서 사랑으로 통치하시는 영적인 왕이시다.

예수는 교회의 개념을 "하나님의 나라," "하늘 나라"와 같은 용어로 표현하셨다.[99] 이는 다니엘 7장 13-14절의 예언에서도 발견되는 것이다.

> 내가 또 밤 환상 중에 보니 인자 같은 이가 하늘 구름을 타고 와서 옛적부터 항상 계신 이에게 나아가 그 앞으로 인도되매 그에게 권세와 영광과 나라를 주고 모든 백성과 나라들과 다른 언어를 말하는 모든 자들이 그를 섬기게 하였으니 그의 권세는 소멸되지 아니하는 영원한 권세요 그의 나라는 멸망하지 아니할 것이니라(단 7:13-14).

그리고 예수의 재림은 세상을 심판하기 위해 오시는 것인데, 무슬림들은 예수께서 재림하실 때 이 땅으로 강림하신 후 모든 다른 종교를 폐지하시고 이슬람만을 유지할 것이라고 이야기한다. 그러나 이것은 잘못된 것이다. 그 말씀은 말씀이신 예수께서 예수를 섬기는 종교를 유지하러 오신다는 것으로 이해해야지만 합리적이다.

---

[99] 여기서 나라는 Kingdom을 의미한다.

## 반론

"마태복음 17장 11절에서는, '예수께서 대답하여 이르시되 엘리야가 과연 먼저 와서 모든 일을 회복하리라'고 기록하였다. 이 구절은 무함마드의 올 것에 대한 예언이다."

## 응답

이 해석은 부정확하다. 왜냐하면 엘리야는 이미 왔었기 때문이다. 이어진 다음 구절, 마태복음 17장 12-13절에서 예수께서 말씀하셨다.

> 내가 너희에게 말하노니 엘리야가 이미 왔으되 사람들이 알지 못하고 임의로 대우 하였도다 인자도 이와 같이 그들에게 고난을 받으리라 하시니 그제서야 제자들이 예수께서 말씀하신 것이 세례 요한인 줄을 깨달으니라(마 17:12-13).

더욱이 세례 요한이 그가 엘리야인지 아닌지를 질문 받았을 때 아니라고 말했다. 주님의 천사는 요한이 엘리야와 선지자와 같은 힘과 능력으로 주님에 앞서 갈 것이라고 말했었다.[100] 나중에 밝혀진 대로 세례 요한은 선지자 엘리야와 비슷한 성품을 지녔다.[101]

---

[100] "그가 또 엘리야의 심령과 능력으로 주 앞에 먼저 와서 아버지의 마음을 자식에게, 거스르는 자를 의인의 슬기에 돌아오게 하고 주를 위하여 세운 백성을 준비하리라"(눅 1:17).
[101] 눅 3:4-6과 왕상 17:1-6을 비교해 보고, 눅 1:17과 요 1:21의 대답을 봐라.

반론

"베드로가 예수를 부인한 것에 대해 네 복음서의 기술내용이 서로 다르다.[102] 서로 다른 점은 다음과 같다."

(1) 마태복음과 마가복음은 두 여성과 어떤 사람들이 베드로에게 말을 걸었다고 언급하지만, 누가는 한 여성과 두 남성을 언급하였다.
(2) 마태복음에 따르면 베드로는 뜰에 있었고, 누가복음에서는 집 안에 있었다고 나온다. 그리고 마가복음에서 베드로는 집의 아래 부분에 있다했고, 요한복음에 따르면 그는 집의 가운데 부분에 있었다.[103]
(3) 각 복음서마다 베드로가 받은 질문이 다르다.
(4) 마태, 누가, 요한복음에서 수탉은 베드로가 예수를 세 번 부인한 후 한 번 울었다. 그러나 마가는 수탉이 첫 번째 부인 후 한 번 울었고, 다른 두 번의 부인이 있은 후 두 번째 울었다고 말한다.[104]

---

[102] 마 26:69-75; 막 14:66-72; 눅 22:54-62; 요 18:15-18, 25-27.
[103] 개역개정 성경, 마태복음에서 베드로는 바깥뜰에 앉아있었고, 마가복음에서는 아랫뜰에, 누가복음에서는 뜰 가운데, 요한복음에서는 문 밖에 있다가 집 뜰 안으로 들어갔다고 하였다.
[104] 개역개정 성경, 마태, 누가, 요한복음에서는 닭이 울었다고만 하고, 몇 번 울었는지 없다. 마가에서는 베드로의 첫 번째 부인함이 있은 후 수탉의 울음은 나오지 않는다.

(5) 마태와 누가[105]는 예수께서 "닭이 울기 전에 네가 세 번 나를 부인하리라"고 말씀하셨다고 기록하지만, 마가에서 예수는 "닭이 두 번 울기 전에 네가 세 번 나를 부인하리라."라고 말씀하셨다.
(6) 마태복음에서 베드로는 여종에게, "나는 네가 무슨 말을 하는지 알지 못하겠노라."고 말하지만, 누가는 베드로가 "여자여, 내가 그를 알지 못하노라"고 말했다고 기록하였다.

### 응답

위의 기술들로 미루어 볼 때, 모든 복음서는 베드로가 그의 주님을 부인한 숫자뿐 아니라 수탉이 울기 전 그 일이 일어났음에도 동의하고 있음이 명백하다. 따라서 수탉이 울음을 끝내기 전 베드로가 주님을 부인하리라는 예수의 예언은 이루어졌음을 알 수 있다. 예수는 두 개의 모순되는 말을 하지 않으셨다. 예수는 베드로가 수탉이 울기 전에 그를 부인할 것이라 말씀하셨고, 베드로는 수탉이 두 번 울기 전에 주님을 부인했다. 마태는 한 진술을 인용했고 마가는 다른 하나의 진술을 인용했다. 그리고 누가와 요한은 마태의 내용과 조화되게 기술했다.

예수는 베드로에게 그가 닭이 울기 전 세 번 부인하리라는 것에 대하여 예언하셨다. 그러나 베드로는 평소 성격대로 이를 부인했다. 그러자 예수께서 좀 더 구체적으로 경고하시게 되었다.

---

[105] 본 책은 마태와 마가라고 하나, 단순한 오타 같다.

"베드로야, 수탉이 두 번 울기 전에 너는 나를 세 번 부인할 것이다."

베드로와 예수 사이의 장황한 토론이 계속되었음에 틀림없다. 따라서 모든 복음서는 이 토론 동안에 무슨 말을 했었는지가 포함되었다. 그리고 또 다른 설명 또한 가능하다. 마태, 누가, 요한은 일반적인 설명을 했지만 마가는 좀 더 자세히 설명을 덧붙였다는 것이다. 우리는 마가복음의 기록이 베드로의 감독 아래 있었음을 명심해야 한다. 이것이 마가의 기록이 좀 더 정밀한 이유이다.

누가는 베드로가 주님을 단호히 부인했을 때의 사건을 언급하는 것으로 복음서의 기록을 국한시켰다. 왜냐하면 이 부인은 첫 번째 것보다 좀 더 단호했기 때문이다. 그리고 이것은 두 여종이 베드로에게 한 질문을 두 번 물어봤음을 의미하는 것이 아니다. 그러므로 한 복음서의 저자는 좀 더 단호한 부인을 언급하는 것을 선택한 것이고 다른 저자들은 각각의 부인을 묘사한 것이다.

마태와 마가는 어떤 사람들이 베드로에게 그와 예수와의 관계를 물어봤다고 하지만 누가는 그들의 숫자를 두 명이라고 구체화시켰다. 따라서 우리는 두 남자가 군중을 대신하여 베드로에 질문했음을 추정할 수 있다. 모든 군중이 한꺼번에 베드로에게 질문했다는 것은 생각할 수도 없는 일이다.

마태는 베드로가 집 밖에 서 있었다고 하고, 마가는 베드로가 집 안의 아래 부분에 있었다 하며, 누가는 집의 가운데에, 요한은 문 밖에 베드로가 서 있다가 한 제자가 문 지키는 자에게 말하여 베드로를 데리고 들어왔다고 말한다. 그래서 마태는 베드로가 뜰 밖, 바깥 뜰에 있었다고 했다. 즉, 이 말은 베드로가 있던 곳이 예수와 예수를 심문하던 의회가 있었던 곳은 아니었다는 것이다. 베드로가 뜰 안에 있었다는 것을 보여주는 것은 유대인들이 베드로를 곤란하게 했을 때 베드로가 나가버렸다는 마태의 묘사이다. 그리고 그가 낮은 층, 곧 뜰에 있었기 때문에 베드로가 집의 밑 부분에 있었다는 말은 정확하다. 또한 베드로가 뜰 안에 있다는 말이 그가 불을 쬐기 위해 가운데쯤에 앉아 있었다는 말과 충돌되지 않는다. 베드로가 있던 곳은 결국 집에서 종들이 머물던 곳이었다.[106]

또한 이 말씀은 베드로가 본질적으로 어떤 사람이었는지를 가리킨다. 마태복음에서는 한 여종이 베드로에게, "너도 갈릴리 사람 예수와 함께 있었도다."라고 한 말과, 또 다른 이가, "이 사람은 나사렛 예수와 함께 있었도다."는 말, 그리고 경비가 "너도 진실로 그 도당이라 네 말소리가 너를 표명한다."고 비난하는 말이 기록되어 있다.

마가복음에서 "너도 나사렛 예수와 함께 있었도다."라는 한 여종이 베드로에게 한 말과 또 다른 여종이 베드로를 알아채고 "이 사람은 그 도당이다."라고 했던 것, 그리고 그들이 베드로에게 돌아서서 말하기를 "너도 갈릴리 사람이니 참으로 그 도당이니라."고 한 일들을 기록하였다. 이것은 누가와 요한이 쓴 이야기와 비교할 수 있는데 여기서 차이를 발견할 수 없다.

---

[106] 당시 유대인의 집 구조, 특히 대제사장의 집 구조를 이해하면 복음서 사이 묘사의 차이는 큰 문제가 될 수 없다.

모든 네 복음서의 저자들은 베드로가 닭이 울음을 끝내기 전에 예수를 세 번 부인한 것에 동의한다. 그러나 어떤 이는 닭이 두 번 울었다고 언급하지만 다른 이들은 닭이 한 번 울었다고 말한다. 이는 수탉이 자주 이른 아침 시간에 여러 번 울곤 한다는 사실 때문이다. 그리고 대부분 사람들은 좀처럼 처음 닭 울음소리를 듣지 못하기에 복음서 저자들은 그것을 무시했을지도 모른다. 중요한 것은 모든 복음서 저자들에 의해 두 번째 닭 울음이 언급되었다는 점이다. 이에 대한 베드로의 반응은 본질적으로 동일하다. 몇몇의 종들과 구경꾼들은 베드로를 공격했다. 그래서 베드로는 두려움에 방어적으로 회피, 얼버무림, 부인, 그리고 욕설을 사용하여 대답했다. 그는 비난을 피하기 위해 한 장소에서 다른 장소로 옮기기조차 했다.

### 반론

"마태복음 27장 44절[107]과 마가복음 15장 32절[108]에서 예수와 함께 십자가에 못 박힌 두 강도가 예수를 조롱하는 장면을 볼 수 있다. 그러나 누가복음 23장 42-43절에서 그 강도 중 한 명은 예수를 조롱했지만, 다른 이는 '이르되 예수여 당신의 나라에 임하실 때에 나를 기억하소서.'라고 말하자 예수께서는 '내가 진실로 네게 이르노니 오

---

[107] "함께 십자가에 못 박힌 강도들도 이와 같이 욕하더라"(마 27:44).
[108] "이스라엘의 왕 그리스도가 지금 십자가에서 내려와 우리가 보고 믿게 할지어다 하며 함께 십자가에 못 박힌 자들도 예수를 욕하더라"(막 15:32).

늘 네가 나와 함께 낙원에 있으리라.'고 말씀하셨다."[109]

### 응답

두 강도 모두 조롱을 시작했다. 그러나 그들 중 한 명은 예수의 겸손, 순수, 인내, 그리고 그의 적들을 향한 용서를 보고, 양심에 가책을 얻었다. 그래서 그는 자신의 죄를 깨달았고, 자비를 구하였다.

### 반론

"마태복음 27장 46절은 제 구시쯤에 예수께서 크게 소리를 질러 이르시되 '엘리(Eli) 엘리(Eli) 라마 사박다니' 하시니 이는 곧 '나의 하나님, 나의 하나님, 어찌하여 나를 버리셨나이까?' 하는 뜻이라고 기록하였다. 마가복음 15장 34절은 같은 것을 기록하였으나, 처음 두 히브리 단어는 '엘로이(Eloi) 엘로이(Eloi)…'이다.[110] 그러나 두 구절에 상응하는 누가복음 23장 46절은 '예수께서 큰 소리로 불러 이르시되 아버지 내 영혼을 아버지 손에 부탁하나이다 하고 이 말씀을 하신 후 숨지시니라.'고 말한다."

---

[109] 그 앞 절의 말씀까지 살펴보자. "달린 행악자 중 하나는 비방하여 이르되 네가 그리스도가 아니냐 너와 우리를 구원하라 하되 하나는 그 사람을 꾸짖어 이르되 네가 동일한 정죄를 받고서도 하나님을 두려워하지 아니하느냐 우리는 우리가 행한 일에 상당한 보응을 받는 것이니 이에 당연하거니와 이 사람이 행한 것은 옳지 않은 것이 없느니라 하고"(눅 23:39-41).

[110] 한글 개역개정 성경은 두 구절다 "엘리 엘리"로 쓰였다.

### 응답

예수께서 십자가에 매달리셨을 때 예수께서 두 번 부르짖으셨다. 첫 번째는 고통으로 인하여 부르짖으셨고, 두 번째는 하나님께 그의 영혼을 올려 드리며 부르짖으셨다. 첫 번째 부르짖음에서 예수께서는 시편 22장 1절[111]을 인용하셨다. 왜냐하면 예수는 단지 죄가 없으신 것을 제외하고 모든 면에서 우리와 같은 사람이셨기 때문이다. 그가 매를 맺고, 두들겨 맞고, 멸시당하고, 경멸받으셨을 때 인간처럼 고통 받으셨다. 예수의 비통함과 더한 고통은 우리 인간들의 죄가 예수 그리스도의 몸에 전가(轉嫁)되었기 때문이다.

선지자 이사야는 이에 다음과 같이 쓰고 있다.

> 그는 실로 우리의 질고를 지고 우리의 슬픔을 당하였거늘 우리는 생각하기를 그는 징벌을 받아 하나님께 맞으며 고난을 당한다 하였노라 그가 찔림은 우리의 허물 때문이요 그가 상함은 우리의 죄악 때문이라 그가 징계를 받으므로 우리는 평화를 누리고 그가 채찍에 맞으므로 우리는 나음을 받았도다 우리는 다 양 같아서 그릇 행하여 각기 제 길로 갔거늘 여호와께서는 우리 모두의 죄악을 그에게 담당시키셨도다(사 53:4-6).[112]

갈라디아서 3장 13절과 고린도후서 5장 12절에서도 예수는 우리

---

[111] "내 하나님이여 내 하나님이여 어찌 나를 버리셨나이까 어찌 나를 멀리 하여 돕지 아니하시오며 내 신음 소리를 듣지 아니하시나이까"

[112] 사 53:4-6.

의 죄를 위하여 희생제물이 되셨다고 말씀하고 있다.[113] 따라서 마태와 마가가 언급한 울부짖음은 예수께서 감당하셔야만했던, 예수를 십자가에 매달게 한 우리의 죄의 결과로 인한 고통 중의 하나였다. 마태와 마가는 예수께서 두 번 울부짖으신 것과 그의 영혼을 드린 것을 언급하고 있다. 누가복음은 예수의 고통과 비통함을 묘사하고 있는데, 이것은 예수께서 고통 중에 또 울부짖지 않으셨다고 말하는 것이 아니다. 게다가 예수께서 운명하시기 직전 말씀하시기를 "아버지 내 영혼을 아버지 손에 부탁하나이다."라고 하셨다.[114]

## 반론

"이레나이우스는 베드로의 돕는 자이자 번역가인 마가가 베드로가 죽고 난 후에 베드로와 바울이 전했던 것들에 대해 기록했다고 말했다. 그런데 라렌더(Larrender)는, '나는 마가가 A.D. 63년 혹은 64년에 마가복음을 썼다고 생각한다. 왜냐하면 그 이전 로마에 살고 있었던 베드로의 모습으로는 상상할 수도 없는 일들이었기 때문이다.'라고 말하였다. 이러한 점에 있어서는 이레나이우스와 바실의 견해가 비슷하다. 그들은 마가가 A.D. 66년에 복음서를 썼다고 확신하는데, 이는 베드로가 마가복음을 보지 않았음을 증명한다. 베드로

---

[113] "그리스도께서 우리를 위하여 저주를 받은 바 되사 율법의 저주에서 우리를 속량하셨으니 기록된 바 나무에 달린 자마다 저주 아래에 있는 자라 하였음이라"(갈3:13). "하나님이 죄를 알지도 못하신 이를 우리를 대신하여 죄로 삼으신 것은 우리로 하여금 그 안에서 하나님의 의가 되게 하려 하심이라"(고후 5:21).
[114] 요 20:17의 반론에 대한 대답을 보라.

가 마가복음을 봤다는 주장은 아무도 신뢰할 수 없을 만큼 근거가 약하다."

### 응답

믿을만한 전통에 따르면 마가는 베드로의 제자이자 통역사였다. 복음서는 베드로와 마가의 가족 사이에 있던 강한 유대 관계를 증언해준다. 예를 들어, 베드로가 천사에 의해 감옥에서 놓임을 받자마자 마가의 어머니, 마리아의 집으로 갔다. 그리고 그 곳은 사도들의 모임이 있던 곳이다.[115] 파피아스는 이렇게 썼다.

"마가는 베드로의 통역사였기 때문에 그는 예수의 삶에 대해 베드로가 그들에게 설교했을 때에 그 설교를 기록하였다."

유세비우스, 이레나이우스, 클레멘트, 오리겐, 제롬, 그리고 다른 중요한 교부들까지도 모두 이 두 가지 점에 대하여 의견을 같이하고 있다. 마가가 베드로의 특별했던 동반자라는 것과, 마가가 복음서를 성령의 감동으로 썼다는 점이 바로 그것이다. 사도 바울도 골로새서 4장 10절과 디모데후서 4장 11절에서 언급하고 있다.[116]

복음서의 역사적 기록을 보면 모든 고대 역사가들은 마가가 복음서를 로마에서 썼으며 베드로가 마가가 말했던 것을 적었다는 사실에 동의한다. 그러나 어떤 이들은 마가가 베드로의 죽음 이후에 복음

---

[115] 행 12:12.
[116] "나와 함께 갇힌 아리스다고와 바나바의 생질 마가와(이 마가에 대하여 너희가 명을 받았으매 그가 이르거든 영접하라"(골 4:10), "누가만 나와 함께 있느니라 네가 올 때에 마가를 데리고 오라 그가 나의 일에 유익하니라"(딤후 4:11).

서를 썼다고 주장하기도 하는데 이는 어떤 경우든 마가가 성령의 영감을 받은 사도였다는 것이 분명하다. 마가복음은 A.D. 56년과 65년 사이에 쓰였을 것이라고 추정되는데, 복음서 본문에 쓰인 구절로부터 우리는 사도들이 사방으로 흩어진 이후에 복음서가 쓰였다는 결론을 내릴 수 있다. 마가복음 16장 20절에서 "제자들이 나가 두루 전파할 새 주께서 함께 역사하사 그 따르는 표적으로 말씀을 확실히 증언하시니라."고 기록하고 있는데, A.D. 50년 전에는 하나님의 이 사람들이 유대를 떠나지 않았던 것으로 알려졌다. 따라서 복음서는 필시 A.D. 60년과 63년 사이에 쓰였을 것이고, 이 경우 베드로는 마가복음을 보았을 것이다.

또한 고대 지도자들은 초대 기독교인들이 마가에게 베드로가 전했던 말씀을 기록해달라고 요청했음에 모두 동의한다. 베드로의 감독 아래 마가복음이 쓰였음을 가리키는 내적 증거가 있다. 그 증거는 우리가 본문에서 볼 수 있는 베드로가 자기 자신을 내세우지 않는 태도, 즉 그가 그의 약점을 드러내고, 덕행을 작게 여기며, 예수를 부인한 사실을 솔직하게 드러내는 사건들에서 찾을 수 있다.

### 반론

"마가복음 1장 6절은 요한이 메뚜기와 석청을 먹었다고 하지만 마태복음 11장 18절은 그가 아무것도 먹고 마시지 않았다고 말한다."

### 응답

세례 요한은 금욕적이고 겸손한 생활을 하는 사람으로 알려졌다. 그의 식단은 메뚜기와 석청이었다. 그의 의복은 또 단순했다. 누가복음 7장 25절은 "그러면 너희가 무엇을 보려고 나갔더냐 부드러운 옷 입은 사람이냐 보라 화려한 옷을 입고 사치하게 지내는 자는 왕궁에 있느니라." 말씀한다. 따라서 우리는 그 구절을 다음과 같이 이해할 수 있다. "그가 먹지도 마시지도 않았다."는 구절은 세례 요한이 완전히 청빈한 삶을 살았음을 가리키는 것이다.

### 반론

"마가복음 1장 7절에서 다음과 같은 말씀을 읽을 수 있다. '그가 전파하여 이르되 나보다 능력 많으신 이가 내 뒤에 오시나니 나는 굽혀 그의 신발끈을 풀기도 감당하지 못하겠노라.' 복음은 예수의 말씀에 대한 기록이기 때문에 이 구절은 예수 그리스도의 말씀이 틀림없다. 따라서 여기 이 구절은 예수께서 그 자신보다 더 위대한 선지자, 즉 무함마드의 오심을 예언한 것처럼 보인다."

### 응답

마가복음 1장 7절의 앞선 구절을 보면 말한 자가 예수가 아니라 세례 요한임이 분명하다. 요한복음 1장 26-34절에서 세례 요한은 그 뒤에 오실이가 예수이심을 단호히 강조하여 말하였다.[117] 만약 반론자

---

117  마 3:11의 반론에 대한 대답을 봐라.

들이 예수는 세례 요한의 뒤를 이어 오실 분이라는 세례 요한의 말이 예수와 세례 요한 모두 동시대의 인물이기 때문에 실언이라고 주장한다면, 예수의 사역은 세례 요한이 감옥에 갇히고 난 후에야 시작되었다는 것을 말하겠다.

### 반론

"마가복음 1장 14절은 예수가 그의 사역을 세례 요한이 감옥에 갇힌 후에 시작했다고 말한다. '요한이 잡힌 후, 예수께서 갈릴리에 오셔서 하나님의 복음을 전파하여' 그러나 요한복음 3장 22-24절은 '그 후에 예수께서 제자들과 유대 땅으로 가서 거기 함께 유하시며 세례를 베푸시더라 요한도 살렘 가까운 애논에서 세례를 베푸니 거기 물이 많음이라 그러므로 사람들이 와서 세례를 받더라 요한이 아직 옥에 갇히지 아니하였더라.'고 말한다."

### 응답

마가는 세례 요한의 투옥 전 예수의 사역에 관한 서술을 하지 않았다. 그러나 예수께서 요한이 감옥에 갇힌 후 갈릴리로 오셨다는 이야기는 예수께서 그 이전 갈릴리에서 가르침을 베풀었다는 사실을 부인하는 것이 아니다. 예수의 공식적인 사역은 세례 요한이 투옥 당한 후에 시작됐을 뿐이다. 이것이 마태, 마가, 누가복음 모두, 세례 요한이 갇히기 전에 예수의 가르침과 기적을 언급하지 않은 이유이다.

요한은 그의 복음서를 다른 세 복음서가 기록된 이후에 썼다. 그는 다른 복음서에서 언급되지 않은 내용들을 서술했다. 요한이 다른 복음서를 부정하고 반박한 것이 아니라, 다만 그것들을 완성하려 한 것이다(요한복음이 나중에 쓰였기에, 요한은 마태, 마가, 누가에 나온 예수께서 세례 요한이 갇히기 전에는 공생애 사역을 시작하지 않으셨다는 내용을 발견할 수밖에 없었다). 만약 이 문제에 있어서 반대자가 반론하기를 원한다면, 반대자는 다른 마태, 마가, 누가에서 예수께서 세례 요한이 갇히기 전에는 가르치지 않았다는 말씀을 발견해야만 하지만, 그 어느 복음서에도 그런 내용은 나와 있지 않다.

### 반론

"마가복음 10장 23절에서 예수께서 말씀하셨다. '재물이 있는 자는 하나님의 나라에 들어가기가 심히 어렵도다!' 부유한 자는 하나님의 나라에 들어가는 게 어렵고 가난한 자는 쉽다는 것이 이치에 맞는가?"

### 응답

예수는 하나님보다 자신의 부를 사랑했던 부유한 젊은 관리의 행동에 대해 견해를 밝히신 것이다. 예수는 모든 부유한 자들이 하나님 나라에 들어가는 것이 불가능하다고 말씀하시지 않았다. 왜냐하면, 사실 당시에도 물질적인 부를 지니고 예수를 따르는 헌신적인 자들이 있었기 때문이다. 그러나 부유한 자 모두는 아닐지라도 부를 가진 자가 하늘에 들어가기 어려운 것은 사실이다. 그들은 자신의 부를 신뢰하기 쉽다. 부를 신뢰하는 것은 부유함에 경배하는 것으로 이어진다. 그리고 이런 식으로 행동하는 자는 자신의 마음에서 하나님을 쫓아낸다. 예수께서 말씀하셨다.

"한 사람이 두 주인을 섬기지 못할 것이니 혹 이를 미워하고 저를 사랑하거나 혹 이를 중히 여기고 저를 경히 여김이라 너희가 하나님과 재물(mammon)을 겸하여 섬기지 못하느니라."[118]

따라서 부유한 젊은 관리는 첫 번째 계명을 어긴 죄를 범했다.

"너는 나 이외에는 다른 신들을 네게 두지 말라."[119]

부유한 자들이 하나님 나라에 들어가기 어려운 또 다른 이유는 그들이 가난하고 궁핍한 자들에게 너그러움, 아량이 부족하기 때문이다. 누가복음 16장 19-31절에 부자와 나사로라는 이름의 거지 비유가 나오는데, 이는 그 예가 될 수 있겠다. 만약 부자가 그의 부를 다스려 부의 주인이 된다면 하나님 나라에 들어갈 수 있을 것이다. 그러나 부가 오히려 그를 다스리고 주인이 된다면 그는 하나님 나라에 들어가도록 허락받을 수 없다. 너그러운 마음은 사람으로 하여금 하나님과 이웃에게 사랑을 표현하게 한다. 성경은 하나님의 나라에 들어갔던 부유한 사람들의 예를 보여준다. 욥의 부유함은 그 당시에 견줄 자가 없었다.[120] 그리고 그는 가난한 자에게 아량을 베풀었다.[121]

---

118  본문에 마 1:24은 오타인 듯하다. 마 6:24의 말씀이다.
119  출 20:3.
120  욥기 1:2,3; 42.
121  욥기 29:12-16.

따라서 재물 자체가 저절로 사람을 천국에 들어가지 못하게 하는 것은 아니다. 다만 부유함을 신뢰하는 것이 사람의 마음을 하나님에게서 멀어지게 한다는 것이다.

### 반론

"누가복음은 영감 받은 책이 아님이 서두에 분명히 나온다. '우리 중에 이루어진 사실에 대하여 처음부터 목격자와 말씀의 일꾼 된 자들이 전하여 준 그대로 내력을 저술하려고 붓을 든 사람이 많은지라 그 모든 일을 근원부터 자세히 미루어 살핀 나도 데오빌로 각하에게 차례대로 써 보내는 것이 좋은 줄 알았노니 이는 각하가 알고 있는 바를 더 확실하게 하려 함이로라.'[122] 이에 다른 옛 기독교 권위자들도 이에 동의하였다. 아레나이우스는 이렇게 말했다. '누가가 예수의 제자로부터 복음에 대해 들었다는 것은 그가 우리에게 중계자로 보내졌다는 것이다.' 제롬도 다음과 같이 말했다. '바울은 누가의 유일한 공급원이 아니었다(그리고 바울 스스로도 예수를 직접 만나지 않았다). 누가는 바울과 다른 사도들에게서 복음을 들었다.'"

### 응답

누가는 성령이 임한 사도로서 다음 구절을 썼다. "그것이 나에게도 좋은 줄 알았노니"[123]라는 말씀은 성령이 누가에게 구세주의 역사

---

122   눅 1:1-4.
123   "it seemed good to me also."

그의 탄생, 기적, 고통, 죽음, 그리고 부활-를 기록하도록 영감을 주었다는 의미이다. 왜냐하면 예수의 전기(傳記)는 믿음을 굳건히 하려는 믿는 자에게 기반이 되기 때문이다. "처음부터 목격자와 말씀의 일꾼 된 자들이 전하여 준 그대로..."라는 말씀은 예수께서 전도를 위해서 내보내셨던 70인의 제자들을 언급하는 것이다.

누가가 성령의 영감을 받았을지라도 그 사실이 그만의 고유한 개성, 타고난 재능과 능력을 상쇄시키는 것은 아니다. 성령은 누가만의 재능과 소질을 인도하고 책을 집필함에 있어서 이끌어 주시고 집필내용이 오류에 빠지지 않도록 안전하게 지키신다. 하나님은 우리 모두가 신앙적인 문제에 우리의 생각과 마음을 사용하도록 의도하신다. 그리고 하나님은 의문과 질문, 심사숙고에 의해 말씀을 깊게 알려는 마음을 주신다.

기독교 학자들은 옛날 사람이든 현대인이든 누가복음이 성령의 감동으로 쓰였음에 동의한다. 마태, 마가, 요한복음의 무오성을 지지하듯이 말이다. 만약 누군가 누가복음이 하나님의 영감으로 쓰인 책이 아니라고 한다면 신학자들과 역사가들은 그 의견에 반박했을 것이다. 왜냐하면 그가 믿음에 있어서 매우 열심이었기 때문이다.

사도 베드로, 바울, 요한은 누가복음이 성령의 영감으로 쓰여 졌다고 여겼다. 누가복음은 그때 당시에도 여기저기서 볼 수 있었는데 만약 책의 신뢰성에 사소한 의심이라도 있었다면 그들은 예배 중에 이 책, 누가복음을 사용하는 것에 절대 동의하지 않았을 것이다.

당시 종교 지도자들은 사도 바울이 누가복음을 보았고 또한 확증했다는데 동의한다. 바울은 누가복음을 그의 복음의 메시지에 있어서 중심으로 여겼고, 누가복음을 그의 서신들과 동등하게 인정했다. 이 복음서는 다른 복음서와 마찬가지로 성령의 영감으로 쓰였음이 확실하다. 다른 복음서와 누가복음의 조화와 반박할 점과 모순점이 없음은 본래 이 복음서들이 하나였음을 가리킨다. 다시 말해, 하나님 말씀이다.

누가는 주님이 유대 땅으로 전도를 위해 보내셨던 70명의 제자들 사이에 있었다.[124] 그는 또 성령강림절에 성령이 임했을 때 성령을 받았던 120명의 제자들 중 한 명이었다.[125] 많은 이들이 예수께서 그의 부활 후에 엠마오로 가는 길에 만났던 두 명 중 한 명이 누가라고 믿는다.[126] 누가복음 24장 18절에서는 그들 중 한 명의 이름만을 언급하는데,[127] 그 이유는 저자로서 누가는 그 자신의 이름이 언급되지 않기를 원했기 때문이다. 사도 바울은 누가를 전도의 동역자라고 언급한다.[128] 그리고 골로새서 4장 14절에서는 누가를 "사랑 받는 의사"로 부른다. 누가는 마케도니아로 향하는 바울의 첫 여행에 동반했다.[129] 그리고 누가를 그리스부터 예루살렘으로 가는 길에도 동반했다.[130]

---

124 이 사건은 눅 10:1-20에 언급된다.
125 행 1:15, 2:1-4.
126 눅 24:13-35.
127 두 명 중 한 명의 이름은 글로바라 나온다.
128 "또한 나의 동역자 마가, 아리스다고, 데마, 누가가 문안하느니라"(몬 1:24).
129 행 16:8-40.
130 행 20, 27, 28장

그곳에서부터 누가는 바울과 함께 로마로 갔고, 바울의 수감생활 동안 함께 2년을 머물렀다. 따라서 그들은 5년 이상 함께 했음을 알 수 있다. 누가는 또한 초대교회 시대의 선생님이자 선지자였다.[131]

바울과 동행했었던 누가가 성령의 영감 없이 복음서를 썼다면 이것이 이치에 맞고 상상할 수 있는 일인가?

사도들은 많은 믿는 자들에게 지고한 선물을 전달했다. 바울은 고린도, 에베소, 로마에서 믿는 자들에게 손을 얹어 성령을 부여했고, 성령을 받은 이들은 방언과 예언의 말을 했다.[132] 이에 앞서 말한 바와 같이 누가가 복음서를 성령의 영감으로 썼음이 분명해졌다. 그리고 영감은 사도와 제자들이 자신의 능력과 달란트를 사용할 수 있는 가능성을 배제하지 않는다.

### 반론

"누가복음 1장 17절은 세례 요한이 선지자 엘리야와 같은 힘과 능력을 갖고 태어나리라고 말한다. 그러나 마태복음 11장 14절은 올 것으로 기대되는 이가 엘리야라고 말한다. 그렇다면 엘리야의 영혼이 세례 요한에게 전이된 것인가? 성경은 영혼의 전이를 가르치는가?"

### 응답

세례 요한은 그의 성품, 행동, 생활양식에 있어 힘과 능력을 가졌다.

---

[131] 행 13:1,2.
[132] 행 19:6,7; 고전 12:28; 롬 11장; 15:19,29.

하나님의 사람이었던 두 사람들 사이의 다음 유사점을 살펴보자.

(1) 엘리야는 홀로 살았고, 동물 가죽 옷을 입고, 가죽 허리띠를 매었다.[133] 그는 갈멜산 근처 사막에서, 호렙산 동굴에서, 다락방에서, 그릿 시냇가 근처에서 살았다.[134] 세례 요한 역시 요단강 근처 사막에서 홀로 살았다. 그리고 낙타의 털로 만든 옷을 입고 허리에 가죽 띠를 찼다. 그의 음식은 메뚜기와 석청이었다.

(2) 하나님은 엘리야를 그의 종이자 선지자로 선택하셨다. 그는 용감했고, 진리를 위해 분투했다. 바알의 선지자를 죽이고, 신을 믿지 않던 오십 부장과 그의 군사를 불로 사르게 기도했다.[135] 그는 주의 명령에 복종치 않고, 바알 우상을 섬기고 나봇을 죽인 아합 왕을 비난했다.[136] 세례 요한도 죄에 대해선 가차 없었다. 그는 사람들에게 회개하고 죄에서 떠나라고 설교했다. "이미 도끼가 나무[137]뿌리에 놓였으니 좋은 열매 맺지 아니하는 나무마다 찍혀 불에 던져지리라." 그는 또 헤롯 왕에게 "동생의 아내를 취한 것이 옳지 않다."며 지적했다.[138]

---

133   열하 1:8.
134   왕상 18:19,42; 왕상 19:9; 왕상 17:19; 왕상 17:3.
135   왕상 18:40; 왕하 1:10.
136   왕상 18:18; 왕상 21:19-26.
137   눅 3:9.
138   막 6:18.

누가복음 1장 17절의 말씀, "그가 또 엘리야의 심령과 능력으로 주 앞에 먼저 와서..."는 엘리사가 엘리야에게 요청하는 장면이 나오는 열왕기하 2장 9절의 말씀과 유사하다.

"당신의 성령이 하시는 역사가 갑절이나 내게 있게 하소서."

그래서 만약 반론자들이 영혼의 전이에 관한 혐의를 제기한다면, 그것은 세례 요한에게 엘리야의 영혼이 전이되기 전에 먼저 엘리사에게 전이되었음을 의미하는 것이다. 그러나 이것은 분명 터무니없는 말이다! 기독교는 그러한 가르침에 동의하지 않는다. 영혼이 죽음으로 육체에서 떠나면 그것은 다시 돌아오지도 않고 어느 다른 사람의 몸을 차지하지 못한다. 십자가에 매달리신 예수 옆에 함께 매달린 회개한 강도의 영혼이 그랬듯이 의인의 영혼은 죽음 후 낙원으로 간다.[139] 그러나 사악한 죄인의 영혼은 거지 나사로를 학대하였던 부자의 영혼처럼, 즉시 지옥으로 간다.[140]

### 반론

"누가복음의 기록과 마태복음의 예수의 족보를 비교해 보면 6가지 차이점을 발견할 수 있다."

(1) 마태복음에서 요셉은 야곱의 아들이다. 그러나 누가복음에서는 헬리의 아들이다.

---

139 눅 23:39-43.
140 눅 16:19-31, 마 17:11과 요 1:21의 반론에 대한 대답을 참고하라.

(2) 마태복음에서 예수는 다윗의 아들, 솔로몬의 후손이다. 그러나 누가복음은 예수가 다윗의 아들, 나단의 후손이라 말한다.

(3) 마태복음에서 다윗부터 바벨론 포로기까지 예수의 조상들은 모두 왕이나 귀족이었다. 그러나 누가복음의 인물들은 다윗과 나단을 제외하고는 유명하지 않은 사람들이다.

(4) 마태복음에 따르면, 스알디엘은 여고냐의 아들이지만 누가복음은 그가 네리의 아들이라 한다.

(5) 마태복음은 스룹바벨이 아비웃의 아버지라 하지만, 누가복음은 레사의 아버지라고 말한다. 이것은 아비웃과 레사의 이름이 열왕기상 3장에 나오는 스룹바벨 아들들의 목록에 없기 때문에 잘못된 것이다.

(6) 마태복음은 다윗부터 예수까지 26세대를 기록하였으나 누가는 41세대를 언급한다.

## 응답

(1) 마태복음에 나온 예수의 족보는 아브라함부터 마리아의 약혼자였던 요셉까지 내림차순으로 정리되었다. 그것은 단지 실제 친 후손의 이름을 포함하는 것이다. 그러나 누가복음에 나온 족보는 오름차순으로 정리되었고, 즉 성육신하신 하나님의 아들, 예수로 시작하여 마지막 모든 것의 본래 원인이 되시는 하나님 자신에 이르기까지 거슬러 올라가는 형태이다.

(2) 마태의 목록은 실제 자식들—즉, 아버지로부터 직계 자식이거

나, 친척이나 법적인 간접적인 자식으로 이루어졌다. 누가의 목록은 친계와 모계 모두 포함하는 형태이다. 누가는 이런 구절로 예수의 족보의 시작을 알린다. "예수께서 가르치심을 시작하실 때는 삼십 세쯤 되시니라 사람들이 아는 대로는 요셉의 아들이니 요셉의 위는 헬리요"[141] 누가의 표현은 마태의 것과 다르다. 유대인은 그들의 족보에 여성들을 포함하지 않았기 때문에 만일 그 가계가 딸에게서 끊어질 지경이 된다면 그들은 여성의 남편을 족보에 기록하여 왔다. 이때 그 남편은 장인의 아들로 여겨졌다. 이 관습에 따라, 예수는 요셉의 아들일 뿐 아니라 헬리의 아들도 된다. 마태는 요셉을 야곱의 아들이라 불렀지만 누가는 요셉을 헬리의 아들이라 부른다. 마태는 진짜 친 아버지를 설명한 것이고 누가는 법적 아버지, 장인을 염두에 둔 것이다. 따라서 마리아는 헬리의 딸이었고, 요셉은 야곱의 아들이었다. 헬리는 아들이 없었기 때문에, 요셉은 헬리의 아들로 목록에 오른 것이다. 요셉과 마리아 둘 다 실제로 한 가족으로부터 나왔다. 둘 모두 스룹바벨의 후손인 것이다(스룹바벨의 장남 아비웃으로부터 요셉이, 스룹바벨의 작은 아들 레사로부터는 마리아가).

(3) 두 번째와 네 번째 반론에 대해 말하자면 누가와 마태는 예수께서 스알디엘과 스룹바벨의 후손이라 주장했다. 둘 모두 솔로몬의 직계후손이었다. 비록 누가는 스알디엘이 솔로몬의 형이었

---

[141] 눅 3:23.

던 나단의 후손인 네리의 아들이라 말하지만 말이다.[142] 따라서 스엘디엘은 나단의 딸과 결혼했다. 그리고 네리는 아들 없이 죽었기 때문에 나단과 솔로몬의 가계는 솔로몬 가계의 법적 가장인 스알디엘과 나단 가계의 가장이었던 네리의 딸의 결혼을 통하여 스룹바벨이 태어났고 스룹바벨에게서 연합되었다. 따라서 마태는 스알디엘의 친아버지인 여고냐를 언급했고 누가는 그의 장인인 네리를 언급한 것이다.

⑷ 다섯 번째 반론내용에서 마태는 스룹바벨의 아들로 아비웃을 언급하고 누가는 스룹바벨의 아들로 레사를 언급하는 문제에 대한 지적은 부적절하다. 역대상 3장에서는 스룹바벨의 아들로 르피아(Rhphea)가 나오고 누가복음에선 레사(Rhesa)라 나온다. 아비웃(Abiud)에 대해 말하자면, 마태는 그를 오바댜(Obadiah)로 부르고 누가는 그를 유다(Judas)라 부른다. 이것들은 특히 히브리어에서는 비슷한 소리의 이름들이다.

⑸ 마태는 복음서를 유대인을 위해서 썼다. 그래서 그는 족보를 기록함에 있어 유대인의 체계를 따랐다. 누가는 헬라인을 위해 복음서를 썼고, 그들의 방법으로 체계를 조절했다.

⑹ 유대인은 그들의 가계도를 보존함에 있어 정확성과 세심한 돌봄으로 유명하다. 초기 연구자들과 성경비평가들은 마태와 마가의 예수의 족보의 기록 사이에 차이점이 있다고 생각했다. 그

---

142  왕상 3:5.

러나 이는 곧 어떠한 불일치도 없다고 분명한 결론이 나왔다. 그 열쇠가 바로 유대의 관습을 알게 된 것이다. 만약 남자, 혹은 여자가 아들이 없다면, 그들은 딸의 남편을 아들로 입적(入籍)시킨다. 예를 들어, 사라가 자식이 없었을 때 그녀는 그녀의 여종 하갈을 남편인 아브라함에게 주었고 아들 이스마엘이 태어났다. 그리고 이스마엘은 사라의 양자로 입적되었다. 라헬과 레아도 같은 일을 했다. 그들은 둘 다 그녀의 여종을 남편에게 주어 자식을 얻었다.

아버지가 그의 딸의 아이를 어떻게 입양하는지에 대한 성경의 예시는 역대상 2장 21절에서 볼 수 있다. 여기에서 갈르앗의 아버지 마길은 딸을 헤스론에게 주어, 헤스론이 60세 때 마길의 딸과 결혼했다. 그녀는 스굽을 헤스론에게 낳아주었고, 스굽은 야일을 낳았다. 그리고 야일은 길르앗의 23개 성읍을 가지게 되었다. 의심할 여지없이 이 말씀에서 마길이 아들과 후계자를 원했음을 알 수 있다. 야일은 많은 성읍을 소유했고, 결과적으로 60개의 성읍을 갖게 되었다. 야일의 자손은 유대의 가계(그들이 헤스론의 자손이었기에)로 포함되는 대신에 그들은 길르앗의 아버지 마길의 자손으로 불리었다.[143] 민수

---

143 "그 후에 히스론이 육십 세에 길르앗의 아버지 마길의 딸에게 장가들어 동침하였더니 그가 스굽을 헤스론에게 낳아 주었으며 스굽은 야일을 낳았고 야일은 길르앗 땅에서 스물세 성읍을 가졌더니 그술과 아람이 야일의 성읍들과 그낫과 그에 딸린 성읍들 모두 육십을 그들에게서 빼앗았으며 이들은 다 길르앗의 아버지 마길의 자손이었더라"(대상 2:21-23).

기 32장 41절에서 한 결론이 나오는데 실제로는 세굽(유다의 자손인 헤스론의 자손이었던)의 아들인 야일이 "므낫세의 아들, 야일"로 불린다는 것이다. 왜냐하면, 그의 조부, 므낫세의 아들 마길이 그를 입양했기 때문이다. 이런 식으로 그는 그의 소유를 상속받았다.

역대상 2장 34절에서 유다 족속의 세산이 등장한다. 세산은 아들이 없었기에 딸 중 하나를 애굽인 야르하에게 주어 아내를 삼게 하고 아태가 태어났다. 아태는 아르하의 후계가 아닌 세산의 후계가 되었다. 그리고 그는 애굽인이 아니라 이스라엘인이 되었고, 혈통과 유산의 모든 소유를 차지했다.

에스더 2장 7절에서는 바벨론 포로 시기에 모르드게가 에스더를 딸로 입양하는 장면이 나온다. 만약 모르드게가 땅과 소유를 가지고 있었다면, 그는 그 대신에 아들을 입양했을 것이다. 비슷하게 바로의 딸도 모세를 아들로 입양했다.[144]

룻기 4장 17절에서는 한 아들이 나오미에게 태어났다 말하는데 실제로 그는 보아스로부터 룻이 낳은 룻의 자식이었다(보아스의 아버지는 엘리멜릭의 아내인 나오미와 먼 친척이었다).

열왕기상 7장 14절에는 솜씨 좋은 대장장이인 히람이 나온다. 그는 납달리 지파 과부의 아들이었다. 그런데 역대하 2장 14절에서는 히람은 단의 여자들 중 한 명의 아들로 언급되었다.

---

144 출 2:10 본문은 이런 구절을 꾸란의 The Story 장 28:9에도 발견할 수 있다고 말하였다.

제2장 성경과 꾸란  **183**

### 반론

"마태는 예수의 부계인 요셉의 혈통을, 누가는 예수의 모계인 마리아의 혈통을 기록했다. 헬리가 아들이 없어 요셉이 헬리의 법적 아들이 되었기에 요셉은 헬리의 이름을 이었다. 이런 원칙으로 보자면 예수는 솔로몬이 아니라 나단의 후손이 된다."

### 응답

하나님께서 마태로 하여금 요셉의 혈통을, 누가로 하여금 마리아의 혈통을 기록하도록 영감을 주신 것은 예수는 부계인 요셉뿐 아니라 모계인 마리아까지도 다윗 왕의 후손임을 보이기 위해서이다. 요셉과 마리아는 다른 가계일 뿐, 모두 다윗 왕의 후손임은 진실이다. 마리아가 헬리의 딸이었기에 예수께서는 부계를 따라 법적으로뿐만 아니라 실제로도 다윗 왕의 후손임이 분명하다. 마리아는 자매가 없었기 때문에 그녀는 상속인이었고, 그녀의 남편은 법적으로 마리아 아버지의 가계 중 일원으로 여겨졌다. 따라서 요셉은 야곱의 아들이고 헬리의 아들이기도 하다.

예수께서 나단의 후손일 뿐 솔로몬의 후손이 아니라는 반론자의 주장에 대해 말하자면, 솔로몬과 나단은 스알디엘과 스룹바벨에서 그 가문이 하나로 합쳐졌음이 분명하다. 그들은 나중에 분리되었고, 후에 요셉과 마리아의 결혼으로 다시 합쳐졌다. 비록 요셉은 야곱의 친아들이지만 헬리의 법적 아들이자, 상속인이기도 하였다. 솔로몬의 후손인 맛단(Matthan)은 바스다(Basta)와 결혼하여 야곱을 낳았다. 맛단(Matthan)이 죽고 난 후, 유다지파인 맛단(Matthat)은 맛단(Matthan)의 미망인과 결혼했고, 그녀는 그에게 헬리를 낳아주었다. 따라서 야곱과 헬리는 어머니가 같다. 헬리는 자식 없이 죽었고, 헬리의 남자형제가 그의 미망인과 결혼하여 요셉을 낳았다. 그래서 요셉은 헬리의 법적 자식이기도 하다.[145]

### 반론

"예수께서 승천하신 장소에 대한 차이가 존재한다. 누가복음 24장 50-51절에서는 '...베다니 앞까지 나가사...'라고 기록되었고, 사도행전 1장 9, 12절에서는 '...감람원(Olives)이라고 하는 산으로부터 예루살렘으로 돌아오니 이 산은 예루살렘에서 가까워...'라고 말하였다.

### 응답

이 반론은 예루살렘과 그 주변의 지리를 이해한다면 근거없는 것임을 알 수 있다. 베다니는 감람원이라 하는 산의 동쪽 경사면에 위치해있다. 예수는 제자들과 베다니에 가셨고, 거기에 계셨다는 말은 감람원이라 하는 산에 이미 계셨다는 말이다.

---

[145] 본문에는 야곱의 아버지를 Mattan으로 헬리의 아버지를 Matthan으로 소개하는데, 킹제임스 성경을 확인한 결과 각각 Matthan과 Matthat임으로 수정하였다. 마지막 단락의 견해는 모든 이들에게 인정받는 견해는 아닌 듯하다.

### 반론

"요한복음 1장 21절에서 세례 요한은 엘리야라는 것을 부인한다. 그러나 마태복음 11장 14절은 예수께서 요한이 오리라 한 엘리야라고 말씀하신다."

### 응답

유대인은 세속적인 것들에 애착이 있었기 때문에 대부분의 예언의 말씀을 문자 그대로 취한다. 그들은 예수 그리스도가 영토를 정복할 힘 있는 왕으로 등장하여 그의 능력을 보이고, 로마의 속박을 부수고 억압으로부터 자유를 주며, 마침내 유대인인 그들을 관리로, 총독으로, 고위 관리로 임명하리라 상상했다. 그들에게 그리스도의 왕국이 영적인 나라이고, 그는 사랑, 화평, 공의, 자애, 정직, 성실과 정직, 그리고 아량으로 왕국을 다스릴 것이라는 것은 생각지도 못한 일이다. 유대인들이 예수의 낮고 초라한 모습을 봤을 때 그들은 정치적 위대함에 대한 희망이 부숴 졌기에 예수를 경멸했다.

그에 맞춰, 그들은 말라기 4장 5절의 엘리야에 대한 예언을 실제 사람이 돌아온다는 의미로 이해했다.

> 보라 여호와의 크고 두려운 날이 이르기 전에 내가 선지자 엘리야를 너희에게 보내리니(말 4:5).

요한은 엘리야가 환생했음을 부인한다. 엘리야의 영이 다시 온다는 것도 부인한다. 요한복음 1:23에서 세례 요한은 "나는 선지자 이사야의 말과 같이 '주의 길을 곧게 하라고 광야에서 외치는 자의 소리로라' 하니라."고 말한다. 즉, 주님의 길을 준비하기 위해 온 자라는 것이다. 선지자 말라기는 세례 요한을 엘리야의 영을 가진 자로 비유했다. 같은 금욕, 진지함, 그리고 열정을 가진 자로 말이다.

세례 요한은 또한 담대함에 있어 엘리야와 비슷했다. 엘리야는 아합 왕과 그의 아내, 이사벨에게 그들의 후대를 끊어버리고 불의와 교만의 형벌로 개가 그 피를 핥으리라고 경고했다.146 세례 요한 역시 헤롯이 그의 형제의 아내, 헤로디아를 취한 일로 그를 비난했다. 그는 또한 잔혹함과 마음의 각박함이 있는 유대 지도자들을 질책했다. 엘리야처럼 세례 요한도 악을 대적하여 외치는데 걸릴 것이 없었다.147

### 반론

"요한복음 1장 21절에서 유대인들의 질문에 세례 요한은 자신이 엘리야도, 선지자도 아니라고 대답했다. 무슬림들은 무함마드가 이 구절에 언급된 사람으로 믿는다. 요한복음 1장 20절의 시작에서 세례 요한은 그가 그리스도인지, 엘리야인지, 아니면 무함마드인지 질문 받았다. 유사하게 신명기 18장 18절에서 모세가 예언한 선지자도 그리스도나 엘리야가 아니라 무함마드이다."

---

146   왕상 21:17-24.
147   눅 1:17의 반론에 대한 대답을 함께 보라..

## 응답

신명기 18장 18절에서 모세가 예언한 선지자는 무함마드가 아니다. 왜냐하면 그 예언은 분명히 이 사람이 유대인임을 말하고 있기 때문이다.

"I will raise up for [the Israelites] a Prophet like you from among their brethren…"[148]

사실 이 예언자는 예수 그리스도 말고 다른 이가 될 수 없다. 다음의 예수의 말씀을 생각해 보라.

"모세를 믿었더라면 또 나를 믿었으리니 이는 그가 내게 대하여 기록하였음이라."

세례 요한은 자신을 그리스도로, 엘리야로, 혹은 유대인들이 또 다른 그리스도의 전조로 생각하는 믿음을 부인했다. 세례 요한에게 한 그들의 질문이 예수 이후 500여 년이 지나서 올 선지자에 대한 질문은 아니리라. 왜냐하면 이들이 지적하는 그리스도는 공식적인 사역조차 시작하지 않았기 때문이다. 그들의 질문은 그리스도, 혹은 그에 앞서 올 사람 중 하나에 대한 것임이 분명하다. 그리고 예수 후에 오게 될 선지자는 없다.[149]

---

148 한글 개역개정 성경은 신 18:18을 이렇게 기록했다. "내가 그들의 형제 중에서 너와 같은 선지자 하나를 그들을 위하여 일으키고 내 말을 그 입에 두리니 내가 그에게 명령하는 것을 그가 무리에게 다 말하리라."

149 눅 1:17의 반론에 대한 대담을 보라.

### 반론

"요한복음 17:3에서 '영생은 곧 유일하신 참 하나님과 그가 보내신 자 예수 그리스도를 아는 것이니이다.'라는 말씀이 나온다. 이것은 예수께서 하나님이 아니라는 말이다.

### 응답

예수가 인자로서 오셨다는 말씀을 기억할 필요가 있다. 우리는 성부 하나님, 성자 하나님, 그리고 성령 하나님이라는 용어를 이해한다. 이 세 인격 중 각각은 완전하고 진실한 하나님이시다. 예수는 비유대인들이 믿었던 가상의 신들과는 대조적으로 "진실한 하나님"이라고 말씀하신 것이다. 그의 창조물인 모든 인류를 사랑하시는 하나님으로서, 모든 믿는 자를 자녀 삼아 주시는 분으로서의 하나님을 모르는 자는 누구라도 진실한 하나님을 알지 못한다.

이 말은 비논리적이고 사실이 아닌 듯 보일지도 모른다. 아주 높은 개념이기에, 너무 높아서 사람의 생각으로 알기 어려운 것이다. 그러나 셋 안에 하나가 있고, 하나 안에 셋이 있는 하나님의 속성에는 동의할 수 있다. 예수는 생명의 근원이시고 하나님의 생명이시기 때문에 우리가 하나님을 알 때 영원한 생명을 받는다.[150]

### 반론

"예수는 다른 이들과 같이 평범한 사람이었다. 이것은 그의 말에

---

150 엡 4:18.

의해 증명된다. '예수께서 이르시되 나를 붙들지 말라 내가 아직 아버지께로 올라가지 아니하였노라 너는 내 형제들에게 가서 이르되 내가 내 아버지 곧 너희 아버지, 내 하나님 곧 너희 하나님께로 올라간다 하라 하시니'"[151]

## 응답

예수는 삼위일체 하나님의 세 인격 중 하나이시다. 성육신 하신 하나님으로서 예수는 완전한 인간이시고 완전한 신성을 갖고 계셨다. 이 두 속성은 한 사람 안에서 연합되었다. 예수는 영원히 찬양받으실 하나님[152]이시고, 신성의 모든 충만함이 육체로 거하시는 분[153]이다. 예수는 죄가 없으신 분이고, 타락하기 전 아담과 같은 완전한 인간이다. 이것이 예수께서 마지막 아담으로 성경에 언급된 이유이다.[154]

예수께서 하나님에게 버려짐을 당한 이유를 물어봤을 때, 그것은 십자가 위에서 모든 인류를 대표한 것이었다. 그리고 스스로 태초로부터 시작된 모든 죄의 형벌을 그 스스로 감당한 것이다. 속죄하는 자로 속죄가 필요한 자들의 장소에 있었다. 그리고 모든 인류가 죄인이기 때문에 하나님의 용서가 필요하기에 예수는 우리들을 위해서 죄인으로 여겨졌고 형벌을 받아들이셨다.

---

151 요 20:17.
152 롬 9:5.
153 골 2:9.
154 롬 5:12-21; 고전 15:45-49.

예수께서 "나의 하나님 나의 하나님, 어찌하여 나를 버리셨나이까?"라고 말씀하셨을 때, 이는 하나님의 지위로서 말씀한 것이 아니라 사람의 지위로 말씀한 것이었다. 하나님으로서 예수는 절대 삼위일체로서의 하나님과 분리된 것이 아니라 성부와 성령 하나님과 연합되어있었다. 예수는 우리를 의롭게 하시기 위해 형벌을 받으셨다. 예수는 주님으로서, 구세주로서 그를 받아들인 자라면 누구든지 하나님께로 가까이 데려오실 수 있으시고 그를 따르는 자에게 즐거움을 주실 수 있다.

### 반론

"성경은 불완전하다. 왜냐하면 요한복음 20장 30절과 21장 25절[155]에 나오듯이, 요한은 예수께서 했던 많은 일들을 기록하지 않았기 때문이다."

### 응답

예수는 너무 많은 기적을 행하셨기에 한 책에 그것들 모두를 기록하는 것은 불가능했다. 요한은 그가 선택한 것들을 기록했다. 왜냐하면 그의 독자들이 예수를 하나님의 아들 메시아로 믿게 하려함이었고, 예수를 믿는 믿음, 예수 안에 있는 믿음이 영원한 생명을 주기 때

---

[155] "예수께서 제자들 앞에서 이 책에 기록되지 아니한 다른 표적도 많이 행하셨으나"(요 20:30), "예수께서 행하신 일이 이 외에도 많으니 만일 낱낱이 기록된다면 이 세상이라도 이 기록된 책을 두기에 부족할 줄 아노라"(요 21:25).

문이다. 요한복음 20장 31절도 말씀한다.

> 오직 이것을 기록함은 너희로 예수께서 하나님의 아들 그리스도이심을 믿게 하려 함이요 또 너희로 믿고 그 이름을 힘입어 생명을 얻게 하려 함이니라(요 20:31).

### 반론

"요한복음 21장 24절에서 요한은 제3의 인물을 언급했다. '이 일들을 증언하고 이 일들을 기록한 제자가 이 사람이라 우리는 그의 증언이 참된 줄 아노라.' 사실 그런 언급은 책 도처에 나온다. 이것은 요한의 이름을 가진 복음서가 사실은 다른 누군가에 의해 쓰였음을 가리킨다."

### 응답

이 책이 제3의 인물에 대해 쓰였다는 사실은 우리에게 저자의 겸손함과 가능한 그의 정체를 감추기를 원했음을 보여준다. 그러나 책의 내적 증거들은 결정적으로 저자가 예수와 가까운 사람이었으며 일어나는 모든 사건에 극히 익숙한 자였음을 보여준다.[156] 모든 교부들도 이에 동의한다.

---

[156] 요 1:14; 19:35.

## I. 사도행전과 바울서신에 대항하는 부당한 도전들

### 반론

"사도행전 1장 15절에서 성령강림의 날 전에 예수를 믿는 무리가 120명이 모였다고 나온다. 그러나 고린도전서 15장 6절은 예수께서 500여 명의 믿는 자들에게 나타나셨다고 말한다."

### 응답

사도행전 1장 15절은 예루살렘의 다락방에서 예수를 만났던 120명의 믿는 자를 말하는 것이고, 500명은 예수가 부활하신 후에 갈리리에 계셨을 때 만났던 자를 말하는 것이다.[157]

### 반론

"사도행전 1장 18절은 유다가 곤두박질하여 배가 터졌고 그 결과 창자가 다 흘러 나왔다고 언급한다. 그러나 마태복음 27장 5절에서는 그 스스로 목을 매달아 죽었다고 말한다."

### 응답

마태는 유다가 목을 매달아 자살한 사실을 언급했다. 그의 목적은 엄격히 사실에 기반을 두어 전하는 것이었다. 그러나 사도행전에서

---

157　마 28:7; 행 1:11.

는 목을 매달은 것을 더 자세히 설명하였다. 유다는 스스로 힌놈 계곡 위로 10미터는 되는 절벽의 가장자리에서 목을 매달았다. 결국 밧줄이 끊어졌고, 유다의 몸은 땅과 부딪쳐 터져나갔다. 누가가 쓴 사도행전의 목적은 혐오를 동반한 공포를 야기시키는 것이었다.

### 반론

"사도행전 7장 14절은 '요셉이 사람을 보내어 그의 아버지 야곱과 온 친족 일흔 다섯 사람을 청하였더니'라고 말했다. 이는 창세기 46장 27절의 '애굽에서 요셉이 낳은 아들은 두 명이니 야곱의 집 사람으로 애굽에 이른 자가 모두 칠십 명이었더라.'는 말씀과 모순이 된다.

### 응답

창세기 46장 26절[158]은 우리에게 야곱과 함께 애굽에 갔던 자들을 보여준다. 야곱의 며느리를 제외하고 야곱의 몸에서 난 자가 육십육 명임을 보여준다. 이 숫자에 더해진 것이 야곱의 며느리인데, 우리는 적어도 유다의 아내가 죽었다는 것을 안다.[159] 그래서 전체 숫자는 분명 70과 75명 사이일 것이다. 창세기 46장 27절의 70명이었다는 언급은 어림수인 듯하다. 사도행전 7장 14절에 기록된 75명이라는 숫

---

[158] "야곱과 함께 애굽에 들어간 자는 야곱의 며느리들 외에 육십육 명이니 이는 다 야곱의 몸에서 태어난 자이며"(창 46:26).

[159] 창 38:12.

자는 스데반이 말한 것인데, 스데반은 심문을 받고 있었고 마지막 연설에서 정확한 세부적인 사항을 알리는데 크게 염두에 둔 것이 아니라 일반적인 성경 속 사건의 총괄하는 개요를 알리는데 목표를 두고 있었다. 이는 이 사실을 덮을 수도 있는 유혹에 흔들리지 않고, 스데반이 말한 것을 들었던 그대로 정확하게 기록한 자의 정직함을 우리에게 보여준다.

그리고 다섯 명의 여분의 사람들은 아마 요셉에게서 난 세 명의 손자들과 두 명의 증손자였을 것이다. 이는 민수기 26장 28-37절에서 언급된다. 70인역에서는 그들의 이름을 실제로 창세기 46장 20절에 삽입되었는데, 그들의 이름은 헬라 철자를 따라 Mekir, Galaad, Soutalaah, Taam, Edom이었다. 따라서 창세기와 사도행전의 구절은 모두 정확하다. 다만 하나는 다른 것보다 좀 더 포괄적일 뿐이다. 스데반은 창세기 46장 26, 27절이 번역본인 70인역으로부터 75명이라는 숫자를 얻었을 것이다.

우리는 또한 창세기는 야곱의 며느리들을 제외했음을 기억해야 한다. 사도행전의 구절로부터, 우리는 야곱과 함께 온 자들의 숫자가 애굽에 살던 요셉과 그의 아내와 그의 두 아들들을 제외한 것임을 알 수 있다. 야곱의 며느리는 9명 이었다. 왜냐하면 유다와 시므온의 아내는 죽었기 때문이다.[160] 이것으로 마지막 75명이라는 숫자를 낼 수 있다. 따라서 야곱은 75명의 사람들과 함께 애굽으로 떠났다.

---

160　창 38:12; 46:10.

### 반론

"사도행전 26:23과 고린도전서 15:20,22,23, 골로새서 1:18, 요한계시록 1:5에서 우리는 예수께서 죽음에서 일어난 첫 번째라는 것을 읽었다. 그러나 예수 그 자신이 죽음에서 세 명의 사람을 일으키셨다. 누가복음에 언급된 사람과, 관리의 딸, 요한복음에 언급된 나사로가 그들이다. 그리고 이는 기독교가 주장하는 부활 전에 일어났던 사건이다."

### 응답

예수는 죽음에서 살아나셨다. 그리고 그는 절대 다시 죽음을 겪지 아니하신다. 따라서 예수는 죽은 자 사이의 "첫 열매"가 되셨다. 그런데 예수께서 죽음에서 살리셨던 그들은 결국 다시 죽었다. 부활에는 두 가지 형태가 있고, 이들 사이에는 차이가 존재한다.

구약에서 처음난 아들의 상황이 이와 유사하다. 처음난 자가 장자는 아니다. 그러나 그 아들은 유산으로 두 배의 몫을 받았다. 야곱(이스라엘)은 이삭의 장자는 아니었다. 그러나 야곱 자신도 요셉의 맏이로 요셉의 둘째 아들인 에브라임을 세웠다.[161]

예수는 죽음에서 살아난 첫 번째는 아니었다. 그러나 그는 부활한 첫 번째로 다시 죽지 않으셨다. 이런 면에서 예수는 죽은 자들 사이에 첫 열매가 되신 것이다.

---

[161] 창 48:14.

### 반론

"야고보서 1:12,13은 '시험(temptation)을 참는 자는 복이 있나니 이는 시련을 견디어 낸 자가 주께서 자기를 사랑하는 자들에게 약속하신 생명의 면류관을 얻을 것이기 때문이라. 사람이 시험을 받을 때에 내가 하나님께 시험을 받는다 하지 말지니 하나님은 악에게 시험을 받지도 아니하시고 친히 아무도 시험하지 아니하시느니라 오직 각 사람이 시험을 받는 것은 자기 욕심에 끌려 미혹됨이니'라고 말한다. 그러나 우리는 성경 속에서 하나님이 사람을 시험(trial)하시려 시험(tempt)하는 것을 볼 수 있다. 노아의 홍수와 소돔과 고모라가 그 예이다.

### 응답

성경의 시험(temptation)에는 세 가지 종류가 있다.

1) 정결함을 위한 고통과 시험: "내 형제들아 너희가 여러 가지 시험을 당하거든 온전히 기쁘게 여기라 이는 너희 믿음의 시련이 인내를 만들어 내는 줄 너희가 앎이라."[162] 아브라함의 시험(trial)이 이러한 종류였다. 그리고 이를 통해 아브라함의 믿음의 진실함과 힘이 드러났다. 누군가 이러한 종류의 시험을 인내할 때, 그는 생명의 면류관을 받는다.
2) 노아시대의 홍수, 소돔과 고모라의 파괴와 같은 죄인을 향한 징벌
3) 사단이 일으키는 악: 하나님은 악의 근원도 아니시고, 누군가

---
[162] 약 1:2-3.

를 유혹하지도 아니하신다. 이는 어둠의 왕, 악마 사탄의 영역이다. 주기도문에서 우리를 악에서 구해달라는 기도를 배웠다. 다시 말해 우리의 기도는 이렇게 되어야한다. "우리를 시험에 빠지게 마옵시고, 악에서 구하옵소서."[163]

요르단 느보산 놋뱀

---

163   NIV는 "lead us not into temptation, but deliver us from evil."로 번역하였다. KJV를 참고했다는 본문은 "May there be nothing in me that would cause You, O Lord, to allow Satan to put me to the test."라는 기도가 되야 한다 말한다.

## 제3장

## 성경과 꾸란의 인물

### 1. 아브라함과 '이브라힘'[1]

#### A. 꾸란의 '이브라힘'

연구자가 인용하는 최영길이 번역한 『성 꾸란 의미의 한국어 번역』에서는 '이브라힘'이라는 명칭 대신 '아브라함'이라고 명칭하면서 다음과 같은 구절에서 '이브라힘'에 대하여 언급하고 있다.[2]

---

[1] 본 내용은 2013년 「복음과 선교」 제24권에 게재된 필자의 글, "한국의 이슬람화에 대응하는 기독교 선교변증 설교의 필요성—성경의 아브라함과 꾸란의 이브라힘을 중심으로—"에서 발췌하여 재편성한 것이다.

[2] 본문에서 인용한 꾸란은 『성 꾸란 의미의 한국어 번역』(파하드 국왕 꾸란 출판청, 1999)이다. 본 한국어 꾸란의 첫 페이지에는 파하드 왕 꾸란 출판청 총감독이며 이슬람, 이슬람기금, 선교부 장관인 압둘라 이븐 압둘무흐신 투르키가 서문을 적고 있다. 그의 서문에 따르면, "메디나 소재 파하드 국왕 성 꾸란 출판청은 한국어를 사용하는 독자들에게 최영길 박사가 번역한 한국어판을 드립니다."라고 적고 있다. 그러므로 『성 꾸란 의미의 한국어 번역』은 명지대 최영길 교수의 번역임을 알 수 있다. 최영길 교수가 번역한 꾸란에는 '이브라힘'이라는 단어 대신에 기독교와 같은 '아브라함'이라고 명칭되어 있다. 최영길, 『성 꾸란 의미의 한국어 번역』(파하드 국왕 꾸란 출판청, 1999), 1318-1319.

(1) 아브라함(Ibrahim : Abraham) 수라 14

(2) 아브라함 명칭의 유래 : 제14장 서문 참조

(3) 아브라함이 멈춘 곳에 신전을 짓다(2:125).

(4) 신전을 깨끗이 하라는 하나님의 명령을 받다(2:125).

(5) 하나님이 아브라함을 시험하다(2:124).

(6) **아브라함과 이스마엘이 신전의 주춧돌을 놓다**(2:127).[3]

(7) 아브라함의 종교를 배반하는 것은 자신을 조롱하는 것(2:130).

(8) 아브라함은 하나님만을 섬김(2:133).

(9) 가장 올바른 종교는 아브라함의 종교(2:135; 3:95; 4:125; 6:161).

(10) **아브라함은 무슬림이었다**(2:140; 3:67).[4]

(11) 하나님의 선택을 받다(3:33).

(12) 아브라함에게 계시가 있었다(3:84; 4:54, 163; 21:51).

(13) 아브라함의 발자국(3:97).

(14) 하나님은 아브라함을 친구로 하다(4:125).

(15) 우상을 숭배한 그의 아버지를 비난(6:74).

(16) 천사가 아브라함에게 '평안하소서'라고 인사하다(7:69).

(17) **메카를 평화로운 도시로 하여달라고 기도하다**(14:35).[5]

(18) 아브라함의 손님들(15:51; 51:24).

(19) 우상을 도끼로 부수다(21:58).

---

3 필자 강조.
4 필자 강조.
5 필자 강조.

(20) 불 속에 던져진 아브라함을 구하기 위해 하나님이 불을 식히다(21:69).[6]

(21) 아브라함이 계시 받은 책(수흐프) (87:19).

(22) 죽은 새가 생명을(2:260).

(23) 유일신 종교 설파(6:80-83).

(24) 아버지를 위해 기도(9:113-114; 26:86).

(25) 아들을 신의 제단에 바치다(37:102).

(26) **화염 속으로 던져진 아브라함**(21:68; 37:97).[7]

(27) 아브라함이 가나안 땅으로 이주하다(21:71 및 주해석; 37:99).

(28) 이스마엘이 태어날 것이라는 기쁜 소식(37:100-101).[8]

(29) 이삭의 탄생소식(11:72; 37:112).

(30) 구운 송아지 고기로 손님대접(11:69).

(31) 이스마엘을 황량한 계곡에 두다(14:37).

위에서 짙은 글씨체로 필자가 강조하고 있는 구절들은 대표적으로 성경과 다른 '이브라힘'에 관한 기사이다. 특별히 꾸란 수라 14의 명칭은 "아브라함"(Ibrahim)이다.[9] 수라 14의 내용 중 핵심이 되는 내용은 '이브라힘'이 그의 아들 이스마엘과 '하자르'(하갈)를 데리고 메카로 여행을 했다는 것이다. 그 이유는 '이브라힘'의 아내 사라의 질투로

---

6 필자 강조.
7 필자 강조.
8 필자 강조.
9 꾸란은 각 장마다 고유의 명칭이 그 장의 주제와 관련하여 주어진다.

말미암아 이스마엘과 '하자르'를 메카에 버려두고 오기 위함이었다는 것이다. 그곳에서 마실 물이 떨어지자 알라가 '하자르'의 기도를 듣고 메카의 '잠잠'이라는 곳에서 물이 나게 하였고, 이것이 유래가 되어 이슬람의 성지순례, '하지'(Hajj)의 기원이 되었다. 그런데 여기서 우리가 주목할 것은 '이브라힘'과 관련된 다른 꾸란 구절들과의 관계로 보아 대부분의 비무슬림 학자들은 '이브라힘'이 메카로 여행한 사실에 대하여 부정하고 있다는 것이다.[10]

성경에는 아브라함이 여행한 행선지가 아주 명확히 기록되어 있다. 그리고 성경 어디에도 아브라함이 현대의 사우디아라비아 지역인 메카로 여행하였다는 언급이 없다. 지역적으로나 육체적으로나 정치적으로나 아브라함은 메카로 여행할 수 없었다는 의견이 지배적이다.[11]

---

10 일반적으로 아브라함에 대한 인물소개가 다음과 같이 백과사전에 기록되어 있는 것을 주목할 필요가 있다. "아브라함은 수메르 문화의 중심지였던 메소포타미아의 도시 '우르'에서 태어났으며, 하나님의 말씀에 순종하여 75세에 고향을 떠나 가나안으로 이주하였다. 아브라함은 약속의 말씀을 기다리지 못하고 사라의 여종 하갈에게서 이스마엘을 낳았고, 100세 때 하나님이 약속하신 이삭을 낳아 모리아 산에서 이삭을 바치라는 하나님의 시험에 합격하였고 175세에 사라가 묻힌 헤브론의 막벨라 굴에 묻혔다(창 12, 13, 16, 21, 22, 25장). 그리고 메카는 홍해 연안에서 내륙으로 들어간 시라트 산맥에 둘러싸여 있으며 와디 이브라힘과 여러 짧은 지류들의 말라버린 하상(河床: 해발고도 277m)에 위치한다. 동쪽으로는 아지야드 산(399m)과 아부쿠바이스 산(366m), 서쪽에는 콰이칸 산(420m)이 자리잡고 있다. Daum 백과사전(출처-브리태니커 백과사전), http://enc.daum.net/dic100/contents.do?query1=b07m2869b, 2013년 4월 5일.

11 Raouf Ghattas, Carol B. Ghattas, *A Christian Guide To The Quran – Building Bridges In Muslim Evangelism* (Grand Rapids, Mi.: Kregel Publications, 2009), 143.

그럼에도 불구하고 꾸란을 한국어로 번역한 최영길은 그의 책에서 하갈과 이스마엘의 출생과 메카로의 여행에 대하여 다음과 같이 설명하고. 이슬람의 순례, '하지'(Hajj)의 기원이 '아브라함'의 전통에서 비롯되었다고 한다. 아담이 하늘에서 내려와서, 신을 대신하여 땅을 다스리고 관리하도록 은혜를 베풀어 준 신을 경배하기 위하여 신전을 세웠던 그 자리에 '아브라함'과 그의 아들 이스마엘이 재건축을 한 것이 현재의 '카바' 신전이 되었다는 것이다.[12]

> 여호와께서 아브라함에게 이르시되 너는 너의 본토 친척 아비 집을 떠나 내가 네게 지시할 땅으로 가라 내가 너로 큰 민족을 이루고 네게 복을 주어 네 이름을 창대케 하리니 너는 복의 근원이 될지라 너를 축복하는 자에게는 내가 복을 내리고 너를 저주하는 자에게는 내가 저주하리라 하신지라(창 12:1).

또한 최영길은 이 말씀을 받은 '아브라함'이 '하자르'(하갈)와 이스마엘을 데리고 메카로 향했다고 한다. 그들 일행이 도착한 메카는 사람도 살지 않고 물도 없는 돌산으로 둘러싸인 황폐한 계곡이었는데 각각 '사파'(Safa)와 '마르와'(Marwa)라고 하는 계곡을 심한 갈증으로

---

[12] 수라 2:127. 아브라함이 시리아로부터 다시 메카를 찾았을 때 알라가 그를 신전으로 안내 하였고(수라 22:26) 그때 아들 이스마엘은 청년이 되어 잠잠 샘 주변에서 활 쏘는 연습에 열중하고 있었다고 한다. 아브라함은 아들 이스마엘을 만나 카바신전 건축을 위해 협력을 요구했고 이스마엘은 아버지의 뜻을 따라 나이 서른이 되어서 돌을 나르면서 카바신전의 초석을 올리기 시작하여 B.C. 1824년에 마무리 되었다고 한다. 이 당시에 카바신전은 지붕이 없었고 동쪽과 서쪽으로 문이 있었다. Muhammad Salim, *Islamic Encyclopidea* (Cairo : International Press, 1982), 420.

물을 찾아 헤메다가 결국 이스마엘이 있는 곳으로 돌아와 알라에게 기도를 하였더니 이스마엘의 두 발 밑에서 물이 솟아 올랐고, 그 샘을 '잠잠'(ZamZam)이라고 하게 되었다고 설명하고 있다. 무슬림들은 이 샘물을 모든 순례자들의 종교적 갈증을 식혀주는 세상에서 하나밖에 없는 성수(聖水)로 믿고 있다.[13]

손주영도 그의 책에서 아브라함은 유대교, 기독교, 이슬람교의 공동 조상이라고 강조하면서 이슬람 전통에서 차지하는 아브라함의 위치는 기독교나 유대교 전통에서보다 훨씬 중시되는 아주 남다른 것이라고 한다. 그 이유는 무슬림들은 알라의 진리가 아담과 노아 때와 마찬가지로 아브라함 때도 그 원형이 순수하게 내려졌는데, 그의 뒤를 이은 후대의 여러 세기를 거치면서 일부 왜곡되고 변경되자 알라가 모세와 예수, 무함마드와 같은 선지자들을 이 땅에 보내게 되었고 마지막 예언자인 무함마드의 사명이 바로 이슬람을 다시 아브라함 때와 같이 순수한 것으로 복원하는 것이라고 믿고 있기 때문이라고 한다.[14]

그런데 그 역시도 알라가 '이브라힘'(아브라함)과 성약을 맺고 그의 가족과 후손을 크게 번창하게 하기 위하여 '하자르'(하갈)와 이스마엘을 데리고 메카로 여행하였다는 것이다. 그리고 그곳에서 알라의 기적의 은혜로 이스마엘의 발 밑에서 '잠잠'이라는 샘이 솟았다고 하면서, 이 이야기가 창세기 21장 1절부터 21절까지의 내용과 일치한다

---

13　최영길, 『이슬람 문화』 (서울 : 도서출판 알림, 2000), 168-170.
14　손주영, 『이슬람』 (서울 : 일조각, 2005), 24.

고 각주에 적고 있다.[15] 그러나 이러한 견해는 기독교 성경해석학적 측면에서 객관적 사실로 입증된 바 없는 이슬람의 자의적 해석에 불과하다. 창세기 21장의 해석문제는 뒤에서 다루기로 한다.

손주영은 이어서 '아브라함'이 '하갈'과 이스마엘을 떠난 뒤 궁금하여 다시 모자(母子)를 찾아와보니 알라의 보호로 메카에서 잘 살고 있는 것을 보고 사막에 떨어진 운석(隕石)을 운반해 와서 제단을 쌓고 이스마엘과 감사의 예배를 알라에게 드리니 이것이 오늘날 메카의 '카바'(kaaba)신전이 되었다고 설명하고 있다.[16]

다음으로 주목할 필요가 있는 대목은 성경과 꾸란이 서로 다른 입장을 취하고 있는 부분으로 번제단에 드려진 아들이 이삭이냐 이스마엘이냐 하는 문제이다. 이슬람에서 이스마엘은 이집트 여인과 결혼하여 12명의 아들을 낳았으며 137살까지 살았다고 전해지는데, 이 내용은 창세기 25장 12절에서 17절의 내용과 일치한다. 다만, 꾸란은 이슬람전통에서 알라와 '아브라함'의 약속을 매우 중시하는데, 이 약속은 이삭이 태어나기 전부터 맺어진 것이므로 이스마엘은 약속의 아들이고 '아브라함'의 합법적 상속자임을 내세우고 있다.

---

15  Ibid., 26-27.
16  꾸란은 수라 2:127에서 이때의 장면을 묘사하고 있다. "아브라함과 이스마엘이 그 집의 주춧돌을 세우며 주여 저희들로부터 우리의 기도를 받아 주소서 주여 당신이야말로 들으시고 아시는 분이옵니다." 아울러 카바신전에 관한 내용은 필자의 책, 소윤정, 『꾸란과 성령』 (서울: CLC, 2009), 51-57을 참조하기 바람.

하나님이 그 어린 아이의 소리를 들으셨으므로 하나님의 사자가 하늘에서부터 하갈을 불러 이르시되 하갈아 무슨 일이냐 두려워하지 말라 하나님이 저기 있는 아이의 소리를 들으셨나니 일어나 아이를 일으켜 네 손으로 붙들라 그가 큰 민족을 이루게 하리라[17] 하시니라(창 21:17-18).

또한 여기서 "큰 민족"이 바로 무함마드를 배출한 아랍민족이라고 말하고 있다. 그리고 알라가 '이브라힘'(아브라함)의 신앙을 시험하기 위해 그의 아들을 번제단에 희생물로 바치라고 했을 때 번제의 희생물이 된 아들이 이스마엘이라고 믿고 있다. 그 이유는 이스마엘이 장자였고 약속을 받은 합법적 아들이라는 것이다.[18]

그러나 최영길은 그의 책 『이슬람 문화』에서 번제단에 바쳐진 아들의 문제에 있어서 손주영의 입장과는 다르다. 최영길의 글에 의하면 꾸란에서는 장남을 바치라는 표현도 없고 이스마엘인지 아니면 이삭인지 근거가 없다는 것이다. "아들의 나이가 일할 나이에 이르렀을 때 그 아들을 신의 제단에 바치라는 꿈을 꾸었다."라고 기록되어 있을 뿐이라는 것이다. 다만 후대에 꾸란 해설가들에 의하여 '아브라함'이 그의 아들을 제단에 바치라는 꿈을 꾸었을 때는 이스마엘은 이미 13세였고 이때까지 이삭은 태어나지도 않았기 때문에 알라의 번제단에 바쳐진 자식은 이스마엘 밖에 없다는 주장과 함께, 먼저 출생한 자식이 장남이라는 점에서 번제단에 제물로 올려진 아들은 당연

---

17 필자 강조.
18 손주영, 『이슬람』, 27.

히 이스마엘이라는 것이 무슬림들의 견해이다.[19]

　창세기 21장과 16장에 의하면 이삭은 아브라함의 나이 100세에 출생하였으며, 이스마엘은 아브라함의 나이 86세에 출생하였다. 그러므로 이스마엘은 이삭보다 14살 위였고 사실상 이스마엘은 14년 동안 아브라함의 독자였던 셈이다. 이슬람에서 논란이 되고 있는 가장 핵심적인 성경구절은 창세기 22장 2절, "여호와께서 이르시되 네 아들 네 사랑하는 **독자**[20] 이삭을 데리고 **모리아 땅**[21]으로 가서 내가 네게 일러준 한 산 거기서 그를 번제로 드리라"인데, 이슬람에서는 '사랑하는 독자'라는 구절에 초점을 맞추고 있는 것이다.

　창세기 22장 2절의 "독자"가 이삭이 아닌 이스마엘로 이슬람에서 인정되고 있는 이유는 다음과 같다. 무슬림학자들은 성경에서 언급하고 있는 모리아 땅을 이스마엘이 어린 시절을 보낸 메카에 있는 '마르와'(Marwa) 동산이라고 말하고 있다. 또한 무슬림들은 창세기에서 이삭의 이름이 이스마엘의 이름을 대신해서 사용되고 있는 것은 유대교, 기독교 전통에 있어서 구원의 역사가 유대인의 계보에 있었음을 강조하고 이삭의 혈통을 영광스럽게 하면서 이삭의 형인 이스마엘의 후손들을 대적하기 위하여 이삭의 번제를 언급한 것이라고 한다.[22]

---

19　최영길, 『이슬람 문화』, 171.
20　필자 강조.
21　필자 강조.
22　Abdulllah Yusuf Ali trans. and commented, *The Holy Quran* 2nd. ed. (America: American Trust Publication, 1977), 1205, 각주 4101 참조.

그리고 꾸란에 의하면 제단에 번제물로 바쳐진 이스마엘을 대신하여 알라가 천국에 있는 어린 양 한 마리를 보내었다고 한다. "이브누 압바쓰"에 의하면 알라가 천국에서 40차례의 가을철을 거치면서 길러진 살진 어린 양을 대신하여 보내었다고 설명하고 있다.[23] 그리고 제단에 올려진 이스마엘을 구제하기 위하여 하늘에서 가장 빠른 천사가 천국의 양 한 마리를 가장 빠른 속도로 가져오는 도중 속도의 저항에 의하여 양털이 모두 빠져 하늘에 휘날리게 된 것이 바로 밤하늘의 은하수라고 한다.[24]

다음으로 성경과 달리 꾸란의 '이브라힘'은 우상을 파괴하고 유일신 알라를 믿도록 호소하다가 화형에 처한다. 꾸란 수라 21장 51-70절에 걸쳐 묘사되고 있는 '이브라힘'은 우상을 타파하기 위하여 그 지역에서 가장 큰 우상만 남기고 다른 우상들을 전부 깨뜨린 후 도끼를 가장 큰 우상의 목에 걸어놓았다. 우상 숭배하는 불신자들이 축제에서 돌아와 깨뜨리지 아니하고 남겨둔 가장 큰 우상에게 누가 그들이 숭배해오던 신들을 깨뜨렸는지 물어보도록 하기 위함이었다는 것이다.[25] 그러나 우상 숭배 타파에 있어서 기록된 본 꾸란 구절에 대하여 우리는 그 수단을 정당화할 수 없다. 거룩한 하나님을 섬기는 우리는 무엇보다도 다른 사람들을 하나님께 인도함에 있어서 거룩한 수단을 필요로 한다. 아브라함은 위의 꾸란 구절을 통하여 바른 가르

---

23  최영길, 『성 꾸란 의미의 한국어 번역』, 844, 각주 107, 1) 참조.
24  최영길, 『이슬람 문화』, 174.
25  최영길, 『성 꾸란 의미의 한국어 번역』, 597, 각주 58, 1).

침을 주는 것 같지만 결국은 그도 역시 거짓말을 하게 되는 것이다. 이런 점은 결코 성경적이지 않다.

뿐만 아니라 꾸란에서 우상 숭배자들은 '이브라힘'을 뜨거운 불에 화형시키려고 하였다.[26] 이브라힘은 비록 불 속에 던져졌지만 알라에 대한 신념을 버리지 않았고, 맹렬한 불길은 '이브라힘'을 덮치지 못했고, 단지 '이브라힘'을 묶고 있었던 끈을 태워 버렸을 뿐 자유의 몸이 되었다. 불길이 꺼지고 연기가 사라진 후 사람들은 '이브라힘'이 아무렇지 않은 모습으로 서 있는 모습을 보고는 매우 놀랐고, 알라의 존재가 증명되었다는 것이다.[27] 꾸란에서 언급하고 있는 이와 같은 '이브라힘'의 이야기는 성경에서 다니엘의 이야기와 유사하다. 성경은 아브라함에 대하여 이와 같은 언급을 하고 있지 않다.

### B. 성경의 아브라함

노아의 세 아들, 셈, 함, 야벳 중 셈의 9대손 가운데 아브라함이 있다. 창세기 10장과 11장에 의하면 아브라함의 아버지는 가나안 땅으로 이주하기 위하여 갈대아 우르를 떠났고, 상부 메소포타미아에 있는 하란 근처에 정착했다. 그리고 아버지가 죽은 후 아브라함은 하

---

26 수라 21:68, "그러자 그들이 말하길 승리하려면 그를 불태워 버리고[1) 신들을 보호하라 하더라." 최영길, 『성 꾸란 의미의 한국어 번역』, 599. 각주 68, 1) 한 달 동안 나무를 모아 땅에 굴을 파 그 안에 나무를 넣고 불을 붙였다. 그때 불길은 너무나 강하여 그 불 위로 날아가는 새들이 뜨거워서 타죽을 정도의 불길 속에다 아브라함을 꼭꼭 묶어 던졌다고 해설가들은 풀이하고 있다(무함마드 알리 알사부니, 제9권, 17).
27 무함마드 아하마드 지아드, 『성경과 대비해서 읽는 코란』, 김화숙, 박기봉 공역 (서울: 비봉출판사, 2001), 49.

란을 떠나 가나안으로 이주하였고, 헤브론 근처에 정착하여 두 아들의 아버지가 되었다. 장남인 이스마엘은 사막 민족의 조상이 되었고, 이삭은 하란 근처의 나홀 성에 사는 리브가와 결혼하여 브엘세바 근처에 정착하였다(창 24장). 아브라함의 아들 이삭은 리브가와 결혼하여 에서와 야곱, 쌍둥이를 낳았고, 에서는 에돔족의 조상이 되었으며(창 36장), 야곱은 아람족 아내들과 첩들에게서 열두 아들을 낳았는데, 이들은 열두 지파의 조상들이 되었다(창 25: 19-35:29).

아브라함으로부터 비롯된 족장 시대에 대하여 학자들은 족장들이 B.C. 2000년대의 전반기 동안 살았다는 것을 오래 전부터 인정해 왔다. 그렇지만 벨하우젠의 견해를 따르는 사람들은 아브라함을 비롯한 족장들이 B.C. 1000년대 중반이나 중반 이후에 살았다고 주장했다. 그는 또한 아브라함이 메소포타미아 계곡 남부의 갈대아 우르에서 온 것이 아니라 고지에서 티그리스 강 북동부로 왔다고 주장했다. 왜냐하면 티그리스 계곡에서 발견한 누지(Nuzi) 서판들과 유브라데 계곡의 마리(Mari) 서판들, 그리고 북부 수리아(시리아)의 알라라크(Alalakh)에서 난 토판들이 족장들의 문화적 환경을 상당하게 조명해 주었다는 사실이 널리 인정되기 때문이다.

고고학적으로 족장들의 시대는 중기 청동기 시대로 불리는데, B.C. 2000년대의 전반기에 해당하는 이 시기는 사람들의 광범위한 이동과 함께 시작되었다. 특별히 중기 청동기 시대의 경제적, 가정적, 법적, 정치적 문헌들은 후대에 족장들의 관습들을 이해하는 데 도움을 주었다. 또한 발견된 서판들은 족장들의 종교적 사고를 이해하는 데 도움이 되었다. 특별히 중기 청동기 시대의 토판들은 아브라함의 가까운 친척들 몇 명의 이름들이 티그리스 강과 유브라데 강 사이의 도시들 이름이 되었다는 사실을 보여준다.[28]

여기서 우리가 아브라함의 성경적 내용을 살펴보는 데 있어 주목해야 할 서판이 '누지'(Nuzi) 서판이다. 법적으로 양자가 된 입양된 아들은 부모의 필요에 부응해야 한다. 그렇지만 부모가 친히 아들을 낳게 되면 양자관계는 더 이상 구속력을 잃는다. 그리고 '누지'의 결혼계약들 중 어떤 것은 아내가 아이를 낳지 못하는 경우 그녀는 남편에게 첩을 제공할 의무를 지니고 있고, 그녀의 아들이 법적 상속자가 된다고 말한다. 그러나 여기에서도 제한 조건이 있다. 만약 그날 이후에 부부가 아이들을 낳으면 그들이 첩의 자식들보다 우선권을 가졌다.[29] 그러므로 아브라함의 첩이었던 하갈의 아들 이스마엘보다 이삭이 우선권을 갖는 것은 당연한 것이었다.

아브라함이 100세에 이삭을 얻은 후 사라의 뜻에 따라 하갈과 이스마엘을 추방한(창 21장) 사건은 메소포타미아의 또 다른 법의 양상으로 이해될 수 있다. '누지' 서판들에 의하면 처음 아내가 아이를 낳아도 첩이 쫓겨나갈 수 없다고 말한다. 그래서 아브라함은 하갈을 내보내는 것을 주저했지만 하나님이 그 관습을 파기하셨고 '리핏-이슈탈'(Lipit-Ishtar)의 법전에 의하면 추방된 첩은 자유가 허용되는데

---

28 G. 허버트 리빙스톤, 『모세오경의 문화적 배경』, 김의원 역 (서울: CLC, 1990), 207.
29 Ibid., 208.

이것이 하갈이 얻은 자유라는 것이다.[30] 이와 같은 당시의 법전들은 아브라함의 언약의 성취자로서 이삭의 합법성을 증명해주고 있다. 무슬림 학자들이 주장하고 있는 이스마엘의 장자권은 당시의 정황으로 보아 독자의 개념으로 해석되어 번제단에 드려졌다는 이야기나 언약의 성취자로 메카에서 큰 민족을 이루고 아브라함의 계보를 이어 꾸란 "계시"의 근간이 되었다는 것 모두 비상식적인 해석으로 볼 수 있다.

창세기 14장과 메소포타미아 역사와 관계하여 아브라함이 살았던 연대를 추정해 보려는 목적으로 창세기 14장에 나오는 네 명의 오리엔트 왕들[31]을 고대에 알려진 통치자들과 연결시켜 보고자 한 시도들이 있었다. 금세기의 초기에 수십 년 동안에 유행하였던 것은, "시날 왕 아므라벨"(창 14:1)이 유명한 바빌로니아의 왕 함무라비(Hammurabi)와 동일 인물일 것이라는 주장이었다. 그렇지만 아므라벨과 함무라비를 연결시키는 것과 관련된 문헌학적 문제점들로 인하여 이 주장은 그리 설득력 있는 주장이 되지 못했다. 왜냐하면 예를 들어, 메소포타미아 기록들에서는 함무라비가 팔레스타인 지역을 원정하였다는 증거가 없기 때문이다.[32]

---

[30] Ibid.
[31] "당시에 시날 왕 아므라벨과 엘라살 왕 아리옥과 엘람 왕 그돌라오멜과 고임 왕 디달이 소돔 왕 베라와 고모라 왕 비르사와 아드마 왕 시납과 스보임 왕 세메벨과 벨라 곧 소알 왕과 싸우니라"(창 14:1-2).
[32] J. 맥스웰 밀러, 존 H. 헤이스, 『고대 이스라엘 역사』, 박문대 역 (서울: 크리스챤 다이제스트, 2004), 67.

이처럼 성경의 창세기 내용과 성경 외적인 자료들로부터 알게 된 중동 일반의 역사 사이의 확고한 접촉점들을 찾고자 하는 다양한 시도들이 있어온 것이 사실이나 이렇게 제시된 접촉점들 가운데 그 어느 것도 면밀한 검토를 이겨내지 못하고 검증된 바가 없는 것이 사실이다.[33] 그럼에도 불구하고 우리가 간과할 수 없는 사실은 성경의 역사성과 정경화 과정이다.

무슬림들은 곧잘 성경은 변질되었다고 주장한다. 이슬람교의 꾸란은 비록 구약의 많은 부분을 인정하고 있지만 아흐마드 디다트와 같은 무슬림의 주장에 의하면 기독교의 성경에는 많은 오류[34]가 있고 "신약이 과연 '하나님'의 말씀인가" 하는 성경의 무오성에 관한 심각한 반론을 제기하고 있다. 하지만 성경은 꾸란이 7세기에 3대 칼리프 우트만의 감독하에 최종적으로 편집 과정을 거쳐 집대성된 것과 달리 정경화의 과정을 거쳐 완성되었다.[35]

---

[33] Ibid. 66.

[34] Ahmed Deedat, 86. 아흐마드 디다트는 성경에서 50,000개의 오류를 찾았다고 한다.

[35] 부카리하디스에 의하면 꾸란의 수라(Sura)들을 편집하기 위한 첫 시도는 무함마드 사후 무함마드의 후계자였던 첫 칼리프 아부 바크르(Abu Bakr, 632-634) 통치 시기에 우마르('Umar, 2대 칼리프)의 제안으로 이루어졌다. 그는 "잎이 떨어진 대추야자 나무의 줄기에서, 가죽 조각에서, 돌멩이에서, 꾸란을 외우고 이는 사람의 가슴에서 꾸란을 모았다." -Bukhari, Volume 9, 301. 두 번째 단계는 제3대 칼리프(644-656)인 우트만(Utman) 통치 시기에 진행되었다. 당시의 상황을 보면 아부 바크르 시대에 모아진 하프사가 메디나에 가지고 있던 꾸란 편집본과 별도로, 쿠파(이라크)의 바쏘라(이라크 바스라), 다마스쿠스(시리아), 홈스(시리아)에서 네 가지 다른 모음들이 회람되고 있었다. -Bukhari, Volume 6, 509. 따라서 우트만은 서로 다른 꾸란본들을 통일할 필요성과, 정경에 포함될 것과 제외될 것을 결정해야 할 필요성을 느꼈다. 이 과정에서 수라의 순서도 정해졌고 권위 있는 꾸란의 온전성을 보장하기 위한 조사가 이루어졌던 것이다. 우트만은 그렇게 해서 만든 사본을 각 지방의 무슬림들에게 보냈다. -김대옥, 『이슬람의 성경변질론』, 148 참조. 그리고 부분이든 전체로든 그 밖의 다른 꾸란 본이나 자료들은 모두 불태워버렸다. 공

성경의 정경화 과정의 필요성이 제기된 배경으로는 다음과 같다.

첫째, 마르시온(Marcion)[36]이나 몬타누스(Montanus)와 같은 이단세력의 등장으로 권위 있는 계시로서의 성경의 숫자를 한정시키고 교회의 규범적인 문서의 정통성을 고수해야만 했다.

둘째, 초기 기독교 공동체를 향한 로마의 박해는 교회로 하여금 보존할 책과 그렇지 않은 책을 구별하도록 했다.

셋째, 선교적 관점에서 각 나라의 언어로 성경을 번역할 때 번역의 기준이 되는 책을 선별해야만 했다.

넷째, 교회 자체의 필요성으로 교회 내의 신학적, 윤리적 문제에 대한 해결책을 제시할 필요가 대두되었다.

이에 교회는 사도성, 영감성, 보편성의 정경화 기준을 확립하고 정경으로의 인준작업을 시행했던 것이다. 구약의 정경화는 A.D. 90년에 팔레스타인의 얌니아 회의를 통해 확정되었다고 하지만, 공식적인 인정은 B.C. 400년경에 기록이 완결된 즉시 하나님의 말씀으로 인정되었고, 그간 수백 년 동안 유대인 공동체에서 이미 승인되어 사용되어 왔었다.[37]

기독교 교회는 유대인들의 정경을 '하나님의 말씀'으로 인정하여 구약 39권 그대로를 기독교의 구약성경으로 확정하였으며, 연이어

---

일주, 『중동의 기독교와 이슬람』(서울: 예영커뮤니케이션, 2003), 122 참조.

36  A.D. 140년경. 영지주의의 한 분파. 구약성경과 유대주의적인 내용을 배제하고 신약성경도 바울서신 10권과 누가복음만 인정하였다.
37  장두만, 『성경의 무오성과 권위』(서울: 요단출판사, 1993), 154. 김대옥, 『이슬람의 성경 변질론』(서울: CLC, 2009), 142에서 재인용.

예수 그리스도에게 초점이 맞추어진 신약성경 27권도 정경화 확정되어졌다. 최종적인 것은 3차 카르타고 회의(397년)를 통해 공식적으로 모든 신약성경이 정경으로 인정되었으므로, 이슬람이 도래하기 200년 이전에 성경은 현재 기독교 교회가 소지하고 있는 것과 동일한 것으로 확정된 것이다.[38]

반면에 꾸란은 편집 과정에 있어서 성경의 정경화 과정과 현저히 다른 절차가 있었음을 알 수 있다.[39] 꾸란은 연대기적으로 정렬된 것이 아니고 절의 길이에 따라 편집되어 있어서 일관성이 매우 결여되어 있다. 초기에 꾸란을 편찬하는 과정에서 사람들이 여러 판본에서 발췌하면서 "계시"받은 순서를 알 수 없어서 절의 분량에 따라 배치한 것이기 때문에 꾸란을 처음 읽는 독자로서는 도저히 꾸란 속에서 시간의 흐름을 발견 할 수가 없다. 대부분의 꾸란 학자들은 꾸란의 정통성을 논하면서 꾸란은 성경과 달리 한사람에게 "계시"되었고, 한 지역에서, 한 언어로만, 그것도 23년이라는 한 세대에 걸쳐 "계시"되었음을 강조하는데, 그렇다면 일관성과 역사성이 탁월해야 함에도 불구하고 전혀 그렇지 않다. 성경은 무려 40여 명에 의해서 1,600여 년을 거쳐 기록되어졌음에도 불구하고 완벽한 통일성과 무엇보다도 성경 자체가 예언과 계시의 성취를 보여주면서 당시의 역사적 정황을 말해주고 있는 것과 현저히 비교되어진다.

이와 같이 성경의 진정성은, 꾸란의 편찬 과정과 성경의 정경화 과

---

[38] 김대옥, 『이슬람의 성경변질론』, 143.
[39] 각주 58 참조.

정을 비교하면서 살펴보았듯이, 객관적으로 이미 받아들여지고 있다고 해도 과언이 아니다. 그러므로 성경의 아브라함에 관련된 구절들은, 성경의 기록과 당시의 중동 역사를 연결지어 사실을 증명하고 연대를 추정하려고 하였으나 결과적으로 소득이 없다고 하지만, 꾸란의 '이브라힘'에 관련된 구절들에 비하여 일관성과 역사성이 입증된 것이다. 그것은 성경 전체를 통틀어 객관성과 일관성이 성경계시가 성취되어지면서 더욱 명확해지기 때문이다.

무슬림 신학자들은 성경이 일관성과 역사성을 강조하고 있는 것과 달리 알라는 자신의 "계시"에 예속되는 자가 아니라 원하면 이전의 "계시"와 완전히 다른 새로운 "계시"를 줄 수 있는 절대주권자임을 주장한다. 만약 필요하다면 알라는 이전의 "계시"들을 폐기하고 전혀 새롭고 다른 것을 줄 수 있다는 것이다.[40] 이와 같은 근거로 꾸란의 불일치 구절과 일관성이 없는 지침들에 대하여 답하고 있다.

---

40  Ron Rodes, *Reasoning from the Scriptures with Muslim* (Eugene, OR: Haverst House Publisher, 2002), 75. 김승호, "이슬람의 계시에 대한 비평적 고찰,"「복음과 선교」 Vol. XI (2009): 15에서 재인용.

이스라엘 갈릴리 호수

## 2. 예수와 '이싸'[41]

    기독교와 이슬람교의 근본적인 차이는 예수 그리스도의 신성을 인정하느냐 인정하지 않느냐에서 시작된다. 인류의 죄를 대속하신 구세주 메시야이시며, 삼위일체 중 성자 하나님으로서 하나님의 무한한 사랑을 십자가 사건을 통하여 보여주신 예수 그리스도를 인정하

---

41  본 내용은 2009년 「복음과 선교」 11집에 게제된 필자의 글, "복음증거를 위한 선교적 접촉점으로서 꾸란의 '이싸'와 성경의 '예수' 비교 연구"에서 발췌하여 재편성한 것이다.

는 것이야 말로 기독교 진리의 핵심이다. 그러나 이슬람교에서는 꾸란을 통해 기독교와는 근본적으로 다른 예수를 소개하고 있다. 이슬람교에서의 예수는 "선지자 중 하나"에 불과하며 '하나님[42]'께서 예수를 통해 이루지 못한 것을 이루시려고 '최후의 선지자'인 무함마드를 이 세상에 보내었다는 것이다.[43] 그들의 경전인 꾸란을 보면 예수의 고난과 죽음 그리고 부활에 대한 기사를 찾아볼 수 없다. 그럼에도 불구하고 삼위일체를 인정하지 않고 예수 그리스도를 성자 하나님으로 인정하지 않는 무슬림들이 꾸란에서 "하나님"이라는 신명칭을 사

---

42 꾸란에서는 '알라'라는 단어 대신에 '하나님'이라는 단어를 사용함으로써 독자로 하여금 기독교의 하나님과 이슬람의 '알라'의 차이를 분별하지 못하게 하고 있다. 그러나 꾸란은 예수 그리스도를 선지자의 한 사람으로 묘사하면서 "하나님은 동반자도 없고 아들도 없다."고 강조하고 기독교의 삼위일체론적 신관에 정면으로 도전하고 있는 것이다. 그리고 기독교의 신관을 삼신론적이라고 비난하면서 이슬람교의 신관만이 유일한 정답이라고 말하고 있다. 최영길, 『성 꾸란 의미의 한국어 번역』(사우디아라비아, 메디나; 파하드 국장 성 꾸란 출판청, 1999) (수라 4:171 및 171, 1) 각주내용, 수라 2:163, 112:1,4 및 112, 1) 각주내용). 필자가 인용한 꾸란은 『성 꾸란 의미의 한국어 번역』이다. 번역된 꾸란들을 대조할 때 절수가 일치하지 않는 이유는 각 장마다 쓰여 있는 "자비로우시고 자애로우신 하나님의 이름으로"가 1절이 되는 경우와 절수에 포함되지 않는 경우도 있기 때문이다. 게다가 총 114장 중에 수라 제9장(타우바) 한 장만은 위의 시작문구가 없음으로 절수 번역에 약간의 혼란이 있다. 필자가 인용한 『성 꾸란 의미의 한국어 번역』에서는 1장만 예외이고 "자비로우시고 자애로우신 하나님의 이름으로"가 절수에 포함되지 않았다. 본 한국어 꾸란의 첫 페이지에는 파하드 왕 꾸란 출판청 총감독이며 이슬람, 이슬람기금, 선교부 장관인 압둘라 이븐 압둘무흐신 투르키가 서문을 적고 있다. 그의 서문에 따르면, "메디나 소재 파하드 국왕 성 꾸란 출판청은 한국어를 사용하는 독자들에게 최영길 박사가 번역한 한국어판을 드립니다."라고 적고 있다. 또한 그의 서문에 이어 최영길은 꾸란에 대한 개요와 역사를 정리하여 보여주고 있다. 그러므로 『성 꾸란 의미의 한국어 번역』은 역자가 책 표지에 공식적으로 명시되어 있지 않지만 명지대 최영길 교수의 번역이 분명하다. 최영길의 다른 꾸란 한국어 번역과 주석의 내용면에서도 대부분 일치하고 있다. 앞으로 본 논문에서 별 다른 언급 없이 제시하는 '수라'는 위의 번역서를 의미한다.

43 수라 2:159 및 159, 1) 각주내용 "무함마드가 예언자로 올 것이라는 것이 그들의 성서(구약)에 기록되어 있다. 이 사실을 부인하는 자는 첫째 하나님의 저주를 받고, 둘째 천사들의 저주를 받으며 셋째 진실한 신앙인들의 저주를 받게 되리라는 예시이다."

용하므로 독자들이 이슬람교의 '하나님'과 기독교의 하나님을 같은 하나님으로 오해하도록 만들고 있는 것이다.

이것은 공중파 T.V.방송의 영향도 크다. 이슬람의 신명칭에 있어서 '알라'라고 번역되어 자막처리 되지 않고 별다른 설명 없이 '하나님'이라고 처리되어 방송되고 있기 때문이다. 그러므로 필자는 예수 그리스도에 관한 꾸란의 기사를 살펴보면서 그들이 주장하는 "선지자 예수"가 누구인지 이슬람교의 유명한 변증가인 아흐마드 디다트(Ahmed Deedat)의 변증을 중심으로 살펴보고 이에 대한 성경의 예수에 관하여 비교하고자 한다. 그리고 이러한 비교 연구를 통하여 선교의 접촉점으로써의 가능성을 고찰하고자 한다.

한국어 꾸란에서는 "예수"라는 단어로 소개되고 있지만 아랍어로 "이싸(Isa)[44]"는 이슬람권에서 "예수"를 지칭한다. '호색가' 혹은 '치명적인 작용을 하는 독소'의 뜻을 가진 단어 "이싸"의 의미에서도 볼 수 있듯이 일그러진 예수상을 가지고 있는 이슬람교인[45]들에게 성경과

---

[44] 예수를 위한 이슬람식의 이름은 "이싸"(Isa)인데 꾸란에 스물 다섯 번 기록되어있다. 그런데 왜 무함마드가 예수라는 이름대신에 '이싸'라는 이름을 택했는지는 아무도 모른다. 그 이유는 아랍기독교인들이 처음부터 예수(Jesus)와 동의어인 아랍어 예수(Jesua)로 기록했기 때문이다. 어떤 사람은 '이싸'가 그리스어 예수를 시리아어로 발음한 것이라고 하고 또 다른 사람은 무함마드가 아랍어 예수의 첫 자와 끝자의 철자를 바꾸어 아프리카에서 저주받은 자를 의미하는 단어를 만들었다고도 한다. 「Lasan al-Arab」이라는 단어 사전에는 '이싸'라는 단어의 의미를 설명하고 있는데, Isa(이싸)의 줄기가 되는 'is'는 숫말의 씨(호색가라는 의미)와 치명적인 작용을 하는 독소를 의미하는 것이라고 한다. 그러므로 많은 아랍 기독교인들은 무슬림과 대화할 때 '이싸' 이름을 사용하지 않고 있다. 다만 선교사들이 예수에 대하여 전할때 '이싸'라는 이름을 사용하지 않으면 무슬림들이 거의 이해할 수 없기 때문에 꾸란의 이름인 '이싸'에 성경적인 이름 예수의 의미를 투입하려고 노력하고 있는 것이다. Abd al-Masih, 「무슬림과의 대화」이동주 역 (서울: CLC, 2001), 43-44.

[45] 이하 무슬림이라고 하겠다.

꾸란을 기초하여 어떻게 참다운 예수를 증거 할 것인지 선교적 접촉점으로써의 변증방법에 대하여 연구하고자 한다.

이를 위하여 필자는 무슬림들에게 복음을 전하기 위해 평생을 바치고 있는 압둘 마시흐(Abd al-Masih)[46]를 표본으로 기독교의 입장에서 어떻게 예수의 신성을 변증할 수 있는지 연구하고자 한다. 이를 위해 먼저는 꾸란과는 첨예하게 다른 성경의 예수에 대하여 간략히 살펴보고 아흐마드 디다트의 도전에 대응할 수 있는 방법을 찾아 예수의 신성에 관한 기독교적 변증을 시도할 것이다.

### A. 성경의 예수

#### 1) 하나님의 아들 독생자 예수

'이싸'라는 일그러진 예수상을 가지고 있는 무슬림들에게 참된 예수를 증거하기 위하여서 우리는 무엇보다도 성경은 예수에 대하여 어떻게 증거하고 있는지 정리해야할 필요가 있다.

> 참 빛 곧 세상에 와서 각 사람에게 비취는 빛이 있었나니 그가 세상에 계셨으며 세상은 그로 말미암아 지은 바 되었으되 세상이 그를 알지 못하

---

46 압둘 마시흐는 독일신학자로서 본명은 선교정책상 공개되지 않았고 '메시아의 종'이라는 의미로 압둘 마시흐라 불리고 있다. 그는 현재 레바논에 거주하고 있으나 두 곳의 출판사를 통해 무슬림들을 대상으로 하는 많은 기독교 변증서적과 무슬림들에게 복음을 전하기 위해 헌신한 기독교 선교사들을 대상으로 하는 많은 교육용 책들을 출판하고 있으며 세계를 다니며 후학을 양성하고 있다.

였고 자기 땅에 오매 자기 백성이 영접지 아니하였으나 영접하는 자 곧 그 이름을 믿는 자들에게는 하나님의 자녀가 되는 권세를 주셨으니 이는 혈통으로나 육정으로나 사람의 뜻으로 나지 아니하고 오직 하나님께로서 난 자들이니라 말씀이 육신이 되어 우리 가운데 거하시매 우리가 그 영광을 보니 아버지의 독생자의 영광이요 은혜와 진리가 충만 하더라(요 1:9-14).

신약은 예수 그리스도의 행적을 기록하고 있는 사복음서를 시작으로 신약의 문을 열고 있으며 구약도 메시아 예수에 대한 계시로써 구약을 마무리하고 있다. 성경은 역사적인 근거를 토대로 예수의 출생을 소개하고 있으며 요한복음 1장에서 말하고 있듯이 예수가 곧 창조주 하나님이며 독생자라고 말하고 있다. 예수는 요한복음 1장 14절의 말씀처럼 태초에 천지를 창조하신 말씀, 곧 하나님이 육신이 되어 성육신 하신 것이다.

또한 마태복음 16장에서 3년간의 공생애를 마치면서 예루살렘으로 입성하시어 제자들과 빌립보 가이사랴 지방에서 공생애를 총정리하는 시간을 가지신 예수는 분명한 자신의 정체성을 제자들에게 직접 가르치셨다. 당시에도 예수의 기적을 목도한 많은 사람들은 예수의 정체성에 대하여 많은 오해를 하고 있었다. 어떤 사람은 예수를 세례 요한이라고 하고, 엘리야라고도 하고, 예레미야나 예언자 중의 하나라고까지 하였던 것이다. 그때 예수는 제자들에게 핵심적인 질문을 하셨다.

"너희는 나를 누구라고 하느냐?"

이때 "시몬 베드로가 대답하여 이르되 주는 그리스도시요 살아계신 하나님의 아들 이시니이다"[47]라고 대답하였다.

예수는, "바요나 시몬아 네가 복이 있도다. 이를 네게 알게 한 이는 혈육이 아니요 하늘에 계신 내 아버지시니라."[48]라고 하시면서 자신이 '하나님의 아들'이심을 분명하게 가르치셨다.

뿐만 아니라 제자들에게만이 아니라 예수는 자신을 핍박했던 대제사장들과 공회 앞에서 더욱 분명히 자신의 정체를 밝히셨다.

> 네가 찬송 받을 이의 아들 그리스도냐 예수께서 이르시되 내가 그니라 인자가 권능자의 우편에 앉은 것과 하늘 구름을 타고 오는 것을 너희가 보리라 하시니(마 14:61-62).

이때 대제사장이 옷을 찢고 예수가 신성모독을 하고 있음을 공포하면서 예수가 사형에 합당한 자라고 정죄하고 사람들은 침을 뱉고 조롱하였다. 십자가에서 대속의 역사를 이루기전 예수는 분명히 자신이 하나님의 아들임을 알리셨고 이러한 예수의 정체성은 이슬람교의 '이싸'의 정체성과는 근본적으로 다름이 분명하다. 그러나 우리는 무슬림들에게 참된 예수의 복음을 전하기 위하여 꾸란의 '이싸'를 예수와 연결하여 선교적 접촉점으로 삼아야 한다. 이슬람교에서 인정

---

47    마 16:16.
48    마 16:17.

하고 있는 '이싸'속의 예수의 속성을 찾아 복음이 증거 될 수 있는 가능성을 열어야하는 것이다.

### 2) 인류의 구원자 메시아 예수 그리스도

히브리어로 된 구약성경원전에는 예수 이름의 뿌리(Jod-shin-aiyin)가 281번 나오는데 68번은 여호와의 승리와 도움에 관한 결정적인 진술로 나오고 있고, 213번은 여호와 자신이 직접 관여하여 구원하고 승리한 동사로 나오고 있다.

이처럼 '예수'라는 이름의 주제가 승리이며 여호와 하나님의 직접적인 도움이 내포되어 있음을 알 수 있다.[49] 또한 헬라어로 구원자(Soter, σωτήρ)란 세속적 곤경에서의 구원이나 하나님의 심판으로부터의 구원만을 의미하는 것이 아니라, 승리로 말미암아 이룩한 세계평화의 보증인으로서 칭찬받았던 아우구스투스 황제의 존칭에서도 포함되었듯이 십자가상의 희생으로 말미암아 영원한 사망을 이기고 인류를 하나님과 화목케 한 인류의 구원자를 의미한다.[50]

### 3) 기름부음 받은 예수 그리스도

구약에서 기름부음을 받는 것은 왕들, 제사장들, 선지자들이 직분

---

49  압둘 마시흐, 「무슬림과의 대화」, 44.
50  Ibid., 45.

을 감당할 수 있도록 성령을 통하여 능력과 권세를 수여한 것을 의미했다. 성경에서는 기름부음을 받은 예수의 직무에 관한 개념이 신약에 569번 나오는데 꾸란에서도 이러한 개념을 11군데에서 찾아볼 수 있다.[51] 이러한 예수에 관한 개념과 표현들은 무슬림들이 예수에 대하여 새로운 시각으로 접근할 수 있도록 바람직한 접촉점이 될 수 있다. 꾸란의 전반적인 내용이 예수를 선지자들 중의 하나로 정의하고 있지만 무함마드에게는 사용하지 않았던 표현과 개념들이 예수를 정의하는 표현으로 사용되고 있기 때문이다. 실제로 메시아를 의미하는 아랍어 "알마시"(al-Masih)가 꾸란에서 11번 나오는데 이 단어는 '기름을 바르다,' '닦아내다'에서 유래한 것으로 결과적으로 "al-Masih"가 바로 '기름부음 받은 자'라는 의미이다.[52]

무엇보다도 성경의 예수는 누가복음 4장 18절과 19절에서 자신이 성령의 기름부으심을 받은 자이며 포로된 자를 자유케하고 눈먼 자를 다시 보게 하며 눌린 자를 자유케 하기 위하여 성령이 임했다고 설명하고 있다. 기름부음 받은 왕 중의 왕이요 권위와 능력을 가진 예수가 기름부음을 받은 목적인 가난한 자에게 복음을 통하여 유일한 희망을 주고 상한 마음을 고치기 위하여 스스로 보냄을 받은 것이다.

그런데 무함마드는 꾸란을 통하여 5번이나 예수를 '알라가 보낸자'

---

51  Ibid.
52  Ibid.

라고 칭하면서[53] 보통 선지자 보다도 높은 권세 있는자로 언급했다.[54] 비록 무함마드가 이해하고 있는 예수의 권세가 세속적이고 정치적이었음에도 불구하고 이러한 무함마드의 예수에 관한 언급은 무슬림들로 하여금 예수가 보통 선지자와 분명한 차이가 있다는 것을 증명해 주는 좋은 선교적 접촉점임에 분명하다.

### B. 꾸란의 예수

무슬림과 의사소통을 잘 하기 위한 길은 무슬림들의 문화를 이해하고 그들과 공통점을 찾는 것이다. 이 공통점은 커뮤니케이션을 가능케 하는 하나의 접촉점이 된다. 그러나 공통점을 발견한다 하여도 그들의 상황에 적절하게 전달하지 못한다면 수신자는 그 메시지에 무관심하게 될 것이다.[55] 꾸란은 예수의 출생에 대하여 동정녀 탄생을 인정하고 있다. 그러나 성경의 예수와는 달리 하나님의 아들이 아닌 기적을 행하는 선지자로 묘사되고 있다. 이러한 상황에서 효과적인 커뮤니케이션 전략을 세워 성경의 예수를 전하는 것이 무엇보다도 우선시 되어야할 선교적 과제임에 틀림없다.

다음은 한국어 꾸란 뒷면의 인덱스에서 요약하고 있는 꾸란 전반에 나타난 예수에 관한 기사이다. 괄호 안의 숫자는 장(수라, Sura)과 절수를 의미한다.

---

53  수라 3:49, 4:157, 171, 5:75, 61:6.
54  수라 2:87, 253, 57:27.
55  공일주, 『무슬림과 의사소통을 위한 새 패러다임』(서울: CLC, 2009), 193.

⑴ 하나님은 예수를 성령으로 보호하다(2:87, 253).

⑵ 예수께서 계시된 성서를 믿어야(2:136; 3:84).

⑶ 예수가 죽은자를 살리고 나병환자를 치료하다(2:253 및 주해석; 3:49; 5:113).

⑷ 예수는 마리아의 아들로 그의 이름은 메시아 예수(3:45).

⑸ 요람에서 말을 하다(3:46; 19:30).

⑹ 하나님이 예수를 승천시키다(3:55; 4; 158).

⑺ 예수는 십자가에 못박혀 죽지 아니했다(3:55 주해석; 4:157).

⑻ 예수는 아담과 마찬가지이다(3:59).

⑼ 메시아 예수는 마리아의 아들(4:157, 171; 5:49, 81).

⑽ 예수로 하여금 구약의 내용을 확증하고 구약을 따르라 하다(5:49).

⑾ 율법을 배반한 이스라엘 백성들이 예수의 혀를 통해 저주받다(5:81).

⑿ 예수가 풍성한 식탁을 내려달라고 기도하다(5:117).

⒀ 하나님을 두려워하고 예수를 믿으라(43:63).

⒁ 예수께서 신약을 내려 보내다(57:27).

⒂ 예수는 하나님이 보낸 선지자로 구약과 후에 올 아흐맏이란 선지자를 통해서 계시될 복음을 확증(61:6).

⒃ 예수탄생에 대한 소식(3:45; 19:20).

⒄ 종려나무 열매가 잘 익었을 때 예수가 탄생(19:25).

⒅ 예수를 이스라엘 백성을 위한 예언자로 보내다(3:49).

⒆ 예수가 나는 새를 만들어 내다(3:49; 5:113).

⒇ 장님의 눈을 뜨게 하다(3:39; 5:113).

(21) 이스라엘 자손이 예수를 살해하려고 음모하다(5:113; 3:54).

(22) 유대인들은 예수를 믿지 않는다(3:52).

(23) 십자가에서 죽음을 모면한 후 샘이 흐르는 언덕으로 가다(23:50).

(24) 예수가 온 것은 구약의 율법을 실현하기 위해서(3:50).

(25) 예수는 하나님의 종이며 예언자(19:30).

(26) 예수는 인성으로서 선지자 일뿐(5:77; 4:171).

(27) 예수는 하나님의 유일성을 가르치다(5:120; 19:36; 43:64).

(28) 예수를 신으로 여기는 자는 불신자로 저주를 받는다(5:19; 75-76).

(29) 예수는 하나님의 아들이 아니다(4:171).

(30) 예수는 처녀의 몸에서 탄생(3:47; 19:20).

(31) 제자들은 스스로 무슬림들이라 말하다(5:114).

(32) 하늘로 승천하다(4:158).[56]

위에서 보여주는 것처럼 꾸란은 예수의 기적적인 사건들을 기록함으로 예수가 일반인과 다른 기적의 선지자임을 강조하고 있다. 그리고 철저히 예수 그리스도의 죽음과 부활을 부인하면서 예수의 인성을 강조하고 신성을 부인하고 있다. 이것은 꾸란이 삼위일체이신 하나님을 부인하고 있기 때문이다. 꾸란이 삼위일체 하나님을 부인하면서도 그들의 "알라 하나님"과 기독교의 하나님을 동일시하고 기독교의 신관에 도전하고 있는 구절은 다음과 같다.

---

56 최영길, 『성 꾸란 의미의 한국어 번역』, 1323.

성서의 백성들[57]이여 너희 종교의 한계를 넘지 말며 하나님에 대한 진실
외에는 말하지 말라 실로 예수 그리스도는[58] 마리아의 아들이자 하나님
의 선지자로써 마리아에게 말씀이 있었으니 이는 주님의 영혼이었노라
하나님과 선지자들을 믿되 삼위일체설을 말하지 말라 너희에게 복이 되
리라 실로 하나님은 단 한 분이시니 그분에게는 아들이 있을 수 없노라
천지의 삼라만상이 그분의 것이니 보호자는 하나님만으로 충분하다.[59]

그렇지만 이 구절에 관하여 사실 아랍어 원서에 따르면 "삼위일체"
란 말이 없고, "셋"이라는 의미의 말로 나온다. 다음은 아랍어 원전
꾸란을 음역하고 영어로 번역해 놓은 수라 4:171의 내용이다.

171. Yaaa-'ahlal-Kitaabi laa tagluu fii diinikum wa laa ta-quuluu
'alallaahi 'illal-ḥaqq. 'Innamal-Masiiḥu 'li-sabnu-Maryama
Rasuulullaahi wa Kalimatuh, 'alqaa-haaa 'ilaa Maryama wa

---

[57] "성서의 백성"이란 이슬람교를 제외하고 하나님의 성서를 믿고 있는 유대교, 기독교인을 통틀어 일컫는 말이다. 꾸란은 유대교인과 기독교인을 이방 종교인과 같이 대하고 있지 않고 특별히 "성서의 백성"이라고 하면서 이슬람교로의 개종의 가능성을 높이 평가하여 무슬림과의 결혼을 허락하는 등 많은 개연성을 보여주고 있다.

[58] 본 구절의 각주내용에 따르면 이슬람교에서 예수의 속성은 다음과 같이 풀이되고 있다. "첫째, 예수는 아담의 후예인 마리아의 몸에서 태어났으니, 마리아에게 한 남자가 있었다고 보아 예수는 한 인간의 아들에 불과하다는 것으로 보는 견해. 둘째, 한 인간이 동시에 하나님으로부터 임무를 받은 선지자로 볼 때 마땅히 존경을 받아야 한다는 견해. 셋째, 마리아에게 하나님의 말씀「있어라: 쿤」「그러면 있을 것이니라: 파야쿤」에 위해 창조되었다. 그래서 그는 있었다(3:59). 넷째, 예수는 하나님의 영혼에 의해 태어났으니 다른 선지자들과 같이 아니하니 그를 하나님의 아들로써 존경해야 한다는 삼위일체설을 말하고 있다. 그러나 하나님의 아들로 보는 것은 바로 하나님이 홀로계심을 부정하고 있다."

[59] 꾸란 수라 4:171.

ruuḥum-minh. Fa-'aaminuu billaahi wa Rusulih. Wa laa taquuluu 'Ṣalaaṣah': 'intahuu khay-rallakum: 'innamal-laahu 'llaa-huńw-Waaḥid: Sub-haanahuuu 'ańy-yakuuna lahuu walad. Lahuu maa fis-samaawaati wa maa fil-'arẓ. Wa kafaa bil-laahi Wakiilaa.[60]

171. O Peopole of the Book! commit no excesses in your religion: nor say of Allah aught but the truth. Christ Jesus the son of Mary was (no more than) a Messenger of Allah, and His Word, which He bestowed on Mary, and a Spirit proceeding from Him: so believe in Allah and His Messengers. Say not "Three": desist: it will be better for you for Allah is One God: glory be to Him: (far Exalted is He) above having a son. To Him belong all things in the heavens and on earth. And enough is Allah as a Disposer of affairs.[61]

한마디로 아랍어 원전에 "셋"이라고 기록된 것을 역자인 최영길은 기독교를 염두해 놓고 아무런 부연설명 없이 "삼위일체"라고 번역하였다. 그리고 수라 4:171에 관한 각주내용을 통하여 "예수는 하나님의 영혼에 의해 태어났으나 다른 선지자들과 같지 아니하니 그를 하나님의 아들로서 존경해야한다는 삼위일체설을 말하고 있다. 그러나 하나님의 아들로 보는 것은 바로 하나님이 홀로 계심을 부정하고

---

[60] Abdulllah Yusuf Ali trans., *Roman Transliteration of The Holy Qur'ān* (Lebanon, Beirut: Dar Al Furqan, 1934), 108.
[61] Ibid.

있다."⁶²고 설명하고 있다.

이러한 사실을 통하여 기독교의 신관인 삼위일체가 삼신을 믿는 것이 결코 아님에도 불구하고 유일신 신앙에 위배되는 삼신을 믿는 것으로 오해되어졌음을 알 수 있다. 최영길은 아무런 해설도 없이 아랍어 원전에서 사용된 "셋"이라는 의미의 단어를 "삼위일체"로 교체하여 사용하므로 기독교의 삼위일체 신론이 삼신신앙과 동격이 되어지는 결과를 초래하게 된 것이다.

또한 꾸란 수라 5 : 116을 통해 알 수 있는 것은 무슬림들이 이해하고 있는 "삼위일체" 즉 "삼신"이라함은 하나님, 예수님, 성령님이 아닌 하나님, 예수님, 성모마리아 이다.⁶³

### 1) 알라의 기적, "아야톨라" 예수

특별히 예수의 탄생에 대하여 꾸란은 알라의 기적이라는 "아야톨라"(Ajatollah)라는 단어를 사용하고 있다. 예수와 그의 어머니인 마리아가 세상을 위한 알라의 기적이라는 것이다. 한국어 꾸란은 "아야톨라"를 "예증"이라고 번역하고 있지만⁶⁴ 꾸란 수라 21:91; 23:50;

---

62　최영길,『성 꾸란 의미의 한국어 번역』, 수라 4: 171 각주 171, 1) 넷째, 170.
63　"하나님께서 마리아의 아들 예수야 네가 백성에게 말하여 하나님을 제외하고 나 예수와 나의 어머니를 경배하라 하였느뇨 하시니 영광을 받으소서 결코 그렇게 말하지 아니했으며 그렇게 할 권리도 없나이다 제가 그렇게 말하였다면 당신께서 알고 계실 것입니다 당신은 저의 심중을 아시나 저는 당신의 심중을 모르나니 당신은 숨겨진 것도 아시는 분이십니다"(수라 5:116).
64　"이에 그가 말하길 그렇게 되리라 당신의 주님께서 그것은 내게 쉬운 일이라 그로 하여금 백성을 위한 예증이 되게 하고 하나님의 은혜가 되도록 이미 그렇게 명하여진 일이었노

19:21을 통해 마리아의 아들만이 인간을 위한 하나의 기적이라고 말하고 있는 것이다.[65] 이는 예수의 탄생이 기적적인 사건임을 인정하고 있는 부분이다.[66] 그러나 이들은 기적적인 사건으로써의 인간 예수의 탄생에 대하여 언급하고 있을 뿐 말씀이 육신이 되어 오신 살아계신 하나님의 성육신을 의미하는 것이 아니다. 이러한 미묘하면서도 근본적인 차이는 꾸란의 예수탄생기사를 통해 분명히 드러나고 있다. 꾸란 수라 19:16-35과 수라 3:35-59은 예수탄생기사를 포함한 이슬람교의 예수이해가 잘 나타난 부분이다.

> 하나님께서 아담에게 그랬듯이 예수에게도 다를 바가 없노라 하나님은 흙으로 그를 빚어 그에게 말씀하시니 있어라 그리하여 그가 있었노라[67]

특별히 위에서 언급한 수라 3:59 의 각주내용에서 최영길은 예수의 탄생이 기적적인 사건임에도 불구하고 예수는 아담과 같은 맥락에서 이해되어야함을 강조하는 다음과 같은 해석을 덧붙이고 있다.

> 예수가 예언자로써 하나님의 선택을 받아 그분의 뜻에 따라 많은 기적을 낳고 또 예수가 아버지 없이 동정녀 처녀의 몸에서 하나님의 능력으로 태어난 그를 신격화하여 그가 하나님이요 하나님의 아들이라는 이설

---

라."(수라 19:21)
65  Ibid., 55.
66  압둘 마시흐, 「무슬림과의 대화」, 95-98.
67  수라 3:59.

을 만들자 이 계시가 내려졌다. 아담이 아버지도 어머니도 없이 흙을 빚어 '있어라' 하는 하나님의 말씀으로 창조되었으니 예수도 그와 마찬가지로 동정녀 마리아의 태내에 '있어라' 하는 하나님의 말씀으로 창조된 인간으로 보아야 한다는 것이다.[68]

## 2) 어머니 마리아와 미리암

수라 19:16-35과 수라 3:35-59은 예수의 어머니, 마리아에 대한 이슬람교의 이해가 기독교와 많이 다르다는 것을 보여준다. 다음 구절은 결정적으로 구약에서 모세와 아론의 누이로 알려진 미리암과 예수의 어머니 마리아를 꾸란에서 동일인물로 혼동하고 있음을 잘 보여주고 있다. 이러한 혼동 현상의 원인은 한국외국어대학교 아랍어 통역대학원 이인섭 박사의 말에 의하면 아랍어로 마리아와 미리암이 발음상 똑같이 미리암으로 읽어지기 때문이라고 한다.

> 아론의 누이여 너의 아버지는 나쁜 사람이 아니었고 네 어머니도 부정한 여자가 아니었노라.[69]

---

68   Ibid., 59, 1) 각주내용.
69   본 구절에 대한 한국어 꾸란의 각주내용은 다음과 같이 적고 있다. "모세의 형인 아론은 이스라엘의 최초의 성직자였다. 마리아와 그녀의 조카 엘리자베스(요한의 어머니)도 성직자 가문이며 아론의 자매이자 또한 이므란(아론의 아버지)의 딸이기도 하다(3:35 및 해설 참조). 마리아의 가문은 훌륭한 혈통의 가문이었으므로 마리아는 그녀 부모의 훌륭한 윤리관을 알고 있었다. 그런데도 믿음이 없는 자들은 그녀의 가문을 욕되게 하려 하였다."

그리고 수라 3:35-37에는 마리아의 출생에 대한 기사가 나오는데 마리아의 어머니를 직접적으로 언급하지 않고 "이므란의 여성"으로만 묘사하고 있다. 다음은 예수의 어머니인 마리아의 출생에 관한 꾸란의 기사이다.

> 이므란의 여성이 말하길 주여 저의 태내에 있는 것을 당신에게 바치겠나니 이를 받아 주소서 당신은 모든 것을 들으시며 알고 계시나이다. 그녀가 분만을 하고서 말하길 주여 저는 여자 아이를 분만하였나이다. 하나님은 그녀가 분만한 것을 잘 아시도다 남자가 여자와 같지 아니하니 그녀의 이름을 마리아라 하였나이다. 그녀와 그녀의 자손을 사탄으로부터 보호할 것을 명령하였노라.[70]

꾸란은 구약의 출애굽시대와 신약의 세례 요한의 활동시기에 대한 역사적인 시간의 흐름(1800년[71])을 간과하고 있다. 이러한 엄청난 오류는 무함마드가 문맹자였고, 당시에 아랍어 성경이 없었고, 성경의 내

---

[70] 수라 3:35-36. 특별히 35절 '이므란의 여성'과 그 이하의 절에 대하여 꾸란은 긴 해설을 덧붙이고 있다. 해설자는 '태내에 있는 것'은 예수를 낳은 마리아라고 밝히고 있고 '이므란의 여성'(마리아의 어머니)에 대한 해설을 다음과 같이 덧붙이고 있다. "예수의 이야기는 마리아가 탄생하고, 사가랴의 아들 세례 요한이 예수의 탄생을 예언하면서부터 시작된다. 요한의 어머니 엘리자베스는 예수를 낳은 마리아의 사촌이었으므로(눅 13:6), 요한과 예수는 한 핏줄을 이어받은 사촌 간이었다. 엘리자베스는 아론의 딸이었고(눅 1:5), 또한 아론은 모세의 형(출 4:14)이며, 모세는 아므란의 아들이었다. 그녀의 남편 사가랴는 성직자였음으로 그녀의 사촌 마리아는 성직자 가정의 출신으로 간주된다. 전통적으로 마리아의 어머니는 한나(라틴어로는 안나, 영어로는 앤네)라고 불리워졌으며, 그녀의 아버지는 아므란이라 불리워졌다. 그리하여 한나는 아므란의 부인으로, 아므란 성직자의 한 가정을 이루었다."
[71] 손주영 「이슬람」 (서울: 일조각, 2005, 2).

용이 기독교인들과 유대인들의 손을 통해 구전으로 전해지던 때였음을 감안할 때, 문맹자인 무함마드가 그가 전해들은 성경의 이야기를 혼동한 결과로 보여 진다.

한마디로 꾸란에 의하면 성모 마리아의 아버지는 모세와 아론의 아버지인 아므란이고, 또 성모 마리아의 어머니는 아므란의 부인이고 그 이름은 한나라고 한다. 즉 성모 마리아의 부모는 아므란과 한나였다는 것이다. 성경에도 없는 마리아의 출생에 관한 기사를 꾸란이 언급하고 있는 이유는 마리아와 예수가 다른 일반인과 달리 죄가 없이 태어났다는 것을 강조하기 위함이다. 위의 수라 3:37 하반절에서 "그녀와 그녀의 자손을 사탄으로부터 보호할 것을 명령하였노라"가 의미하는 바가 바로 그것이다. 모든 일반인들은 출생 시에 사탄으로부터 죄가 들어온다고 믿고 있는데 마리아와 예수만이 그 사탄으로부터 보호받아 죄가 없다는 것이다.

이것은 성경에서 예수가 죄가 없이 태어나신 것을 강조하는 반면 마리아는 일반적인 출생 과정을 통하여 태어난 하나님의 여종으로만 명시되어 있는 것과 차이가 있다. 하지만 마리아의 출생에 관한 부분을 불문하고 예수에 관한 초자연적인 출생을 인정하고 있는 측면에서 예수는 무함마드를 포함한 다른 선지자들과 같지 않음을 선교적인 접촉점으로 삼을 수 있겠다.

### 3) 꾸며진 십자가 사건

꾸란은 기독교신앙의 핵심인 예수 그리스도의 십자가상의 죽으심과 부활에 대하여 다음과 같이 부인하고 있다.

> 마리아의 아들이며 하나님의 선지자의 예수 그리스도를 우리가 살해 하였다라고 그들이 주장 하더라 그러나 그들은 그를 살해하지 아니하였고 십자가에 못박지 아니했으며 그와 같은 형상을 만들었을 뿐이라 이에 의견을 달리하는 자들은[72] 의심이며 그들이 알지 못하고 그렇게 추측을 할 뿐 그를 살해하지 아니했노라.[73] 하나님께서 그를(예수) 오르게 하셨으니 하나님은 권능과 지혜로 충만하심이라.[74]

---

[72] 본 구절에 대한 해설, 157, 1)에서는 서로 다른 3가지 견해를 다음과 같이 정리하고 있다. "첫째, 예수가 하늘로 승천하였다는 견해, 둘째, 예수가 십자가에 못 박혀 살해되었다는 견해, 셋째, 예수의 인성은 십자가를 졌고 신성은 하늘로 승천하였다는 서로 다른 견해이다."

[73] 본 구절에 대하여 한국어 꾸란의 역자인 최영길은 다음과 같이 해설을 덧붙이고 있다. "예수가 복음을 전하고 가르치던 주요 3년을 제외하면 그의 생애는 물론 그가 탄생에서부터 성장에 이르기까지 또한 성장 이후 그 후 사생활은 너무나 신비에 싸여있는 것들이 많다. 특히 예수의 마지막 생애에 관하여는 더욱 그렇다. 정통 기독교 학파는 그가 십자가에 못 박혀 생을 마쳤으며, 장사 지낸지 3일 후에 상처 입은 그대로 일어나 주위를 걷다가 그의 제자들과 대화를 나누고 음식을 먹은 후 그의 몸이 하늘로 승천하였다고 주장하고 있다. 그러나 초기 기독교 학파는 예수가 십자가에서 살해되었다고 믿지 않고 있다. '바실리단' 학파는 예수 대신 어떤 누가 십자가에 살해되었다고 믿고 있다. 한편 '마르시오니트'복음 (A.D. 138)에서는 예수가 태어난 것까지 부정하고 단지 그가 인간의 형태로 나타났을 뿐이라고 말하고 있다. 또한 성'바르나바'복음서는 예수 대신 다른 사람이 대신하여 살해당한 이론을 주장하고 있다. 한편 꾸란에서도 예수는 십자가에 못박혀 살해되지도 아니했으며 또한 유대인에 의해서 살해된 것도 아니라고 제시하고 있다. 예수는 그대로 하나님의 능력에 의해 하늘로 승천하였다고 다음 158절은 제시하고 있다."

[74] 수라 4:157-158.

이러한 현상은 이슬람교가 기독교의 신약성경 마태, 마가, 누가, 요한복음서 외에 바나바복음서[75]를 받아드리고 있기 때문이다. 바나바복음서는 기독교의 사복음서와 내용상 많은 차이가 있다. 그러므로 기독교에서는 바나바복음서를 외경으로 취급하며 정경으로 보지 않는다. 수라 4:157의 각주에서 언급하고 있는 '바르나바'복음서가 '바나바'복음서이다. '바나바'복음서는 예수 그리스도를 하나님의 아들이 아니라 "광야의 외치는 소리"라고 하고, 예수 그리스도가 스스로를 메시아가 아니라고 하면서 메시아인 무함마드를 위한 길을 예비하는 자라고 하였다고 기록되어 있다. 무함마드가 세상의 구원자인 메시아라는 것이다(BE. 96-97장).[76] 성경의 정경화 과정에도 불구하고 이렇게 객관성이 결여된 '바나바' 복음서에 기초하여 예수 그리스도에 대하여 언급하고 정의하는 것은 납득하기 어려운 비 객관적 논리로 비추어진다.

 또한 아흐마드 디다트는 예수 그리스도의 십자가상의 죽으심을 뜻하는 'crucifixtion'을 결정적으로 꾸며낸 거짓말이라는 의미로 'cru-

---

[75] '바나바'복음서는 남아프리카인 아담 피르바이(Adam Peerbhai)가 쓴 중세기 위조품으로써 이 책은 1709년에 홀랜드에서 나타났다. 원본은 이태리어로 쓰여 있고 아랍어 각주가 달려있다. 그리고 현재는 비엔나 왕실 박물관에 보존되어 있다. '바나바'복음서 44장에는 아브라함이 이삭이 아닌 이스마엘을 제시하는 이야기가 나오고, 이스마엘은 메시아의 조상이고 이삭은 메시아의 사자(Messenger)의 조상이라고 한다(BE. 193장). 한마디로 예수께서 장차올 "메시아인 무함마드"를 전하였다는 것이다. Nehls, G., *Christian antwonten Moslems* (Neuhausen, 1982), 211. 압둘 마시흐, 『무슬림과의 대화』, 128. 역자 각주 16. - 본 책에 실린 모든 각주는 역자의 것임을 편저자 서문에서 밝히고 있다.

[76] Lonsdale and Lauraragg ed. and trans., *The Gospel of Barnabas* (New Delhi: Islamic Book Service, 1998), 103.

ci-fiction'이라고 하면서 이러한 거짓이 없이는 기독교가 존재할 수 없다고 빈정거리고 있다. 왜냐하면 도덕적으로, 위생적으로, 그리고 사회봉사면에서도 무슬림들이 기독교인들보다 훨씬 월등하기 때문에 많은 기독교 선교사들이 이방인인 무슬림들을 전도하고 가르치는 일에 실패한다는 것이다. 그러므로 이러한 면에서 기독교가 특이한 무언가를 내세워야 하기 때문에 예수 그리스도의 십자가상의 죽음을 거짓으로 꾸며냈다는 것이다.[77]

아흐마드 디다트는 위에서 살펴본 수라 4:157을 근거로 기독교인들은 무함마드와 이슬람교를 미워하도록 훈련되어졌다고 한다. '알라'만이 전지전능하신 우주의 하나님이심을 고려할 때 수라 4:157에서 강경하고 단호하게 그리고 명백하게 십자가 사건을 부인하고 있는데 어떻게 이와 같은 교리에 대항할 수 있겠느냐는 것이다.[78] 한마디로 전지전능한 '알라'가 강경하고 분명하게 십자가 사건을 부정하고 있는데 감히 어떻게 예수 그리스도의 십자가의 대속과 신성을 기독교인들이 논하느냐는 것이다. 이것은 기독교인들이 이슬람교의 가르침과 무함마드를 대항하도록 훈련되어졌기 때문이라는 것이다.

이렇듯이 아흐마드 디다트는 강력한 전제주의에 입각하여 "꾸란이 진리"라는 토대 위에 예수 그리스도는 선지자에 불과하며 하나님이 아니고 십자가 사건은 기독교인들이 꾸며낸 것이라는 변증을 하고 있음을 보여준다.

---

77  Ahmed Deedat, *The Choice Islam & Christianity*, vol. 2 (New Delhi: Islamic Book Service, 1997), 147-148.
78  Ibid., 148-149.

이슬람교의 꾸란은 비록 구약의 많은 부분을 인정하고 있지만 아흐마드 디다트의 주장에 의하면 기독교의 성경에는 많은 오류[79]가 있고 "신약이 과연 '하나님'의 말씀인가" 하는 성경의 무오성에 관한 심각한 반론을 제기하고 있다. 이 모든 것이 예수 그리스도의 신성을 부인하고 예수 그리스도를 이후에 올 무함마드를 준비하는 선지자로 이해하고 있기 때문이다. 디다트는 그의 책을 마치면서 필리핀에서 일 년에 한 번 부활절에 실제로 십자가 사건을 재현하여 사람을 십자가에 매달고 못 박는 의식에 비유하여 예수 그리스도의 십자가 사건은 "crucifixtion"이 아니라 "cruci-fiction"이라고 정리하고 있다. 필리핀에서처럼 사람을 실제로 못 박고 영화에서처럼 흉내만 내는 것이 아니라 아주 짧게 죽음의 문턱에 이르도록 한다는 것이다. 그러나 실제로 죽음에 이르도록 하는 것은 아니라는 것이다.[80]

그리고 아흐마드 디다트는 무엇보다도 예수 그리스도는 진리를 말하지 않았다고 하면서 마태복음 12장 40절과 마가복음 8장 11-12절 그리고 누가복음 11장 29-32절에서 예수가 요나의 비유를 통해 장차 부활을 예언했으나 사실 삼일이 아닌 해지기 전 금요일 오후부터 일요일 아침 해뜨기 전까지, 즉 한나절 반, 이틀 밤만 무덤에 있었다고 한다. 결코 사흘 낮 사흘 밤이 아니라는 것이다.

그러므로 예수는 믿을만한 선지자가 아니라고 지적하고 있는데 이에 대한 답변으로 압둘 마시흐는, "유대인의 전통에 의하면 하루 동안에

---

[79] Ibid., 86. 아흐마드 디다트는 성경에서 50000개의 오류를 찾았다고 한다.
[80] Ibid., 238.

일어난 사건은 하루 중에 언제였든지 상관없이 하루로 계산한다. 예수는 금요일에 무덤에 장사되었기 때문에 수난일 하루 종일이 그의 죽음의 날이다. 그의 부활도 일주일의 첫날 전체로 이해되고 있다."고 유대인의 전통을 배제한 아흐마드 디다트의 주장에 답하고 있다.[81]

우리는 이러한 예수 그리스도의 십자가 사건과 부활에 관한 아흐마드 디다트의 주장에 대하여 많은 역사가들의 저술을 통하여 역사적이며 객관적인 사실임을 증명할 수 있다. 물론 구약에서 이미 많은 선지자들을 통하여 계시된 것들과 성경의 내용들이 이를 증명하고 있지만 이미 성경의 무오성에 의심을 갖고 있는 무슬림들에게는 성경적인 내용들을 통하여 증명하는 것보다 일반 역사가들의 저술을 통한 기록물들로 사실을 증명하는 것이 훨씬 효과적인 입증방법이 될 것이다.

다음 두 명의 유명한 로마 역사가들은 예수 그리스도의 죽음에 관하여 자신들의 책을 통하여 증명하고 있다. 한 사람은 타키투스(Tacitus)이며 그의 책은 「연대기」(Anales)이고, 다른 한 사람은 요셉푸스(Josephus)이며 그의 책은 「유대인의 전쟁」(Der Judische Krieg)이다. 두 역사서는 국제적으로 잘 알려진 책이며 예수의 죽음에 관해서 증거하고 있기 때문에 솔직한 무슬림들이 숙고할 수 있게 해준다.[82] 뿐만 아니라 예수의 죽음을 목격했던 로마 군인들이 그들의 상관인 총독에게 보고한 역사적 내용들이 로마의 역사기록에도 분명하게 남아

---

81  압둘 마시흐, 『무슬림과의 대화』, 147.
82  Iskander Jadeed, *The Cross in the Gospel and the Koran* (Switzerland: The Good Way, 1998), 32.

있다. 이는 초대교회의 터툴리안이 기독교인들을 변호하기 위해 사용한 역사적 자료에도 나와 있는 내용이다.[83]

뿐만 아니라 유대인들의 성스러운 책, 암스테르담에서 출판된 1943년 판 '탈무드' 42페이지에서도 "예수는 유월절 전날 십자가에서 못박혔다."라고 분명히 명시하고 있다.[84] 이러한 무수한 역사적 자료들이 예수의 십자가 사건을 증명해주고 있으므로 예수의 죽음을 부인하고 있는 꾸란의 내용이 신빙성이 없음을 우리는 증명할 수 있다.

### C. "이싸"(Isa)와 예수

#### 1) "이싸" 속의 예수

필자는 앞서 성경과 꾸란의 예수에 대하여 간략하게 살펴보았다. 이는 복음 선교의 접촉점을 찾기 위한 기초적 접근이었으며 성경의 예수를 꾸란의 "이싸"에 어떻게 접목시켜 예수 그리스도가 유일한 구세주이며 오직 예수로만 구원받을 수 있음을 전할 수 있는지 전략적 접근이 필요하다.

우리는 무엇보다도 꾸란의 구절 중에 예수에 관하여 호의적이며 성경의 내용을 확증하는 구절들을 찾아 오랫동안 무슬림들이 진리에

---

83   Ibid., 33.
84   Ibid., 34-35.

접근하지 못하도록 만든 제한된 세계관의 사슬을 풀 수 있도록 해야 한다. 이를 위해 무슬림들의 꾸란에 성경을 읽어도 좋다는 허락이 있는 구절들을 통하여 무슬림들이 성경을 읽도록 하여 예수가 누구인지 생각해 보도록 해야 한다.[85]

그리고 꾸란에 대항하여 성경으로 예수의 십자가 사건을 변증하는 것보다는 꾸란 자체에서 보여지는 증거들을 이용하는 것이 사실상 효과적인 선교전략이 될 것이다. 이에 압둘 마시흐는 꾸란 수라 19:33은 그리스도의 명백한 죽음이 증거되는 구절이라고 말한다.

**제가 탄생하는 날과 제가 임종하는 날과 제가 살아서 부활하는 날에 저에게 평화가 있도록 하셨습니다.[86]**

무슬림 주석가들은 항상 이 구절에 대하여 불쾌해 한다고 한다. 이 구절은 거의 꾸란에 나타난 대표할만한 기독교적 신앙고백이라는 것이다. 왜냐하면 이 구절을 통하여 예수 그리스도 안에서 이루어진 말씀 또는 알라의 영이 화육한 것으로 약하게나마 비쳐지고 있기 때문이다.[87] 그러므로 우리는 무슬림들에게 예수 그리스도의 신성을 증거하기 위해 꾸란을 연구하고, 꾸란 속에서 비록 일그러진 '이싸'의 모습이 묘사되고 있지만 '이싸' 속에 숨기워진 예수의 가능성을 발견하는 것이 효과적인 선교전략이 될 것이다.

85  케빈 그리슨, 『낙타전도법』, 이명준 역 (서울: 요단출판사, 2009), 29.
86  수라 19:33.
87  압둘 마시흐, 『무슬림과의 대화』, 120-121.

## 2) 예수

역사상 그 어떤 시기보다 지난 20년간 훨씬 더 많은 무슬림들이 기독교로 개종하여 예수 그리스도를 주로 시인하게 되었다.[88] 이에 무슬림 설교자와 이맘을 양성하는 리비아의 이슬람 율법학교 총장인 세이크 아흐마드 알콰타니(Sheikh Ahmad al-Qataani)는 최근 알 자지라(Al-Jazeera) 텔레비전 방송국과의 인터뷰에서 이렇게 말했다.

"매시간 667명, 하루 16,000명, 1년에 600만 명의 무슬림들이 기독교로 개종하고 있습니다."[89]

이는 기독교 역사상 유래 없는 놀라운 속도의 무슬림 개종을 말해 주고 있는 것이다. 뿐만 아니라 세계 곳곳에서 보고되어지는 자료들에 의하면 최근 수천 명의 나이지리아 무슬림들이 세례를 받았고, 우즈베키스탄의 근본주의 무슬림 지역에서 80개의 교회가 개척되었고, 15,000명의 타지키스탄 무슬림들이 회심했으며, 이란에는 한 도시에만 800명이 넘는 무슬림들이 세례를 받았다고 보고되고 있다.[90] 그리고 그리스도인이 된 600여 명의 무슬림들을 대상으로 설문조사를 한 결과에 의하면 예수 그리스도를 영접하게 된 가장 큰 이유가 직접적인 개인전도였으며, 놀라운 것은 약 1/4 가량이 꿈을 통하여

---

[88] David Garrison, 『하나님의 교회개척 배가운동』, 이명준 역 (서울 : 요단출판사, 2005), 119.

[89] Ali Sina 기자가 2004년 3월 31일에 방송한 Islam in Fast Demise(Al-Jazeera 텔레비전 방송국의 인터뷰 전문을 보기 원하면 www.faithfreedom.org/oped/sina41103.htm. 을 방문). 케빈 그리슨, 『낙타전도법』, 66에서 재인용.

[90] 케빈 그리슨, 『낙타전도법』, 66.

예수 그리스도를 영접하게 되었다는 것이다.[91] 심지어 어떤 경우에는 꿈에 빛나는 흰옷을 입은 예수가 나타나서 꾸란에 있는 예수에 관한 구절을 읽으라는 지시를 하고 에스더 굴샨(Esther Gulshan)이라는 파키스탄 여인은 '이싸'에 관한 꾸란 구절을 찾아서 읽다가 결국 성경을 찾게 되었다고 한다.[92]

이슬람권에서 일어나고 있는 최근 선교보고들은 마치 초대교회의 선교역사를 접하는 것같이 생동감 넘치는 성령의 역사를 말해주고 있다. 많은 선교사들을 통하여 이슬람권 무슬림들에게 복음을 증거하게 하시는 이가 바로 예수의 영인 성령이다. 선교사들은 단지 예수 그리스도의 명령에 순종하여 복음을 증거 하기 위하여 선교지로 향한 것이고 일하고 계시는 이가 바로 예수이신 것이다. 비록 왜곡되어 일그러진 모습이나마 꾸란의 '이싸'는 진정한 예수를 찾게 하는 교량역할을 하고 있는 것이다. 그리고 무슬림들이 그들이 알고 있었던 '이싸'를 버리고 진정한 예수를 찾게 하는 것은 모든 것을 선교의 도구로 사용하시는 예수 자신인 것을 발견하게 되어 진다.

우리는 무슬림들이 예수를 바로 알고, 예수를 통하여 진정한 자유를 얻고 영원한 생명을 취할 수 있도록 복음을 증거 해야 하는 사명이 있다. 이를 위하여 꾸란의 '이싸'에 대하여 연구하고 성경의 예수와 비교하여 선교적 접촉점을 찾는 시도가 필요하다. 꾸란의 '이싸' 속에 내재되어 있는 예수의 가능성을 통하여 우리는 무슬림들이 예

---

[91] Ibid., 73.
[92] Ibid.

수에 대하여 더욱 깊이 생각할 수 있도록 도전할 수 있다. 보고되어 진 것처럼 많은 무슬림들이 직접적인 개인전도를 통하여 회심하게 되었다. 이는 우리가 담대하고 지혜롭게 적시에 복음을 증거하고 예수를 소개할 때 성령이 복음을 듣는 이의 마음을 움직이시고 역사하신다는 것이다. 때로는 초자연적인 방법을 통하여서도 무슬림들이 예수를 바로 알게 하시는 것이다.

예수를 인격적으로 만나 회심하게 된 무슬림들이 참된 그리스도인으로 거듭나도록 교육함에 있어서도 꾸란의 '이싸'는 성경의 예수를 알게 하는 교량적인 선교적 접촉점이 되어 진다. 예수의 역사성과 신성을 증명하기 위하여 우리는 성경뿐만 아니라 많은 역사적 자료도 사용할 수 있다. 이러한 역사적 증명을 통하여 우리는 꾸란의 '이싸'에 관한 허구성을 밝히는 한편 꾸란의 비역사성과 객관성에 대하여서도 간접적으로 증명할 수 있게 되어 진다.

대체적으로 무슬림들은 이슬람의 알라와 기독교의 하나님이 같다고 말한다. 이는 복음증거를 위하여 커뮤니케이션을 시도하는 기독교 선교적 입장에서 분명히 고려되어야하는 것으로 동전의 양면과 같이 작용한다. 왜냐하면 성경의 진리를 수호하고 참된 예수를 증거하기 위하여서는 차이점을 변증해야하고 동시에 선교적 접촉점으로써의 상황화된 접근 방법으로써는 차이점보다 공통점에 더 비중을 두어야하기 때문이다. 이에 공일주 박사는 오늘날 무슬림들은 꾸란을 잘 읽지 않아 꾸란을 잘 모르는 사람이 많고 신학적인 문제를 중심으로 대화하다보면 곧 논쟁으로 번지기 쉬우므로 교리보다는 사람

을 보고 하나님의 사랑을 보여주는 접근을 우선시해야함을 강조하고 있다.[93]

그러므로 복음을 전하는 선교사는 꾸란의 '이싸'에서 예수를 찾아 복음증거를 시도하고 예수를 변증하기에 앞서 예수 그리스도의 사랑을 삶 가운데 증거하고 무슬림들이 하나님의 사랑을 체험하도록 헌신하는 일에 힘써야 한다. 대다수의 무슬림들이 꾸란의 내용에 무지하고 사회적으로 빈곤한 약자이기에 그들의 삶에 예수 그리스도가 하나님의 사랑의 현현임을 알게 하는 일은 무엇보다도 중요하다. 이렇게 마음 문을 열게 되면 하나님의 사랑을 체험한 무슬림들 스스로가 꾸란의 '이싸'와 성경의 예수에 관하여 많은 관심과 진리를 향한 욕구가 더 충만케 될 것이다.

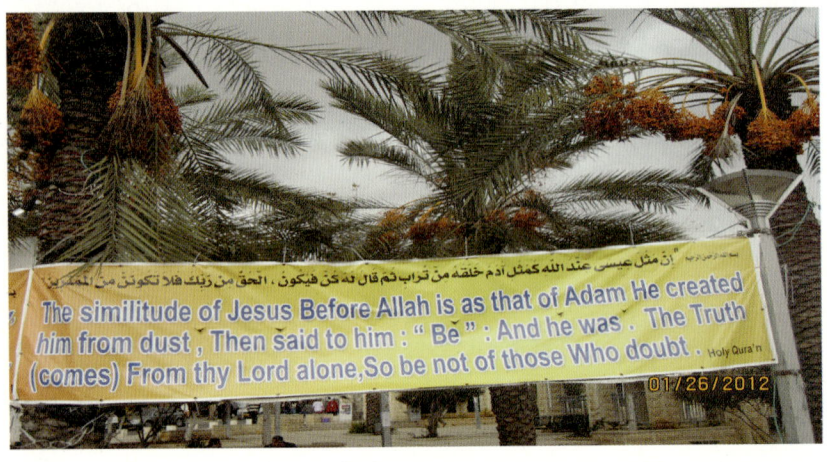

나사렛 수태고지 교회 오르는 길에 무슬림들이 예수님의 신성을 강하게 부인하는 꾸란구절을 플랭카드에 걸어놓았다.

---

93  공일주, 『무슬림과 의사소통을 위한 새 패러다임』, 198.

튀니지 초대 기독교 퍼피튜아 순교지 기념교회 내부

튀니지 초대 기독교 퍼피튜아 순교지 기념교회 입구

## 3. "선지자 무함마드"[94]

### A. 내부자운동과 "선지자 무함마드"

'내부자운동'은 오늘날 무슬림 선교전략에 있어서 뜨거운 논쟁거리 중 하나이다. 로잔운동은 케이프타운 대회 선언문을 통하여 '내부자운동을 하는 사람들'을 "여전히 다른 종교체계에 속해 있으나 예수를 그들의 하나님과 구세주로 믿는 사람들의 집단[95]"이라고 규정한 바 있

---

[94] 본 내용은 「ACTS 신학저널」 제30집에 필자가 투고하여 게재된 논문을 재편성한 것임.
[95] "Highly Contextualized Missions: Surveying the Global Conversation." https://www.lausanne.org/lgc-transfer/highly-contextualized-missions-survey-

으며 오늘까지도 내부자운동에 대한 논의가 로잔운동 내에서 계속적으로 진행 중이다.

　내부자운동은 현지 공동체 안에서 공동체의 문화를 유지하면서 복음에 반응한 상황에서 시작된 것으로 보여지지만, 오늘날에는 기독교 선교사들을 통해 이슬람 상황화의 한 선교전략으로 사용되고 있다. 내부자운동은 기독교 선교전략적 차원으로 받아들여질 수 있도록 이론을 제시하는 가운데 이 운동에 직접 참여하는 선교사들의 다양한 지침이 보여 지고 있다.

　따라서 이에 대한 신학적인 적절성 관련논의가 오늘날 선교학계에서 활발히 진행중인 것이다. 존 트라비스는 내부자운동에 대한 성급한 결론이 전능하신 하나님의 역사를 방해하는 처사가 될 수도 있다고 경고한다.[96] 이러한 측면에서 필자도 존 트라비스의 의견에 동의하는 바이다. 그러나 내부자운동이 실행되는 가운데 분명히 부적절한 방향으로 가는 신학적 이슈가 발견되어진다면 그것은 반드시 점검되어야 할 것이다.

　무엇보다도 이슬람 신학을 재해석하는 것에 대하여 주의를 요한다. 기독교의 본질과 관련된 신학적 내용을 이슬람 신학과 혼합시켜 혼합주의적 신학물을 양산한다거나 결과적으로 기독교 신학을 부정하는 결과를 초래할 수 있기 때문이다. 그런데 일부 내부자운동이

---

ing-the-global-conversation, 2016년 5월 12일.
96　존 트라비스, "예수가 구원하지 종교가 구원하는 것은 아니다," 「크리스채너티 투데이」 2013년 3월, 23.

기독교 신학과 이슬람 신학이 대치되는 경우 이슬람 신학을 재해석 한 바 있다.[97] 이는 기독교의 이슬람권 선교에 있어서 '이슬람적인 기독교'를 낳는 결과를 초래할 수 있는 사안이다.

따라서 본 연구는 내부자운동이 이슬람 신학을 재해석하여 수용한 부분에 대하여 다루고자 한다. 특별히 회심후 내부자들이 모스크의 공식 예배에 참석하는 것을 정당화하기 위하여 무함마드를 '구약적 선지자'로 재해석 한 부분에 대하여 고찰하고자 한다. 이것이 기독교의 계시관과 기독론적 측면에서 동의할 수 없는 부분임을 밝힘으로 이슬람권 선교에 있어서 내부자운동을 통하여 무함마드를 '구약적 선지자'로 재해석하는 일이 재고되길 바란다.

지금까지의 내부자운동에 관한 논쟁점을 살펴볼 때, EMQ만 보더라도 그곳에 게재 된 글들을 통하여 내부자운동이 어떤 것이며, 어떤 점에서 논쟁이 이어져 왔는지를 알 수 있다. 또한 한국에서는 일부 잡지에서 그 글들이 번역되어 소개된 바 있다. 「인카운터 이슬람」과 「퍼스펙티브스」에서도 내부자운동을 지지하거나 혹은 우려하는 선교사들과 학자들의 글을 발견하게 된다.

지금까지의 연구를 보면 내부자운동을 지지하는 사람들은 '메시아닉 무슬림'으로서 신학적 정당성을 주장하면서 문화적 차원에서의 당위성을 강조하였다. 그러나 무슬림을 메시아닉 유대인처럼 그리스도인으로 인정하기엔 무리가 있으며, 이러한 운동은 복음을 이슬람

---

97  존 트라비스, "C1에서 C6 스펙트럼," 「인카운터 이슬람」, 키스 스와틀리 편, 정옥배 역 (고양: 도서출판 예수전도단, 2008), 405.

문화에 너무 맞추려 한 나머지 지나치게 상황화 된 것이라는 비판이 일고 있다. 본 연구에서는 그 학자들이 지적하는 문제 중 한 가지에 집중하고자 한다. 두 진영 간의 논쟁을 바탕으로, 무함마드를 '구약적 선지자'로 재해석 한 것을 무슬림들이 어떻게 인식하는지, 그리고 그것이 기독교의 계시와 기독론에 있어서 야기시키는 문제를 조명함으로써 본 연구를 진행하고자 한다.

본 연구는 문헌고증을 통해 진행되었다. 내부자운동에 대해 논쟁하는 글들을 중심으로 이슬람 신학과 기독교 신학에 대한 글들을 참고하였다. 꾸란은 최영길의 『성꾸란: 의미의 한국어 번역』을 참고하였다. 이슬람 신학은 꾸란의 각주내용을 중심으로 살펴보았으며, 기독교 신학은 기독교인 학자들이 연구한 이슬람에 대한 연구업적들을 참조하였다. 기독교 신학은 복음주의 노선을 따랐다.

용어의 사용에 있어서, 존 트라비스의 C5는 Holy Spirit Muslims, Muslim Believers, Muslim Followers of Jesus, 또는 간단하게 muslims와 같이 다양하게 표현되고 있다. 또한 C5 운동이 내부자운동으로도 동일하게 사용되고 있다.[98] 본 연구에서는 C5 운동을 '내부자운동'으로 표현상 통일하여 사용하며, 예수를 구원자이며 그리스도로 믿기로 작정한 사람들을 '개종자' 또는 '신자'로, C5 공동체 안에 있는 사람들을 '내부자'로 표현하였다.

---

98   John Jay Travis, "The C1–C6 Spectrum after Fifteen Years," *Evangelical Missions Quarterly* October 2015, 361.

## 1) 내부자운동

### (1) 로잔운동과 이슬람권 선교

로잔운동에서 이슬람 상황화에 관한 논의는 1974년 1차 로잔 대회 이후 북미 그리스도인들이 이슬람권 선교에 대한 책임의식을 고취시키기 위해 모였던 글렌 아이리 대회[99]와 1980년 태국 파타야 대회[100]로 거슬러 올라간다. 이 두 대회에서 이슬람권 선교에 있어서 상황화 선교전략의 필요성이 언급되었다. 이후 이슬람권 상황화 선교전략에 대한 집중적인 논의는 1997년 하스레브 대회에서 이루어졌다.[101]

이 대회에서 내부자운동의 문제점이 지적되었는데, 하스레브 선언문은 이슬람교가 형식과 내용을 분리할 수 없는 종교이기에 복음을 상황화 하는 데 있어서 주의를 요하며, 개종자들을 이슬람 종교와 관계된 이슬람 문화와 분리해야 한다는 내용을 담고 있다.[102] 이처럼 과거 로잔운동은 내부자운동에 대해 회의적인 입장이었음을 알 수

---

[99] 1978년 미국 콜로라도에서 열렸으며, Charles R. Taber는 "Contextualization: Indigenization and/or Trasformation"을 통해 이슬람 상황화를 다루었다. 소윤정, "로잔운동과 현대 이슬람 선교," 「로잔운동과 선교」, 한국로잔연구교수회 편 (고양: 올리브나무, 2014), 244-245; LOP 4 The Glen Eyrie Report: Muslim Evangelization : https://www.lausanne.org/content/lop/lop-4 , 2016.09.13.

[100] 로잔의 지원으로 1980년 6월 16-17일에 태국 파타야에서 이슬람 사역을 위해 개최; LOP 13 Christian Witness to Muslims: https://www.lausanne.org/content/lop/lop-13 , 2016.09.13.

[101] 1997년 6월 17-21일 덴마크 하스레브에서 개최, 특별히 The Ethics of Contextualisation은 전도된 무슬림들의 정체성 문제를 제시하면서 '내부자운동'의 문제점을 지적하고 있다. 소윤정, 「로잔운동과 선교」, 245-247.

[102] http://www.lausanne.org/en/documents/all/haslev-1997/318-gospel-contextualisation-revisited.html, 소윤정, 「로잔운동과 선교」, 246-247에서 재인용.

있다. 그리고 또다시 내부자운동에 대한 논쟁이 2010년 케이프타운 대회에서 진행되었다. 코디 로렌스(Cody Lorance)가 존 트라비스(John Travis)의 C1-C5의 틀을 혼합주의의 위험성이 있다는 이유로 문제를 제기하였으며, 조셉 쿰밍의 글 "Muslim Followers of Jesus"[103]가 논쟁의 불을 붙였다. 이러한 가운데 Lausanne Global Analysis가 "Highly Contextualized Mission: Surveying the Global Conversation"을 통해 C1-C5 내용을 다루면서 내부자운동에 대해 긍정적인 입장을 보였으며,[104]

케이프타운 선언문도 "내부자운동"을 "여전히 다른 종교체계에 속해있으나 예수를 그들의 하나님과 구세주로 믿는 사람들의 집단"[105]로 규정함으로써 로잔운동이, 내부자운동에 대해 기존의 입장과 달리 긍정적인 입장을 취하고 있음을 보여주었다.

(2) 내부자운동에 대한 논쟁

오늘날 내부자운동은 그가 태어난 공동체 안에 남아 있거나 통합을 유지하면서, 그리스도 안에 있는, 믿음에 순종하는 운동이라고 정의되어진다.[106] 1990년대 후반부터 「복음주의 선교 계간지」(*Evangel-*

---

103  https://www.lausanne.org/content/muslim-followers-of-jesus, 2016년 5월 21일 검색.
104  정흥호, "로잔운동과 상황화," 「로잔운동과 선교신학」, 한국로잔연구교수회 편 (서울:도서출판 케노시스, 2015), 88-89.
105  https://www.lausanne.org/lgc-transfer/highly-contextualized-missions-surveying-the-global-conversation, 2016년 5월 12일.
106  레베카 루이스, "내부자운동," 「퍼스펙티브스」, 랄프 윈터 외 편, 정옥배 외 역 (고양: 예

ical Missions Quarterly, 이하 EMQ)와 「국제전방개척선교저널」(The International Journal of Frontier Missions, 이하 IJFM)은 내부자운동에 대한 논쟁의 장이 되어 왔다. 1996년 존 트라비스는 EMQ에 이 시대 무슬림 사이에서 발견되는 그리스도 중심의 공동체들을 언어, 문화적 양식과 종교적 정체성에 따라 6가지의 형태로 구분하여 설명하였다.[107]

트라비스는 C 스펙트럼의 목적이 교회개척자들과 무슬림 출신 신자들이 어떤 유형의 그리스도 중심적 공동체가 가장 많은 사람들을 그리스도께로 이끌 수 있으며 주어진 상황에 가장 잘 들어 맞는지를 알아내도록 도우려는 것[108]이라고 말한다. 트라비스는 그 여섯 가지 공동체 중 C5에 관심을 갖는다. 그리고 바로 이 C5에 내부자운동이 속한다. C5의 특징은 다음과 같다.

> C5 신자들은 법적으로나 사회적으로 여전히 이슬람 공동체에 남아 있다. 이것은 메시아적 유대인운동과 비슷하게, 이슬람 신학 중에서 성경과 양립될 수 없는 측면들은 거부한다. 아니면 가능하면 재해석한다. 단체로 드리는 이슬람 예배에 참여하는지의 여부는 사람마다, 집단마다 다르다. (중략) 무슬림 공동체들은 C5 신자들을 무슬림으로 보며, C5 신자들은 자신들을 '메시아 이사를 따르는 무슬림'이라고 칭한다.[109]

---

수전도단, 2011), 382.
107  존 트라비스, "C1에서 C6 스펙트럼," 402.
108  Ibid.
109  Ibid, 405.

최근 몇 해 동안 우리는 많은 수의 C5 무슬림들을 만나는 특권을 가진 바 있다. 비록 우리의 종교적인 배경이나 예배의 양식이 매우 달랐지만, 우리는 이사 알마시(예수 그리스도) 안에서 참 유쾌한 교제의 경험을 하였다. 우리 마음속에는 이들 C5 무슬림들이 하나님 나라의 거듭난 백성들로서 자신들이 태어난 종교적인 테두리 안에서 복음을 가지고 나와 살도록 부름을 받았다는 데에 아무 의심의 여지가 없다.[110]

트라비스와 그의 동료들은 이러한 신앙 표현이 전세계의 무슬림들을 위한 효과적인 방법이 될 것이라는 확신을 갖게 되었고, 이를 통해 하나님께서 자신들을 'C5 운동의 태동'을 돕도록 부르셨으며, 이 운동으로 수많은 무슬림들이 '이사 알마시' 안에 있는 구원을 발견할 수 있을 것이라고 기대[111] 하게 되었다고 한다. 그러나 내부자운동에 대한 기대 못지 않게 우려의 소리가 쏟아져 나오게 되었다. 우리는 이슬람 선교에 있어서 상황화가 대단히 주의하지 않을 경우 적법한 전략이 뒤집어져 혼합주의가 되어버릴 수도 있다[112]는 필 파샬의 우려에 귀 기울일 필요가 있다.

C5 안에는 다양한 유형의 공동체가 존재한다. 트라비스는 C-스펙트럼이 무슬림 배경을 가진 신자들의 상황화의 정도에 따른 그리스

---

110  존 & 아나 트라비스, "이슬람, 힌두교, 불교 가운데서의 상황화: 내부자운동에 대한 조명,"「한국선교 EMQ」2006년 봄호, 110.

111  Ibid.

112  Phil Parshall, Danger! New Direction in Contextualization, *EMQ* 34(4) 1998년, 404-410, 필 파샬, '파트와' 해제,「인카운터 이슬람」414에서 재인용.

도에 대한 다양한 표출에 해당되며[113], C5 신자가 "단체로 드리는 이슬람 예배에 참여하는지의 여부는 사람마다, 집단마다 다르다"[114]고 말한다. 그의 말에 따르면 C5 안에는 다양한 형태의 '그리스도 중심의 공동체'가 존재하며, 어떤 공동체에서는 모스크에 참여하는 것이 전혀 문제가 되지 않을 수도 있다는 것이다. 내부자운동을 시행하는 선교사 중에는 개종하려는 사람들에게 모스크에서 기도해도 괜찮다고 독려하거나, 새로운 신자들을 별다른 호칭 없이 여전히 '무슬림'이라고 부르며, "알라 외에는 신이 없다, 무함마드는 알라의 사자다"라고 암송하는 것을 허용하기도 하고, 성경을 번역하는 데 있어서 '하나님의 아들' 대신 '메시아 예수'나 그 밖의 비슷한 표현으로 번역하는 일이 나타난다.[115]

데이비드 레이시는 "얼마나 멀어야 너무 먼 것인가?"라는 글을 통해 이슬람 색채가 강한 문화권에서 이처럼 하는 것은 '가능한 한 이슬람적으로 보이고 행동하면서 그리스도께 대한 충성을 유지하는 것'으로서 상황화보다는 '이슬람화'에 가까운 것이라 말한다.[116] 이처럼 다양한 형태로 나타나는 내부자운동을 이슬람권 선교에 있어서 상황화로 봐야 하는지 아니면 혼합주의에 빠진 것으로 봐야 하는지에 대

---

113  티모시 C. 테넌트, "내부자운동의 숨겨진 역사," 「크리스채너티 투데이」 2013년 3월호, 20.
114  Ibid.
115  필 파샬, "현지 상황에 지나치게 맞추는 것은 해롭다," 「크리스채너티 투데이」 2013년 3월호, 25.
116  데이비드 레이시, "얼마나 멀어야 너무 먼 것인가?" 「인카운터 이슬람」, 406-407.

한 논란이 일어날 수 밖에 없는 실정에 놓인 것이다.

### (3) 이슬람 신학과 기독교 신학의 대치

내부자운동에 참여하는 사역자들은 무슬림이 복음을 듣는 데 있어서 문화적인 차이로 복음을 거절하게 되는 일을 최소화 하려 한다. 그러다 보니 기존의 이슬람 문화에 대한 많은 '배려'를 해왔다. 이슬람 문화에서 '그리스도인'이란 용어가 갖는 의미는 서구의 문화와 직접 연관 되어져왔다. '그리스도인이 되었다'는 말은 할리우드 영화에 나오는 사람들처럼 술을 마시고, 돼지고기를 먹고, 음란하기까지 한 사람들과 동일시되어 졌다고 이해된다. 내부자운동은 이러한 오해를 없애기 위해 스스로를 '무슬림'이라고 부르도록 권장한다.

또한 무슬림들을 전도하기 위한 전략적 차원에서 개종자를 이슬람 사원에 남아있도록 하고 있으며, "알라 외엔 신이 없으며 무함마드는 그의 선지자다." 라는 이슬람 신앙고백, '샤하다'를 허용한다. 뿐만 아니라 성경 번역에서 '하나님의 아들' 예수를 '메시아 예수'로 번역함으로써 무슬림 배경의 신자들이 '읽을 만한' 성경으로 번역하였다는 평가를 받기도하였다. 그들은 무슬림들에게 '하나님의 아들'이라는 표현은 '하나님과 마리아의 육체적 관계를 통하여 얻은 아들'이라는 잘못된 인식을 갖게하고, 기독교의 삼위일체 교리가 이슬람 선교에 있어서 장애물이 되기 때문에 문맥에 맞게 번역을 한 것이라고 말한다.

내부자운동은 무슬림들이 복음을 받아들이는 데 있어서 '문화적 배신자'가 되지 않으면서 참된 신자가 되는 길을 제시해 주려 한다는 것이다.[117] 따라서 기독교 신학과 대치되는 이슬람 신학을 재해석함으로써 이슬람 문화 속에 있는 종교적 요소까지도 수용하려는 움직임이 발견되어진다. 종교와 문화가 밀접한 관계를 맺고 있는 이슬람 특성상 복음에 이슬람 문화의 옷을 입힌다는 것은 결코 쉬운 일이 아닐 것이다. '무슬림'이라는 정체성, 모스크의 참석과 '샤하다,' '하나님의 아들'에 대한 무슬림들의 부정을 '문화적 배신자'가 되지 않기 위해 수용한다는 것은 기독교 신학적으로 논란을 피할 수 없는 문제라고 생각한다.

### 2) 구약적 "선지자 무함마드"

#### (1) 무함마드를 재해석한 배경

무엇보다도 내부자운동에 있어서 개종자들을 모스크에 남아있도록 하기 위해서는 무함마드에 대한 신학적 재해석이 필요했다. 내부자운동의 특징은 예수를 따르기로 결심한 사람들을 무슬림 공동체 안에 있게 하면서 더 많은 사람들에게 복음을 나누도록 지도한다는 것이다. 단편적으로 생각할 때 모스크는 무슬림들을 만나고 교제하기에 더없이 좋은 장소로 보여진다. 그러나 모스크의 예식은 "알라 외에는 신이 없다, 무함마드는 알라의 사자다."라는 이슬람의 신앙고백을 필수적으로 해야만 한다.

---

117  Ibid.

따라서 선교사들은 개종자들로 하여금 "알라 외에는 신이 없다, 무함마드는 알라의 사자다."라고 신앙고백을 하는 것을 허용하고[118] 그것이 신학적으로도 문제가 없다는 것을 증명함으로써 장려하였다[119]. 심지어 그들은 무함마드가 구약의 선지자들과 유사하거나 또는 카리스마적 예언의 은사와 유사성이 있다고 말한다.[120] 내부자운동의 초기 이론가이자 시행자였던 브라이언 암스트롱은 무함마드에 대하여 다음과 같이 설명한다.

> 무함마드를 인정하는 것은 한 하나님을 선포하는 사자로 인정하는 것이며, 우상 숭배가 가득했던 7세기 아라비아라는 환경에서, 혹은 후에 이슬람을 받아들일 이슬람 이전의 이교적 환경에서, 그 하나님의 뜻에 굴복하는 것이다. 무함마드의 사명은 연대적으로는 주후(A.D.)였지만, 그렇다고 해서 당시의 영적 분위기가 사실상 주전(B.C.)이었다는 사실이 모호해져서는 안 된다. 이슬람에서 일어난 예수운동에서 무함마드는 구약 스타일의 사자로 이해될 것이다.[121]

브라이언은 무함마드가 '구약적 선지자'이기 때문에 개종자가 '무

---

118  필 파샬, "현지 상황에 지나치게 맞추는 것은 해롭다," 25.
119  Fred Farrokh, "Let's Leave Shahada to Real Muslims," *Evangelical Missions Quarterly* October 2015, 404.
120  Kevin Higgins, "Let's leaves shahada to real Muslims: A Response by Kevin Higgins," *Evangelical Missions Quarterly* October 2015, 411.
121  Brian Armstrong, 필 파샬과 주고받은 개인 서신, 2002, 필 파샬, '파트와' 해제, 418에서 재인용.

함마드는 알라의 사자다.'라고 '샤하다'를 고백하더라도 예수에 대한 믿음이 타협되거나 혼합주의에 빠지지 않는다고 확신한다.[122] 무함마드를 '알라의 선지자'라고 고백하는 것이 예수에 대한 신앙에 결코 문제 되지 않는다는 것이다.[123] 그러나 무함마드를 구약의 선지자들과 동일시 하는 것은 다음에서 보는 바와 같이 심각한 문제를 야기시킨다.

(2) 인식론적 문제

먼저 무함마드를 선지자로 믿는 다는 것은 '선지자'라는 용어를 잘못 이해한 데에서 발생한 문제라 할 수 있다.[124] 일반적으로 서구 문화에서는 '역할'과 개인적인 삶이나 그의 진실성을 분리하여 생각한다. 즉 서구 그리스도인들이 '선지자로 믿는다.'라고 말하는 것은 그 사람의 선지자로서의 '역할'에 국한하여 이해한다. 그가 하나님께로 사람들을 이끄는 '역할'을 하였기 때문에 그를 '선지자'라고 표현하는 것이다.

그러나 무슬림들이 '선지자로 믿는다는 것'은 단순히 그의 역할에 국한되지 않는다. 무함마드가 선지자임을 믿는다는 고백은 무함마드가 알라를 대행하여 발언하는 선지자임과 동시에 그의 개인적인 말(하디스), 그의 삶의 방식(순나), 그리고 그의 진실성까지 모두를 믿

---

122 Ibid.
123 Kevin Higgins, 411.
124 Fred Farrokh, "Fred Farrokh's Response to Kevin Higgins," *Evangelical Missions Quarterly* October 2015, 412-413.

는다는 것을 뜻하는 것이다.[125] 따라서 '선지자'라는 표현은 선교사들이 배제한 의미까지도 포함하여 개종자들이 받아들일 수 있다는 것을 염두에 두어야 한다.

비록 재해석을 통한 새로운 인식이라 할지라도 무함마드를 '선지자'로 인정하는 것은 내부자들로 하여금 기존의 거짓된 이슬람 신앙에 머물게 하는 것이 될 수 있다. 그리고 선교사들이 재해석 한 의미가 내부자들에게 동일하게 받아들여지지 않을 수 있다는 것을 기억해야 한다.

윌리엄 사알은 "이런 예식들을 이슬람 율법에 규정된 대로 수행하고서, 표현과 예식이 무슬림들이 항상 생각하는 의미와 다른 의미를 가지도록 할 수 있다고 생각하는 것은 정말 순진한 생각에 지나지 않는다[126]고 지적한다. 외부에서 온 사역자들은 기존의 무함마드와 재해석 된 무함마드의 의미를 분명하게 구분할 수 있을 것이다. 그러나 무슬림들이 가지고 있는 무함마드에 대한 신앙은 단순한 지적 동의가 아니다. 그에 대한 그들의 신앙은 그들의 평생에 이어져 왔으며, 그 신앙은 정서적 애착의 단계에 까지 이른다.[127] 평생에 걸쳐 온 신

---

125　Ibid.

126　William Saal, *Reaching Muslims for Christ* (Chicago: Moody Press, 1993), 158, 데이비드 레이시, "얼마나 멀어야 너무 먼 것인가?"「인카운터 이슬람」 410-411에서 재인용.

127　이슬람 신학에서 무함마드는 단지 알라의 계시를 전달한 선지자일 뿐 중보자가 되지 못한다. 그러나 현대 무슬림들 가운데서는 무함마드가 심판 때에 중보자의 역할을 하게 될 것이라 믿는 사람들이 많다. 또한 개종한 무슬림 배경의 신자들이 무함마드에 대해 갖는 정서적 애착이 존재한다. 예수가 하나님이신 것까지도 믿는 무슬림 배경의 신자가 무함마드가 선지자가 아니라는 것을 인정하기까지 오랜 기다림이 필요했고, 그가 무함마드

앙과 정서적 애착이 한 순간의 가르침에 의미가 변하기란 결코 쉽지 않다. 단순한 가르침을 통해 무함마드에 대한 신앙과 이해가 단숨에 달라졌을 것이라 생각하는 것은 윌리엄의 지적처럼 순진한 생각에 지나지 않는 다는 것이다.

(3) 계시론적 문제

내부자운동을 위하여 무함마드를 선지자로 인정하게 될 경우 계시론적인 문제가 생기는 이유는 기독교에서 보는 계시의 정점과 이슬람에서 보는 정점이 다르기 때문이다. 기독교에서 하나님의 계시는 먼저 일반 계시와 특별 계시로 나누어진다. 그러나 인간의 타락으로 인해 일반 계시만으로는 하나님을 온전히 알 수 없게 되었고 결국 하나님께서는 특별 계시를 통해 하나님에 대한 바른 지식에 이르게 하셨다. 그렇기 때문에 말씀 그 자체이신 예수 그리스도가 인간의 몸을 입고 이 땅에 오신 사건이 기독교 계시의 정점이 된다. 하나님 스스로가 인간들에게 나타나시어 구원의 길을 보이신 것이다.

그러나 이슬람은 계시의 정점을 꾸란 그 자체로 본다. 아흐마드 디다트는 문맹이었던 무함마드에게 계시가 내렸기 때문에 기적 중의 기적이며, 마지막 계시이고 문체가 예언자적이기 때문에 꾸란은 완전히 순수한 계시로서의 가치가 있다고 말한다.[128]

---

를 부정하는 순간 눈물을 흘렸는데, 그것이 비단 한 사람의 이야기가 아니라고 한다. 아세아연합신학대학교, 아랍선교대학원 "이슬람선교전략" 강의 녹취, 2016년 10월 17일.

128 Ahmed Deedat, *The Choice-Islam and Christianity* Vol.1 (New Delhi: Islamic Book Service, 1994), 4-6; Ahmed Deedat, *The Choice* Vol.1 (New Delhi: Islamic

성경은 특별 계시, 즉 하나님의 구속적 행위와 말씀을 기록해 놓은 책으로서 성령의 감동으로 말미암아 기록되었다.[129] 성령의 감동으로 쓰여졌다는 것은 기계적 영감이 아니라 축자 영감을 의미하는데, 한상화는 이것을 하나님이 인간 저자의 성향, 사상, 배경 등을 모두 사용하셔서 하나님의 뜻대로 기록하게 하셨는데, 이러한 신적 저자와 인간 저자 간의 유기적인 관계를 생각해 볼 때 유기적 영감이라고도 할 수 있다[130]고 말한다. 이븐 한발은 무함마드가 계시를 받던 상황을 다음과 같이 묘사한다.

"계시 받을 때 그는 낙타 새끼같이 색색거렸고 땀이 이마에 맺히고 가끔 그의 입에서 거품이 나오고 의식불명처럼 땅에 누워있었다."[131]

계시를 받을 때 무함마드는 큰 두려움에 사로잡혔으며, 마치 뇌전증 환자와 같이 입에서 거품이 나왔고 쇠사슬이 서로 부딪히는 것 같은 시끄러운 소리와 요란한 종소리와 같은 소리를 들었다고 한다.[132] 계시를 받은 후에도 그는 부인인 카디자가 가브리엘 천사를 만난 것이라 말해주기 전까지 자신이 악령을 만난 것이라 생각했다. 꾸란의 계시 전달자에 대한 논란이 있다. 꾸란 53장 5절의 주해석에서는 가브리엘 천사에 의해 계시가 주어졌다고 보고 있으며, 꾸란 6장 19절

---

Book Service, 1994), 4-5, 소윤정, 『꾸란과 성령』(서울: CLC, 2009), 41-42 재인용.
129  한상화, 『하나님 중심으로 신학하기』(서울: CLC, 2010), 54-55.
130  Ibid., 55-56.
131  하지 사브리, 서정길, 한국 이슬람 중앙 연합회 편저, 『하디스』(서울: 보성문화 인쇄소, 1978), 60, 소윤정, 『꾸란과 성령』, 35에서 재인용.
132  김정위, 『이슬람 입문』(서울: 한국외국어대학교 출판부, 1993), 35-36.

에서는 성령으로 계시 되었다고 말한다.

　무함마드의 계시가 가브리엘 천사를 통해 임했든 성령을 통해 임했든[133] 상관없이 하나님으로부터 온 존재라고 가정한다 하여도 전혀 인격적인 관계가 나타나지 않는다. 기독교의 계시는 하나님의 성품에 따라 인격적인 모습으로 성경의 기록자들에게 전달되었다. 그러나 꾸란의 계시는 하나님의 성품에 결코 부합되지 않는 방법으로 주어졌음을 보게 된다. 이처럼 무함마드의 계시는 계시의 본질과 계시의 방법에 있어서 기독교의 계시적 속성에 부합하지 않는다. 만일 무함마드를 구약적 선지자로 인정한다면, 하나님의 영감으로 기록되고 예수 그리스도를 통해 확증된 기독교의 계시는 꾸란을 통해 보완되어야 할 불완전한 계시에 불과할 뿐이다.

### (4) 기독론적 문제

　예수 그리스도에 대한 핵심적인 믿음은 예수가 참 하나님이시며 동시에 참 인간이 되신다는 것이다. 즉 삼위일체 하나님의 성자 하나님이 인간의 몸을 입고 이 땅에 선지자, 왕, 제사장으로서 오셔서 우리의 구원을 이루기 위해 죽으시고, 부활하시고, 승천하셨다가 심판자로서 다시 오실 것을 믿는 것이 그리스도에 대한 바른 이해이며 믿음이다.[134]

---

133　이슬람에서의 '성령'의 개념은 기독교의 '성령'과 차이를 보인다. 자세한 내용은 소윤정의 『꾸란과 성령』을 참고하기 바란다.
134　존 칼빈, 『기독교 강요(상)』, 원광연 역 (고양: 크리스챤다이제스트, 2003), 570-646.

그러나 무함마드를 선지자로 인정하는 것은 꾸란의 계시성을 인정하는 것이므로 결국 예수 그리스도에 대한 모든 믿음을 파괴시킨다. 꾸란의 이싸와 성경의 예수는 많은 공통점을 지닌다. 그러나 꾸란이 말하는 이싸는 앞에서 언급한 예수 그리스도의 하나님 되심, 구원자 되심을 교묘하게 피해간다.

꾸란과 이슬람 신학은 이싸가 다른 선지자들과는 구별된 독특함이 있다는 것을 인정하지만 그것이 결코 그가 하나님 됨을 의미하는 것은 아니다. 무엇보다도 꾸란은 예수 그리스도의 신성과 대속적 죽음을 부정한다. 이싸의 동정녀 탄생은 그의 성육신이나 신성을 의미하지 않는다. 그의 동정녀 탄생은 알라의 창조 능력을 보여주는 한 예에 불과하다.[135] 그는 단지 선지자로 보내졌으며, 이싸가 행한 이적들은 그의 힘이 아니라 하나님의 뜻과 능력으로 행했을 뿐이라고 꾸란에 명백하게 기록되어 있다.

> 이스라엘 자손에게 선지자로 보내리라 나는 주님으로부터 예증을 받았
> 노라 내가 너희를 위하여 진흙으로 새의 형상을 만들어 숨을 불어넣으
> 면 하나님의 허락으로 새가 될 것이라 하나님이 허락하실 때 나는 장님

---

[135] Roelf S. Kuitse는 코란의 이싸는 두 번째 아담으로 불려질 수 있으나 그것은 신약(롬 5:14; 고전 15:22)에서의 의미와 다르게 사용된다고 한다. 곧 코란의 이싸는 아담과 같이 알라의 창조적인 말씀(코란 3:42-52; 19:16-36)으로 태어났다는 면에서 두 번째 아담이라는 것이다. Roef S. Kuitse, Christology in the Qur'an, *Missiology* 20 (July 1992), 357, 박미애, "코란의 '이싸를 접촉점으로 한 무슬림 전도법에 대한 비판적 고찰," (신학과 선교학박사학위논문, 아세아연합신학대학교 대학원, 2014, 『코란의 이싸와 복음전도』[CLC]로 출간됨), 74에서 재인용.

과 문둥이들을 낫게 하며 하나님의 허락이 있을 때 죽은 자를 살게 하며 너희가 무엇을 먹으며 너희가 무엇을 집안에 축적하는가를 너희에게 알려 주리라 너희에게 신앙이 있을 때 너희를 위한 예증이 있노라 (수라 3:49).[136]

또한 그는 다른 선지자들과 다른 바 없는 한 선지자에 불과했다.

예수는 마리아 아들로써 선지자일 뿐 이는 이전에 지나간 선지자들과 같음이라(수라 5:75).[137]

실로 예수 그리스도는 마리아의 아들이자 하나님의 선지자로써 마리아에게 말씀이 있었으니 이는 주님의 영혼이었노라(수라 4:171).[138]

심지어 이싸는 다음의 구절에서 스스로 자신이 예언자에 불과하며 예언자의 역할을 맡은 것뿐이라고 말한다.

아기가 말하길 나는 하나님의 종으로 그분께서 내게 성서를 주시고 나를 예언자로 택하셨습니다. 제가 어디에 있던 저를 축복받은 자로 하셨고 제가 살아 있는 한 예배를 드리고 이슬람세를 바치라 저에게 명령하

---

136 『성꾸란: 의미의 한국어 번역』, 최영길 역 (사우디아라비아: 파하드국왕꾸란출판청, 2009), 94.
137 Ibid., 196.
138 Ibid., 167.

였습니다(수라 19:30-31).[139]

꾸란은 예수의 십자가 사건과 구속 역시 성경과 전혀 다른 가르침을 준다.

> 마리아의 아들이며 하나님의 선지자의 예수 그리스도를 우리가 살해하였다라고 그들이 주장하더라 그러나 그들은 그를 살해하지 아니하였고 십자가에 못박지 아니했으며 그와 같은 형상을 만들었을 뿐이라 이에 의견을 달리하는 자들은 의심이며 그들이 알지 못하고 그렇게 추측을 할 뿐 그를 살해하지 아니했노라(수라 4:157).[140]

유대인들이 예수를 살해하였다고 말하지만, 실제로는 결코 살해하지 않았다고 말한다. 이것은 알라의 계책에서 비롯된 것이라고 한다.

> 그들이 음모를 하나 하나님은 이에 대한 방책을 세우셨으니 하나님은 가장 훌륭한 계획자이시라. 하나님이 말씀하사 예수야 내가 너를 불러 내게로 승천케 한 너를 다시 임종케 할 것이라(수라 3:54-55a).[141]

알라는 가장 훌륭한 계획자로서 유대인들의 음모에 대한 방책을 세운 것이다. 본 구절의 각주는 다음과 같다.

---

139  Ibid., 554.
140  Ibid., 167.
141  Ibid., 95.

유대인들이 예수를 살해하려는 음모에 관하여 계시하고 있다. 즉, 그들은 예수를 살해하려고 음모하였으나 하나님은 그들의 음모로부터 그를 구하여 하늘로 승천시키고 대신 유대인을 예수와 흡사하게 하여 십자가를 지게 하였다.[142]

4장 157절에 계시되고 있듯이 유대인은 예수로 하여금 십자가를 지도록 하지 아니했으며 예수를 살해하지도 아니했다. 유대인 음모자를 그와 비슷한 형상으로 하여 예수를 대신케 하였다. 예수를 음모 살해하려 한 유대인의 죄악은 남아있으나 예수는 하나님께로 승천하시었다.[143]

이처럼 십자가 사건은 단지 알라가 유대인의 음모로부터 이싸를 구하는 것을 보여줄 뿐이다. 꾸란에서 이싸는 결코 십자가에 못 박혀 죽지 않았으며, 십자가에서 죽음을 모면했다. 이싸는 다른 선지자들처럼 배척 받고 죽음의 위기를 맞게 되었는데, 알라가 이싸를 구해냄으로써 십자가에서 죽지 않았고, 다만 그렇게 보였을 뿐이다.

박미애는 꾸란의 십자가 사건에 대해 "전 인류의 구속과는 아무런 연관이 없는 알라가 자신의 예언자를 죽음의 위기에서 구해내는 극적 드라마로, 이싸 개인이 알라의 구원을 경험하는 개인적 사건"이라고 말한다.[144] 그러나 성경에서 십자가에서의 죽음은 온 인류의 구원

---

142 사프와트 타파씨르 제2권, 26, 『성꾸란: 의미의 한국어 번역』, 96에서 재인용, 54절 각주 내용.
143 Ibid., 55절 각주 내용.
144 박미애, "코란의 '이싸를 접촉점으로 한 무슬림 전도법에 대한 비판적 고찰," 89-90.

을 위한 대속적인 사역이다. 인간의 원죄와 죄성을 해결할 유일한 길이 예수 그리스도의 대속적 죽음과 부활임에도 불구하고 꾸란은 이 내용을 제거해 버린 것이라 할 수 있다. 뿐만 아니라 이싸는 스스로가 하나님의 아들이라 말한 적이 없다고 확증하고, 삼위일체를 말하는 사람은 불신자로서 저주한다.[145]

> 하나님이 마리아 아들을 메시아라 말하니 그들은 분명 불신자들이라 메시아가 가로되 이스라엘 자손들이여 나의 주님이고 너희의 주님인 하나님만 경배하라 하나님을 불신하는 자 하나님께서 그들에 천국을 금하시고 불지옥을 그의 거주지로 하게 하니 죄인들에게는 구원자가 없노라. 하나님이 셋 중의 하나라 말하는 그들은 분명 불신자라 하나님 한 분 외에는 신이 없거늘 만일 그들이 말한 것을 단념치 않는다면 그들 불신자들에게는 고통스러운 벌이 가해지리라(수라 5:72-73).[146]

이슬람 신학은 이싸의 재림도 철저하게 왜곡시켰다. 그의 재림은 심판주와 통치자로 오는 것이 아니다. 이슬람의 마지막 날의 가장 큰 징후로서 이싸는 알닷잘[147]을 샤리아를 법으로 삼아 죽이고, 그 후 지

---

[145] 꾸란 5:72-73.
[146] 『성꾸란: 의미의 한국어 번역』, 194-195.
[147] "알닷잘은 거짓을 숨기는 자이고 혹자는 사이비 알 마시흐라고 했다. 진리를 거짓으로 덮어버리는 자이므로 간혹 거짓의 알마시흐라고도 한다. 일부 무슬림들은 그 거짓의 알마시흐는 유대인에게서 온다고 했다." 공일주, 『이슬람과 IS』 (서울: CLC, 2015), 264, 각주 내용 중에서.

방에서 알라가 원하는 만큼 살다가 죽는다.[148] 이처럼 이슬람의 이싸는 예수 그리스도와 유사하게 보이는 면이 있지만 그리스도에게 있어서 가장 핵심적인 그의 신성, 그의 대속과 구원에 대한 부분은 결여되어 있을 뿐 아니라 명백하게 부정하고 있는 것이다.

이처럼 꾸란이 예수 그리스도의 신성과 대속 등 기독교의 핵심 교리들을 명백하게 부정하고 있는 상황에서 무함마드를 '구약적 선지자'로 인정한다는 것은 신학적으로 심각한 문제를 야기하게 될 소지가 있다. 그것은 예수 그리스도가 단지 여러 사도들 중 하나에 불과할 뿐이라고 인정하는 것과 연관된다. 프레드는 예수에 관한 성경 말씀을 파괴하려는 무함마드의 목적이라고 말한다.[149] 따라서 이러한 재해석은 주의를 요하고 있음을 알 필요가 있다.

지금까지 본 것처럼 무함마드를 선지자로 인정한다는 것은 기독교 교리에 있어서 심각한 문제를 야기시킬 수 있다. 이것은 무슬림과 무슬림 배경의 개종자들이 무함마드를 인식하는 차원을 이해하지 못한 결과라 할 수 있으며, 종국에는 개종자들이 무함마드의 가르침을 여전히 따름으로써 하나님의 말씀에 대한 권위와 예수 그리스도에 대한 신앙을 파괴하는 함정에 빠질 수 있는 것이다.

---

148  Ibid., 263-266.
149  Fred Farrokh, "Let's Leave Shahada to Real Muslims," 406.

## 3) 내부자운동에 대한 복음주의적 제언

### (1) 모스크 참석을 장려할 필요가 있는가?

예수를 믿고 따르기로 결단한 사람들에게 모스크의 참석을 장려할 필요가 있는 것일까?

프레드는 모스크의 공식적인 예배에 여전히 참석하는 것은 예수의 주권과 신성을 거절한다는 것을 암묵적으로 말하는 것일 수 있다고 말한다.[150] 조셉 쿰밍 역시 모스크가 내포하는 이슬람 신학이 성경의 진리들을 명백하게 부정하기 때문에 신자가 모스크에 참여하는 것을 우려한 바 있다.[151]

개종자들을 모스크에 남도록 하는 것이 전도를 위하여 그들로 하여금 기존에 속한 공동체에 남아 있도록 하기 위함이지만, 모스크에 참석하지 않는 것은 실제로 기존 공동체와의 분리를 의미하지는 않을 수 있다. 기독교 선교사들은 무슬림들이 모스크에 빠짐없이 참석하는 것이 무슬림들의 종교적 의무라고 생각하는 경우가 많다. 그러나 무슬림들에게 있어서 모스크에 참석하지 않는 것은 큰 문제가 되지 않는다. 그가 있는 곳 어디서든지 정해진 시간에 기도를 하는 것이 의무인 것과는 달리 모스크의 참석은 자유로운 편이다.

무슬림들이 모스크에 반드시 참석해야 한다고 생각하는 것은 주일에 반드시 교회에 참석해야만 하는 그리스도인들의 오해라 할 수

---

[150] Fred Farrokh, "Fred Farrokh's Response to Kevin Higgins," 412.
[151] https://www.lausanne.org/content/muslim-followers-of-jesus.

있다. 물론 너무 갑작스럽게 모스크를 떠난다면 모스크나 주변의 강한 적대감을 불러일으킬 수 있으며 이는 소외나 핍박의 이유가 될 수 있다.[152]

새로운 개종자의 경우 그를 모스크로부터 분리하기까지는 기다림이 필요하다. 위에서 말한 바와 같이 매우 갑작스럽게 모스크를 떠남으로 인해 발생되는 어려움을 이겨 낼 믿음이 아직 부족하다면 기존의 모스크 안에 머물게 할 수 있다. 즉 개종자가 개종 후에도 참여하고 있다는 것은 아직 그가 신앙적으로 성장해 갈 때까지 기다려주는 기다림으로 보아야 한다. 사역자는 그 개종자의 신앙이 성장해 갈 동안 모스크의 출석을 조금씩 줄여가며 전환기의 과정으로 여길 수 있도록[153] 도와야 할 것이다.

분명한 것은 진심으로 복음을 알기 원하고 믿음으로 살기 원하는 사람이 있다면 그리스도는 주님이거나 구원자가 아니라고 선언한 무함마드로부터 떠나게 해야 한다.[154] 모스크는 꾸란의 가르침이 주어지며, 이를 통해 이슬람 신앙에 대한 점검이 이루어지는 곳이다. 따라서 예수 그리스도 안에 있는 살아있는 믿음을 진심으로 알기 원하는 사람을 전도를 위한 목적으로 잘못 된 가르침 속에 묶어 두어서는 결코 안 될 것이다.

---

152 존 트라비스, "예수님을 따르려는 모든 무슬림은 '이슬람'을 떠나야만 하는가?" 「퍼스펙티브스」 랄프 윈터 외 편, 정옥배 외 역 (고양: 예수전도단, 2011), 376.

153 필 파샬, "너무 멀리 나갔는가?" 「퍼스펙티브스」 랄프 윈터 외 편, 정옥배 외 역 (고양: 예수전도단, 2011), 369.

154 Fred Farrokh, "Let's Leave Shahada to Real Muslims," 405.

### (2) 진리에 맞춘 바른 성장의 필요

100미터 달리기를 시작 했다고 생각해 보자. 어느 한 선수가 결승선을 향해 뛰지 않고 관중석을 향해 뛰기 시작했다. 그가 출전한 선수 들 중에 가장 빠른 속력으로 뛰었다 할지라도 그는 결코 메달을 목에 걸 수 없다. 선교에 있어서도 마찬가지이다. 아무리 믿기로 결단하는 사람들이 급속하게 늘어난다 할지라도 그 선교가 진리의 기준에서 벗어나 있다면 무슨 의미가 있을지 고민해 봐야 할 것이다. 선교는 진리에 대한 싸움이다. 예수 그리스도에 대한 바르고 확고한 믿음이 없으며, 하나님에 대해 아는 지식이 잘못 되어 있고, 하나님의 말씀에 대한 바른 이해와 확신이 없다면 그것은 과녁을 벗어난 화살이 되어버릴 것이다.

특별히 이슬람 선교는 익숙한 것보다는 진리에 초점을 맞추어야 할 것이다. 데니스 그린은 혼합화가 구원과 관련해서까지 문제를 갖는다고 말한다. 그는 "이슬람에서 이 모든 것들(이슬람의 기도 형태, 금식, 음식 규정, 정결 의식)을 하나님께 은총을 받는 데 필요한 행위와 동일시함으로써, 구원을 위해 오직 믿음에만 의지하게 하는 것이 아니라 계속 그러한 것들에 의지하게 할 수 있다"고 경고한다.[155]

이슬람 종교의 특징은 형식에 큰 의미를 둔다. 종교적 의식만으로도 큰 의미를 전달하는 것이다. 내부자운동이 상황화 선교를 위해 이

---

[155] Denis Green, "Guidelines from Hebrews for Contextualization," in *Muslims and Christians on the Emmaus Road* (Monrovia, Calif.: MARC,1989), 247. 데이비드 레이시, "얼마나 멀어야 너무 먼 것인가?"「인카운터 이슬람」 411에서 재인용.

슬람 문화를 연구하는 데 따르는 수고를 부정할 수는 없을 것이다. 그들은 이슬람이라는 종교 안에 있는 기독교의 유사성을 통하여 무슬림들에게 복음을 전하려 하였다. 때로는 기독교 교리와 대치되는 부분들까지도 무슬림들이 큰 이질감을 느끼지 않은 채 복음에 쉽게 접근할 수 있도록 재해석하였다. 그러나 선교는 세계관의 변화이다. 세계관이 변한다는 것은 삶의 가치와 양식의 변화 역시 일정 부분은 일어나며, 일어나야 함을 의미한다. 복음의 본질을 훼손하면서까지 그들의 틀에 맞출 필요는 결코 없을 것이다.

또한 빠른 성장보단 바른 성장에 초점이 맞춰져야 한다. 하나님의 역사는 하나님 나라와 복음의 원리에 기초해서 판단해야 한다. 존 트라비스는 예상하지 못하는 방식으로 일하시는 하나님의 역사에 반대자가 될지도 모르기 때문에 조심해야 한다고 말한다. 그는 "지난 반세기 동안 힌두교도와 무슬림을 비롯한 주요 종교를 믿는 여러 사람이 꿈이나 치유나 성경을 통해 하나님을 기적적으로 만난 후 예수를 영접하는 일이 이어졌으며, 그들이 성경에 순종하고 예수의 주권 아래에서 성장하는 데 성령의 역사가 뚜렷하게 나타나고 있다"고 말한다.[156]

그러나 폭발적인 수적 증가나 종교와 관련된 기적만으로 하나님의 역사라고 단순하게 판단해서도 안 된다는 것을 염두에 두어야 한다. 역사적으로 타종교 안에서도 폭발적인 부흥이나 기적들이 있었으며,

---

156  존 트라비스, "예수가 구원하지 종교가 구원하는 것은 아니다," 22-23.

기독교 이단 안에서도 그와 같은 일들은 일어났다. 따라서 역동적인 증가와 활동이 하나님의 역사라고 단정지어서는 안 될 것이다. 그것은 하나님 나라와 복음의 원리에 부합하는지에 대하여 신중하게 검토 되어야만 하는 것이다. 특별히 새로운 문화에 진리를 제시할 때 그것을 받아들이는 집단에게 거짓말하는 것처럼 인식되지 않으면서 말이다.[157]

오늘날 내부자운동은 선교학계에서 뜨거운 화제 중 하나이다. 트라비스의 C 스펙트럼에 대한 우려로 시작 된 내부자운동에 대한 논쟁은 EMQ와 IJFM을 통해 1990년대 후반부터 활발하게 다뤄지고 있으며, 로잔운동에서는 2010년 케이프타운 대회에서 코디 로렌스와 조셉 쿰밍의 문제제기로 이슈화 되었다. 제기되고 있는 여러 논점 가운데 본 연구는 이슬람 신학과 기독교 신학이 대치가 되었을 때, 이슬람 신학을 재해석하는 것은 혼합주의와 기독교의 근본적 교리를 부정하는 결과를 초래할 수 있다는 점을 무함마드를 중심으로 고찰하였다.

본 연구는 무함마드를 선지자로 인정하는 것이 개종자들에게 어떻게 이해되는가, 그리고 그것이 하나님의 말씀과 예수 그리스도에 대해 어떤 영향을 미치는가에 대해 조사하였다. 내부자운동은 더 많은 개종자를 얻기 위하여 개종한 사람들을 기존 공동체에 머물게 하는 C5 유형의 전략을 사용하였다. 그들은 개종자들에게 모스크 참석을

---

157 데이비드 레이시, "얼마나 멀어야 너무 먼 것인가?" 「인카운터 이슬람」, 410.

장려하였기에 무함마드에 대한 신학적 재해석이 필요했다.

그러나 무함마드를 구약적 선지자로 재해석 하는 것은 여전히 무함마드의 개인적인 말과 삶의 방식, 그리고 그의 진실성까지 모든 것을 믿는 것을 의미하였고, 결국 하나님의 계시로서 받아들여질 수 없는 꾸란에 "계시"로서의 권위가 부여됨과 함께, 예수 그리스도가 하나님의 특별 계시 그 자체가 되신다는 것을 부정하는 결과를 초래하게 만든다. 이는 예수 그리스도를 통한 대속과 구원에 있어서도 큰 문제를 일으키게 된다.

이에 대하여 필자는 무함마드의 재해석이 모스크 참석을 정당화하기 위한 하나의 과정이었기에 모스크 참석을 장려하는 것까지도 문제를 제기하였다. 예수에 대한 신앙을 갖기 전까지 모스크 참석을 성실하게 해 온 새로운 개종자의 경우 일정의 유예기간을 두고 모스크에 남아있게 할 수는 있을 것이다. 그러나 의도적으로 개종자들을 모스크에 남아있게 하는 것은 결코 바르지 못한 전략이라 생각된다. 또한 상황화 선교를 하는 데 있어서 복음에 대한 바른 이해와 확고한 믿음을 통한 성장은 매우 중요하다. 복음이 변질된 채로 빠른 성장을 이루거나 빠른 성장을 위해 복음을 변질시킨다면, 아무리 수고를 한다 할지라도 하나님 앞에서 책망 받을 일이 될 것이다.

내부자운동에 대한 평가는 조심스럽게 이루어져야 한다고 생각한다. 우리가 미처 알지 못하는 방식으로 역사하시는 하나님의 역사를 막아 설 수 있기 때문이다.[158] 그러나 무슬림 배경의 현지 신자들에

---

158 존 트라비스, "예수가 구원하지 종교가 구원하는 것은 아니다," 23.

게 있어서 그것이 어떻게 느껴지며, 어떤 결과가 나타나는지, 그리고 그것이 신학적으로 받아들여질 만한 것인지에 대해서는 충분히 고찰할 필요가 있다. 아무리 효율적으로 보일지라도 명확하게 잘못된 것이 드러난다면, 이는 과감히 멈춰 서야만 하기 때문이다.

내부자운동에는 이슬람 신학을 재해석한 다른 여러 사례들이 존재한다. 내부자운동에 대한 논쟁이 팽팽히 맞선 가운데서, 내부자운동을 우려하는 입장에서는 그것을 일반화하여 보지 말고 명백하게 드러나는 문제들을 세분하여 고찰하고 수정할 것을 요구할 필요가 있다. 이를 통해 이슬람 선교에 있어서 상황화 선교가 바른 신학 가운데서 그 사역을 감당하게 될 것이라 생각한다.

요르단 얍복강

이스라엘 쿰란 동굴

쿰란 동굴 내부

여로보암의 산당

"...וַיְטַמֵּא אֶת־הַבָּמוֹת אֲשֶׁר־
קִטְּרוּ־שָׁמָּה... וְנָתַץ אֶת־בָּמוֹת
הַשְּׁעָרִים אֲשֶׁר־פֶּתַח הַשַּׁעַר..."
(מלכים ב, כג, ח)

"And he...defiled the
high places where the
priests had burned incense...
and brake down the high
places of the gates..."
(II Kings 23:8)

이스라엘 갈릴리 북부 텔단
(왕하 23:8 여로보암이 '단'에서 제사지내던 산당)

아랍에미레이트 알아인에 위치한
기독교 선교사가 운영하는 오아시스 병원

캐나다에서 파송된 의료선교사가 아랍 에미레이트 무슬림 여성들을 진료하기 시작하여 현재 알아인에 합법적으로 기독교 정신을 구현하는 선교 중심적인 오아시스 병원으로 운영되고 있다.

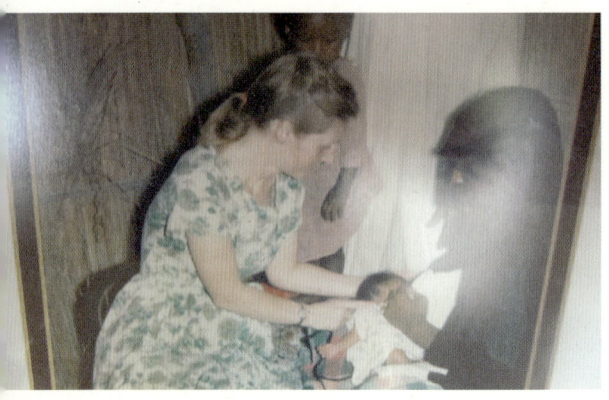

아랍 에미레이트 알아인
오아시스 병원 1층 현관에 위치한 복음

# 참고문헌

## 1. 영문 자료

Abu Ameenah Bilal Philips. *The True Religion of God.* New Delhi : Islamic Book Service, 2006.

Arberry, A. J. *Religion in the Middle East.* Cambridge: Cambridge University Press, 1976.

Becston. *Arabic Literature To the End of Umomayyad Period.* U.K.: Cambridge Univ. Press, 1983.

Bosch, David J. *Transforming Mission: paradigm shifts in Theology of Mission.* Maryknoll : Orbis Books, 1994.

Burgess, Stanley M. *The Holy Spirit : Ancient Christian Tradition.* Peabody, Massachusetts : Hendrickson Publishers, 1984.

_____ . *The Holy Spirit : Eastern Christian Tradition.* Peabody, Massachusetts : Hendrickson Publishers, 1989.

Calvin, John. *Institute of the Christian Religion, Book II.* Grand Rapids, MI: Wm. B. Eerdemans Publishing Company, 1989.

_____. *Institutes of the Christian Religion III, 1.* ed. John T. Mcneill. Philadelphia: The Westminster Press.

Deedat, Ahmed. *Al-Quran - The Miracle of Miracles.* New Delhi: ADAM Publishers & Distributors, 2006.

_____. Deedat, *Crudifixion or Cruci-Fiction*. New Delhi : Adam Publishers & Distributors, 2006.

_____. *Is The Bible God's Word?* New Delhi: ADAM Publishers & Distributors, 2006.

_____. *Muhammad - The Natural Successor of Christ*. New Delhi: ADAM Publishers & Distributors, 2006.

_____. *The God That Never Was?* New Delhi: ADAM Publishers & Distributors, 2006.

Gilchrist, John. *The Crucifixion of Christ: A Fact, not Fiction*. Austria, Light of Life, 1997.

Hiebert, Paul G, Shaw, R Daniel and Others. *Understanding Folk Religion: A Christian Response to Popular Beliefs and Practices*. Grand Rapids, Mich: 1999.

Miller, Gary, *The Amazing Quran*. New Delhi : Islamic Book Service, 2004.

'Abdur Rahman I. Doi, *Women in Shari'ah (Islamic Law)*, 4th ed.. Malaysia, Kuala Lumpur: A. S. Noordeen, 1992.

'Abd al-Fadi, Abdallah. *Is the Qur'an Infallible?* Austria, Villach: Light of Life, 1995.

Abdulllah Yusuf Ali trans. and commented, *The Holy Quran* 2nd. ed. America: American Trust Publication, 1977.

Abdulllah Yusuf Ali trans. *Roman Transliteration of The Holy Qur'ān* . Lebanon, Beirut: Dar Al Furqan, 1934.

Abdul-Rauf, Muhammad. *The Islamic View of Women and The Family*. 3rd. Ed; U.S.A., Alexandria: Al-Saadawi Publications, 1995.

al-Ashqar, 'Umar S. *The World of The Jinn & Devils.* Islamic Creed Series 3, trans. Nasiruddin al-Khattab. Saudi Arabia, Riyadh: International Islamic Publishing House, 2005.

Ali Engineer, Asghar. *The Rights of Women in Islam.* London: C. Hurst & Company, 1992.

Al-Masih, Abd. *Islam from a Biblical Perspective.* Villach, Austria : Light of Life, 1988.

_____. *Who is the Spirit from Allah in Islam?* Villach, Austria : Light of Life, 1988.

Al-Qaradawi, Yusuf. *The Lawful and The Prohibited in Islam - Al Halal Wal Haram Fil Islam.* Indiana,Plainfield: American Trust Publications, 1994.

Bell, R. *The Origin of Islam in its Christian Environment.* UK, London: 1926.

Dagher, Hamdun. *The Position of Women in Islam .* Villach, Austria: Light of Life, 1995.

Dardess, George. *Do We Worship the Same God?* Cincinnati, Ohio: ST. Anthony Messenger Press, 2006.

Deedat, Ahmed. *The Choice Islam & Christianity vol. 1.* New Delhi: Islamic Book Service, 1994.

_____. *The Choice Islam & Christianity, vol. 2.* New Delhi: Islamic Book Service, 1997.

_____. *The Choice Vol. 1 & 2.* Durban, Republic of South Africa : Islamic Book Service, 1994.

Dye, Colin. *"The Islamisation of Britain: And what must be done to prevent it"*. London: A Pilcrow Press Report, May, 2007.

E. Hedlund, Roger. revised and enlarged, *Roots of The Great Debate in Mission : Mission in Historical and Theological Perspective*. (India, Bangalore : Theological Book Trust, 2nd. edition, 1993.

El Alami, Dawoud and Hinchcliffe, Doreen. *Islamic Marriage and Divorce Laws of the Arab World*. UK, London: CIMEL, 1996.

Farrokh, Fred. "Let's Leave Shahada to Real Muslims". *Evangelical Missions Quarterly* October 2015. 402-410.

Fatoohi, Louay. *Abrogation in the Quran and Islamic Law : A Critical Study of the concept of Naskh and its impact*. Kuala Lumpur: Islamic Book Trust, 2013.

General Supervision for the Affairs of Al-Masjid Al-Haram & Al-Masjid Al-Nabawi, *Kiswat Factory of Al-Ka'bat Al-Musharrafah*. Jeddah: Al-Madinat Al-Munawwarat Company for Printing & Distribution, 1419H.

Ghabril, Nicola Yacoub. *Themes for The Diligent*. Switzerland, Rikon: The Good Way, 1989.

Ghattas, Raouf, Ghattas, Carol B. *A Christian Guide To The Quran - Building Bridges In Muslim Evangelism*. Grand Rapids, Mi. : Kregel Publications, 2009.

Haenchen, E. *The Acts of the Apostles*. Philadelphia: Westminster, 1971.

Halim, M. A. A., & Salleh, M. M. M (2012). "The Possibility of Uniformity on Halal Standards in Organization of Islamic Countries (OIC)".

*World Applied Science Journal*, 17.

Hassen Laidi, Hassen A. *Al-Jumuah Magazine Vol. 15 Issue 12.* Riyad: Al-Muntada Al-Islami, 2004.

Higgins, Kevin. "Let's leaves shahada to real Muslims: A Response by Kevin Higgins". *Evangelical Missions Quarterly* October 2015. 411-412.

Holladay, William L. *A Concise Hebrew and Aramaic Lexicon of the Old Testament.* Grand Rapids, Michigan: Wm. B. Eerdmans Publishing Co., 1971.

Horton, Stanley M. "The Pentecostal Perspective". *Five Views on Sanctification.* Grand Rapids, Michigan : Zondervan Publishing House, 1987.

Hughes, Thomas Patrich. *Dictionary of Islam.* Lahore: Premier Book House, 1986.

Hur, J. *Dynamic Reading of the Holy Spirit in Luke-Acts.* JNSTSup, 211; Sheffield: Sheffield Academic Press, 2001.

Ibn Taymya, Ahmad bin Abdul Halem, *The Jinn(Demons)*, trans. Abu Ameenah Bilal Philips. Riyadh: International Islamic Publishing House, 2000.

Iyad ibn Amin Madani, *Hajj & Umrah.* Mecca : Ministry of Hajj, 2004.

Ja:mi'al-Baya:n 'an Ta'wi:l al-Tabari:y. *'Ay al-Qur'a:n.* Beirut: Da:r al-Fikr, 1988.

Jadeed, Iskander. *The Cross in the Gospel and the Koran..* Switzerland: The Good Way, 1998), 32.

Jalāl ad-Dīn 'abd al-Raḥman b. Abī Bakr as-Suyūtī, *Tafsīr al-Jālalīn lil 'Amāmīm al-Jalīlīn,* 5th ed. Baghdad: Maktabah an-Naḥda, 1988.

Jawad, Haifaa A., *The right of Women in Islam: An Authentic Approach.* London: Macmillan Press LTD, 1998.

Kellerhals E. *Der Islam,* Gühtersloh, 1978.

Light of Life, ed., *The True Guidance (Part Four): An Introduction to Quranic Studies.* Austria, Villach: Light of Life, 1994.

Light of Life, *The True Guidance (Part Three) - False Charges Against The New Testament.* Austria : Light of Life, 1992.

Light of Life, *The True Guidance (Part Two) - False Charges Against The Old Testament.* Austria : Light of Life, 1992.

Longenecker, Richard N. "The Acts of the Apostles," in *The Expositor's Bible Commentary,* ed. Frank E. Gaebelen, Vol. 9. Grand Rapids : Zondervan Publishing House, 1981.

Lonsdale and Lauraragg ed. and trans., *The Gospel of Barnabas.* New Delhi: Islamic Book Service, 1998.

Michael Nazir-Ali. *Islam: A Christian Perspective.* Philadelphia: The Westminster Press, 1983.

Minces, Juliette. *The House of Obedience: Women in Arab Society.* trans. Michael Pallis. U.K., London: Zed Press, 1982.

Muhammad Ali Alkhuli. *A Dictionary of Islamic Terms.* Swaileh-Jordan, 1989.

Muhammad bin Abdul-Aziz Al-Musnad. *Islamic FATAWA regarding WOMEN.* Kingdom of Saudi Arabia : Darussalam, 1996.

Muḥammad bn Yuːsuf Abuː Ḥayan. *al-Baḥr al-Muḥiːṭ fiː al-Tafsiːr pt. 3.* Beirutː Daːr al-Fikr, 1992.

Muhammad Ibn Ishaq, *The Life of Muhammad vol. 1.* trans. and revised by Abd al-Malik Ibn Hisham. Austria, Villach ː Light of Life, 1996.

Muhammad Taqi-ud-Din Al-Hilàli · Muhammad Muhsin Khàn, *The Noble Quran – In The English Language.* Madinah Munawwarah, K.S.A.ː King Fahd Complex.

Muhsin Khan, Muhammad. trans. *Summarized Sahih Al-Bukhari..* Riyadh, Saudi-Arabiaː Maktaba Dar-us-Salam, 1994. Chapter 1. The Book of Revelation. No. 2, 3 Narrated 'Āisha 49-51.

Nasser Weran, Aida. "The Issue of Polygamy in The Evangelization of The Nuba Tribe of the Sudan". M. A. dissertation, Asian Center For Theological Studies And Mission, 2002.

Netland, Harold. *Encountering Religious Pluralism.* Downers Grove, Illinois ː Inter Varsity Press, 2001.

Poston, Larry. "Ramon Lull," EDWM (2000)ː 585. Edgar A. Peers, *Ramon Lull. A Biography* (London, 1929).

Rashid Rida, Muhammad. *The Muhammadan Revelation.* trans. by Yusul Talal Delorenzo. Alexandria, Virginiaː Al-Saadawi Publications, 1996.

Salim, Muhammad. *Islamic Encyclopidea.* Cairo ː International Press, 1982.

Schacht, J.. "Law and Justice," in *The Cambrige History of Islam,* ed. P. M. Holt, Ann Lambton, B. Lewis, Vol. II, Cambridgeː Cambridge University Press, 1970.

*Summarized Sahih Al-Bukhari,* trans. Muhammad Muhsin Khan. Riyadh, Saudi-Arabia: Maktaba Dar-us-Salam, 1994.

Tannehill, Robert C., *The Narrative Unity of Luke - Acts. A Literary Interpretation Volume Two : The Acts of the Apostles.* Minneapolis : Fortress Press. 1990.

*The Concise Oxford English-Arabic Dictionary.* U.K., London: Oxford University, 1982.

Travis, John Jay. "The C1-C6 Spectrum after Fifteen Years". *Evangelical Missions Quarterly* October 2015. 358-365.

Wagner, William. How Islam Plans to Change the World. Grand Rapids, Michigan : Kregel Publications, 2004.

Warraq, Ibn. *Why I Am Not a Muslim.* New York, Amherst: Prometheus Books, 2003.

Yusuf 'Ali, 'Abdullah. *The Meaning of The Holy Quran.* Beltsville: Amana Publication, 1991.

_____. Trans. and Commented, *The Holy Quran* 2nd. ed. America: American Trust Publication, 1977.

_____. Trans. *Roman Transliteration of The Holy Qur'ān.* Lebanon, Beirut: Dar Al Furqan, 1934.

_____. Trans. and Commented, *The Holy Quran* 2nd. ed. America: American Trust Publication, 1977.

_____. Trans., *Roman Transliteration of The Holy Qur'ān.* Lebanon, Beirut: Dar Al Furqan, 1934.

Yusuf, Imtiyaz. *Doing Cross-Cultural Da'wah in Southeast Asia.* Kuala Lumpur: A.S.NOORDEEN, 2007.

Zepp, Ira G. *An Muslim Primer : Beginner's Guide to Islam.* Christian Classics, 1992.

Zewmer, S. *The Influence of Animism on Islam.* London, 1920.

## 2. 국문 자료

공일주. 『무슬림과 의사소통을 위한 새 패러다임』. 서울: CLC, 2009.

_____. 『이슬람과 IS』. 서울: CLC, 2015.

_____.. 『중동의 기독교와 이슬람』. 서울: 예영커뮤니케이션, 2003.

그리슨, 케빈. 『낙타전도법』. 이명준 역. 서울: 요단출판사, 2009.

김대옥. 『이슬람의 성경변질론』. 서울: CLC, 2009.

김승호. "이슬람의 계시에 대한 비평적 고찰." 「복음과 선교」 Vol. XI (2009): 11-36.

김정위. 『이슬람 입문』. 서울: 한국외국어대학교 출판부, 1993.

레이시, 데이비드. "얼마나 멀어야 너무 먼 것인가?" 「인카운터 이슬람」 키스 스와틀리 편저. 정옥배 역. 고양: 도서출판 예수전도단, 2008. 406-411.

루이스, 레베카. 내부자운동.「퍼스펙티브스」 랄프 윈터 외 편. 정옥배 외 역. 고양: 예수전도단, 2011. 382-382.

머캐리, 초캣. "이슬람과 동행한 평생의 여행." 「크리스채너티 투데이」 2010년 4월호. 56-59.

무함마드 아하마드 지아드. 『성경과 대비해서 읽는 코란』. 김화숙, 박기봉 공역. 서울: 비봉출판사, 2001.

문화체육관광부. 2008년 한국의 종교 현황.

문화체육관광부. 2005년 인구센서스 종교통계자료.

박미애. "코란의 '이싸'를 접촉점으로 한 무슬림 전도법에 대한 비판적 고찰." 신학과 선교학박사학위논문, 아세아연합신학대학교 대학원, 2014.

박영지. 『성서적 선교변증학』. 서울: CLC, 2010.

버나드 램. 『기독교 변증학 개론』. 권혁봉 역. 서울: 생명의 말씀사, 1985.

소윤정. "한국 여성을 향한 이슬람의 '다와'(Dawah) 활동에 대한 기독교 대처방안 연구 – 유튜브(You Tube) 영상 자료 분석을 토대로 –." 『복음과 선교』 Vol. XVIII (2012): 9-46.

_____. "로잔운동과 현대 이슬람 선교." 『로잔운동과 선교』, 한국로잔연구교수회 편. 고양: 올리브나무, 2014. 243-269.

_____. 『꾸란과 성령』. 서울: CLC, 2009.

손주영. 『이슬람』. 서울: 일조각, 2005.

스탠리 그렌츠·로저 올슨. 『20세기 신학』 신재구 역. 서울: IVP, 1997.

아부 아미나 빌랄 필립. 『하나님의 참된 종교』. 마스우드 & 무함마드아흐마드 역. 서울: 아담북센터, 2010.

이은선. "한국의 다종교, 다문화 상황 속에서 기독교 복음의 의미". 『성경과 신학』 Vol. LIX (2011. 10): 229-264.

장두만. 『성경의 무오성과 권위』. 서울: 요단출판사, 1993.

정흥호. "로잔운동과 상황화". 『로잔운동과 선교신학』, 한국로잔연구교수회 편. 서울: 도서출판 케노시스, 2015. 73-96.

_____. 『복음과 상황화』. 서울: CLC, 2004.

존 후레임. 『하나님의 영광을 위한 변증학』. 전지현 역. 서울: 영음사, 1997.

최영길. 『성 꾸란 의미의 한국어 번역』. 파하드 국왕 꾸란 출판청, 1999.

_____. 『이슬람 문화』. 서울: 도서출판 알림, 2000.

_____. 『성 꾸란 의미의 한국어 번역』. 파하드 국장 성 꾸란 출판청, 1999.

칼빈, 존. 『기독교 강요』상. 원광연 역. 고양: 크리스챤다이제스트, 2003.

테넌트, 티모시 C. "내부자운동의 숨겨진 역사: 대대로 이슬람과 힌두교 내부에는 예수를 따르는 이들이 있었다." 「크리스채너티 투데이」 2013년 3월호. 19-21.

트라비스, 존 & 아나. "이슬람, 힌두교, 불교 가운데서의 상황화: 내부자운동에 대한 조명." 「한국선교 EMQ」 2006년 봄호. 109-115.

트라비스, 존. "예수님을 따르려는 모든 무슬림은 '이슬람'을 떠나야만 하는가?" 「퍼스펙티브스」 랄프 윈터 외 편. 정옥배 외 역. 고양: 예수전도단, 2011. 375-381.

_____. "C1에서 C6 스펙트럼". 「인카운터 이슬람」 키스 스와틀리 편저. 정옥배 역. 고양: 도서출판 예수전도단, 2008. 402-405.

_____. "예수가 구원하지 종교가 구원하는 것은 아니다". 「크리스채너티 투데이」 2013년 3월호. 22-23.

파샬, 필. "현지 상황에 지나치게 맞추는 것은 해롭다." 「크리스채너티 투데이」 2013년 3월호. 24-25.

_____. "너무 멀리 나갔는가?" 「퍼스펙티브스」 랄프 윈터 외 편. 정옥배 외 역. 고양: 예수전도단, 2011. 368-372.

_____. "'파트와' 해제." 「인카운터 이슬람」 키스 스와틀리 편저. 정옥배 역. 고양: 도서출판 예수전도단, 2008. 414-417.

피터 바이어하우스. 『현대선교와 변증』. 이선민 역. 서울: CLC, 2004.

한국연합선교회(KAM). "1910년 에딘버러 세계선교사대회 100주년 기념 2010 한국대회 선언문"

「한국일보」 '09. 08. 12일자, 퓨 포럼 '09. 10 무슬림 인구보고서 한상화.『하나님 중심으로 신학하기』. 서울: CLC, 2010.

허버트 리빙스톤.『모세오경의 문화적 배경』. 김의원 역. 서울: CLC, 1990.

Al-Masihm, Abd.『무슬림과의 대화』. 이동주 역. 서울: CLC, 2001.

Garrison, David.『하나님의 교회개척 배가운동』. 이명준 역. 서울: 요단출판사, 2005.

J. 맥스웰 밀러, 존 H. 헤이스.『고대 이스라엘 역사』. 박문대 역. 서울: 크리스챤 다이제스트, 2004.

## 3. 인터넷 자료

http://www.call-of-hope.com

http://enc.daum.net/dic100/contents.do?query1=b07m2869b, 2013년 4월 5일.

http://www.immigration.go.kr/HP/COM/bbs_003/ListShowData.do?strNbodCd=noti0096&strWrtNo=121&strAnsNo=A&strOrgGbnCd=104000&strRtnURL=IMM_6050&strAllOrgYn=N&strThisPage=1&strFilePath=imm/ 2012년 5월 25일.

http://www.youtube.com/watch?v=XJf8-1sw7PI&feature=related. 2012년 5월 25일.

https://www.lausanne.org/content/god-is-doing-something-new.

https://www.lausanne.org/content/lop/lop-13.

https://www.lausanne.org/content/lop/lop-4.

https://www.lausanne.org/content/muslim-followers-of-jesus.

https://www.lausanne.org/lgc-transfer/highly-contextualized-missions-surveying-the-global-conversation.

http://www.mcst.go.kr/web/dataCourt/reportData/reportView.jsp. 2009-3-17 한국의 종교현황 파일

http://www.mcst.go.kr/web/dataCourt/reportData/reportView.jsp?pSeq=378. 2013년 4월 1일.

www.faithfreedom.org/oped/sina41103.htm.

www.islamkorea.com.

www.quran.or.kr,

http://www.youtube.com/watch?v=8GTXII-xlXU, 2013년 4월 3일. 전주중앙성원 이맘, 학압두(Abdu Haq)의 강의내용 참조

http://news.kbs.co.kr/world/2012/04/12/2461837.html#//. 2012년 5월 16일.

http://news.kbs.co.kr/world/2012/01/29/2426636.html#//. 2012년 5월 16일.

http://www.islamonline.net/England/News/2006-06-28/02.shtml.

http://www.answering-islam.org/index.html. 2008년 8월 5일

http://www.guardian.co.uk/uk/series/islamandbritain

http://www.newsoftheworld.co.uk/lordstevens.shtml

http://www.thisislondon.co.uk/news/article

http://www.nocutnews.co.kr/show.asp?idx=1624605. 2012년 6월 3일.

http://www.youtube.com/watch?v=DdmqiINd-yU. 2012년 6월 3일.

http://search.hankooki.com/search/searc.../h200101201827411451789.ht 2002년 10월 30일.

http://search.hankooki.com/search/searc.../h200101201827411451789.ht 2002년 10월 30일.

「Yahoo 국어사전」 http://kr.kordic.yahoo.com/result.html.

http://www.geocities.com/CollegePark/Theater/7412/korean.html. 2002년 8월 14일

http://ko.wikipedia.org/wiki/파트와. 2012년 6월 8일.

http://ko.wikipedia.org/wiki/카디자. 2012년 6월 8일.

http://media.guardian.co.uk/attack/story/0,1301,576720,00.html. 2001년 10월 24일.

http://www.webdesk.com/osama-bin-laden/ 2001년 10월 24일.

http://www.nis.go.kr/servlet/Board.dbWorldMain?cmd=view&subid=2&seqno=12201&crtp&cr_pg=11&cr_ptp=11&v_sub_id=0&menu_id=M04050000, 2002년 8월 14일.

http://kr.encycl.yahoo.com/print.html?id=728912, 2002년 10월 30일.

http://www.kukminilbo.co.kr/html/kmview/200.../091877594723111111.htm, 2002년 10월 30일.

## 기독교와 이슬람
Christianity and Islam

2017년 2월 28일 초판 발행

지 은 이 | 소윤정

편　　집 | 변길용, 정희연
디 자 인 | 윤민주
펴 낸 곳 | 사)기독교문서선교회
등　　록 | 제16-25호(1980. 1. 18)
주　　소 | 서울시 서초구 방배로 68
전　　화 | 02) 586-8761-3(본사) 031) 942-8761(영업부)
팩　　스 | 02) 523-0131(본사) 031) 942-8763(영업부)
홈페이지 | www.clcbook.com
이 메 일 | clckor@gmail.com
온 라 인 | 기업은행 073-000308-04-020, 국민은행 043-01-0379-646
　　　　　 예금주: 사)기독교문서선교회

ISBN 978-89-341-1641-7 (93230)

* 낙장 · 파본은 교환해 드립니다.

이 도서의 국립중앙도서관 출판시 도서목록(CIP)은 서지정보유통지원시스템 홈페이지(http://seoji.nl.go.kr)와
국가자료공동목록시스템(http://www.nl.go.kr/kolisnet)에서 이용하실 수 있습니다.
(CIP제어번호: CIP2017005282)